陆有铨著作集

教育是合作的艺术

陆有铨 著

图书在版编目（CIP）数据

教育是合作的艺术/陆有铨著. —北京：北京大学出版社，2012.4
（新视野教师教育丛书）
ISBN 978-7-301-20338-5

Ⅰ.①教⋯　Ⅱ.①陆⋯　Ⅲ.①教育—文集　Ⅳ.①G4-53

中国版本图书馆 CIP 数据核字（2012）第 032366 号

书　　　　名：教育是合作的艺术
著作责任者：陆有铨　著
丛 书 策 划：姚成龙
责 任 编 辑：赵学敏
标 准 书 号：ISBN 978-7-301-20338-5/G·3378
出 版 发 行：北京大学出版社
地　　　　址：北京市海淀区成府路 205 号　100871
网　　　　址：http://www.pup.cn
电 子 信 箱：zyjy@pup.cn
电　　　　话：邮购部 62752015　发行部 62750672
　　　　　　　编辑部 62754934　出版部 62754962
印 刷 者：北京鑫海金澳胶印有限公司
经 销 者：新华书店
　　　　　　787 毫米×1092 毫米　16 开本　16.25 印张　302 千字
　　　　　　2012 年 4 月第 1 版　2015 年 4 月第 3 次印刷
定　　　　价：40.00 元

未经许可，不得以任何方式复制或抄袭本书之部分或全部内容。
版权所有，侵权必究
举报电话：(010)62752024　电子信箱：fd@pup.pku.edu.cn

祝贺陆有铨七十寿诞

黄 济

陆有铨同志是我的挚友和知己，从 20 世纪 80 年代相遇，至今已有三十多年，我们一直情同手足，在学术和生活上相互砥砺，相互帮助和支持。今逢他七十寿诞，约为其著作集作序。作序不敢，仅就所感略陈一二，作为对他七十寿诞的衷心祝贺！

有铨同志，被其弟子称为"批判型的思想者"，这是名副其实的称谓。在学术上他学贯中西，而且有自己的独到见解，特别是对西方的教育思想，更有深厚的研究。他的《躁动的百年：20 世纪的教育历程》一书，是对近现代中国和西方教育发展的全面分析与总结，曾获得上海市哲学社会科学一等奖和中国图书奖。

他的著作集，所涉及的教育问题是极为广泛的：大至近现代世界和中国教育的发展趋势，小至各级学校教育工作的方方面面，都有所论述；尤其对"教育哲学"思想有更深刻的思考和研讨。例如，他曾写过《中国教育哲学的世纪回顾与展望》，对教育思想的引进和传播，中国教育哲学学科的创建与发展，以及教育哲学的发展与功能等，都做了精到的论述，这是一篇指导中国教育哲学学科建设的史论结合的重要论文，对我国教育哲学学科的建设和发展有着重大的指导意义和作用。

他对西方近现代教育思想的研究，尤具特色。我在撰写《教育哲学通论》一书时，有关"西方教育哲学流派"部分，就深得陆君之助，得益匪浅。

他长期担任中国教育学会教育哲学专业委员会主任委员，对教育哲学学科的建设和发展，对专业队伍的形成和壮大都起到了极大的组织和推进作用。在教育哲学学科建设方面，从对学科体系的探讨到专题讨论，从对历史的回顾到现实和未来问题的研究和展望，他对问题的研讨是越来越深入，其影响也越来越大。

他在担任山东师范大学教育系主任期间，由于工作成绩卓著和学术上的造诣，被评为"山东省拔尖人才"。

有铨同志，对待老师、学生和朋友，真正做到了尊师如父，爱生如子，与朋友交往真诚备至。

有铨对导师傅统先生，真正做到了无微不至的关照和爱戴。在傅先生在世时，对其生活及全家是全面照顾；傅先生逝世后，对葬礼全面负责安排。特别应当提出的是：傅先生和张文郁先生合著的遗作《教育哲学》，是在傅先生逝世之后，由有铨进行了整编，并联系由山东教育出版社出版。这是对傅先生的最大安慰，使其在天之灵得以安息。

　　他对学生是爱生如子。仅就其培养研究生来说，前后共培养了研究生（包括硕士生、博士生、博士后）七十余人，大都是博士生，外加访问学者十余人，这些同志已成为各个方面的骨干。他对学生真正做到了爱之深，责之切，对学习和为文的要求是一丝不苟，不允许有半点松弛。但对学生的生活，又是关怀备至，从饮食起居直至经济困难，都尽力给予关照和资助。他讲的"好好生活就是好生活"，已成为学生塑造人生的座右铭。

　　在我和有铨同志的交往中，我从他那里深深体会到了如曾子所说的"君子以文会友，以友辅仁"之圣训的意蕴。我们曾一起编撰《教育大辞典》中的教育哲学分册；并合作写过《我国教育哲学的回顾与前瞻》一文，刊登在《教育研究》1988年第11期上；现在《我国教育哲学的回顾与前瞻》一文又被选为《教育研究》创刊30周年的杰出论文，刊登在《教育研究的时代足音》专集上，并获得"杰出论文"的"荣誉证书"，这些宝贵经历令人难以忘怀。

　　使我永远不会忘怀的另一件事是：在我离家四十余年之后，适逢我去山东乳山参加教育学年会，有铨同志陪同我返家（即墨县）探亲，一同睡在我儿时住的房间里，情同手足。

　　我将此拙文作为祝贺陆有铨同志七十寿诞的献礼！祝贺他永葆青春，在教育事业上为祖国和人民作出更大的贡献。

2011年冬日

目 录

第一编　教育理论问题检视 ……………………………………… (1)
　教育是农业式的活动 ………………………………………………… (3)
　"适合"是最好的教育 ………………………………………………… (5)
　学校教育的作用是有限的 …………………………………………… (7)
　把握教育目的的时代内涵 …………………………………………… (9)
　关于教育理想与教育现实的哲学思考 ……………………………… (11)
　论教育中的民主 ……………………………………………………… (15)
　教育与社会主义精神文明建设 ……………………………………… (19)
　论当代中国教育学者的使命 ………………………………………… (20)
　从学位论文看基础教育研究中的若干问题 ………………………… (31)
　20世纪教育发展的历程给我们的启示 ……………………………… (37)
　20世纪教育的透视
　　——访陆有铨教授 ………………………………………………… (41)
　略论"第三空间"教育 ………………………………………………… (50)
　教师教育有效性透视
　　——默会知识论的视角 …………………………………………… (54)
　道德教育中的自我评价问题 ………………………………………… (61)
　21世纪的行动：增强大学的批判功能 ……………………………… (68)
　中国现代教育"问题史" ……………………………………………… (72)

第二编　教育实践问题反思 ……………………………………… (75)
　对当前教育改革的反思 ……………………………………………… (77)
　素质教育值得注意的几个问题 ……………………………………… (83)
　实施素质教育必须转变教育观念 …………………………………… (91)

— 1 —

学校教育的新使命 …………………………………………………（94）
时代呼唤研究型教师 ………………………………………………（101）
"不做"也是一种教育方法 …………………………………………（112）
关于学生人文精神的养育 …………………………………………（114）
应重视受教育者人文精神的培养 …………………………………（121）
关于爱国主义教育的一点思考 ……………………………………（126）
创造能力的养育 ……………………………………………………（128）
社会变革背景下学生创新精神的养育 ……………………………（132）
"道德"是道德教育有效性的依据 …………………………………（147）
用"道德"的方法养成道德 …………………………………………（154）
关于纪律教育的一点思考 …………………………………………（159）
幼儿园教育活动是幼儿教育的生命
　　——评《幼儿园教育活动及设计》 …………………………（161）

第三编　教育哲学学科建设 ………………………………………（163）

我国教育哲学建设的回顾与前瞻 …………………………………（165）
中国教育哲学的世纪回顾与展望 …………………………………（176）
改革开放以来中国教育哲学与时代的互动 ………………………（187）
中国教育哲学 30 年的探索历程 …………………………………（199）
傅统先教授的学术人生 ……………………………………………（209）
未来主义教育哲学 …………………………………………………（223）
分析教育哲学述评 …………………………………………………（231）

一个批判型的思想者（代后记）……………………………………（238）

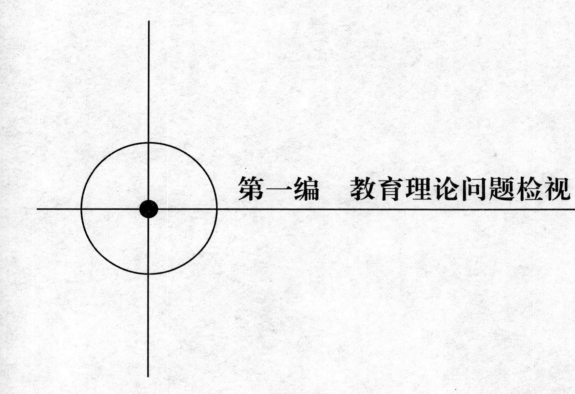

第一编　教育理论问题检视

教育是农业式的活动

"教育"是什么？这可能是任何从事教育实践和理论活动的人都无法回避的一个根本问题。记得大约在20年前左右的时间，我国曾经就这个问题展开过热烈的讨论。在讨论的过程中，出现了许多非常有见地的意见，但当时似乎并没有取得一致的看法。不过，在分歧的意见背后，有一个争论各方都可以接受的前提，那就是，"教育"乃是人类的一种实践"活动"。

既然承认教育乃是人类的一种活动，那么，厘清这种活动有些什么特点，它需要遵守哪些活动规则等问题，就显得非常重要。因为不管从事这种活动的主体确定的不管什么样的目的，只要想使活动有效并实现目的，就必须考虑这些问题。

对于这些问题，我想用一种简便的、比喻的方法来回答，那就是，教育是农业式的活动。为了避免不必要的麻烦，我要首先说明，在这里"农业"式的活动，以及下文将要提到的"工业"、"畜牧业"式的活动，其活动的对象、目的、手段都是指"传统的"。此外，这里所讲的人类的几种活动，只是谈其事实（活动方式、特点），丝毫不涉及其价值。它们之间没有高、低、先进、落后之分。千万不要从社会学、政治学的意义上来理解，说我在污蔑教师——暗指"教师是农民"。

"教育"活动同"畜牧"活动的区别是显而易见的。前者的对象是人，后者是畜生；前者旨在引、导、发其潜能，后者旨在用其本能（使其被人食、役）；前者的有效手段是教、育，后者是规训。

"教育"同工业的区别也应该是明显的。不过，由于工业活动在近代以来取得的巨大成功令人目眩神奇，其方法论及手段，似乎也具有了"放之四海而皆准"的功效，以至于教育也自觉不自觉地采用了工业的模式。在我看来，现在人们业已指出的关于教育的许多弊端似乎都同工业生产的模式有关。因此，有必要将两者区分一下。首先，两者活动的对象不同：教育的对象是有生命、具有主体性的人，工业活动的对象是物；其次，教育活动旨在使人成为人，为人性（潜能）的健康发展提供"必要的"条件和帮助（并非多多益善），工业活动旨在按照人的目的，利用物的本性改变物；最后，归根结底，人的发展的依据在于人自身，教育者的活动不是人的发展的必要条件（没有受过学校教育的人也会有发展），而在工业活动中，人的活动是必要条件，换言之，只有通过人的活动，物才能为人所用（没有人的制造活动，不可能出现任何工业产品）。

我们说，教育是农业式的活动，不仅仅是因为它不同于畜牧业或工业式的活动，更重要的是，教育与农业活动有许多内在的一致性。第一，两者活动的对象（人或种子）都具有潜在的发展的能力；第二，两种活动的发展需要类似的条件，农业活动对土壤有要求，教育活动对环境有要求；第三，人（教师或农民）不能"创造"他们的发展，人的活动只是提供他们发展的条件。

强调教育是农业式的活动，绝不是为了复活教育学理论中一直受到批判的"种子说"、"生物决定论"，也不是变相地为它们辩护，因为我丝毫不想抹杀"人"和"种子"、植物的生长和人的发展的本质区别。之所以强调教育是农业式的活动，是因为有感于当前将教育作用人为地放大、学校成为"教育工厂"、将学生当做动物或物对待等现象。一句话，期待使学校真正成为"教育""人"的场所。

（本文发表于《教师月刊》2010年第2期）

"适合"是最好的教育

可能是人性使然，无论在什么时代，无论是什么民族，人们总是在努力追求"好"的东西。

人之所以"追求好的东西"，是因为它们能够满足人的需要，这是"好"的基本要素。除此之外，还有另一个同等重要的因素是，人们在努力追求的是可能实现的东西。所以，人们追求的"好"东西，既要能在主观上"满足人的需要"，又要能在客观上"可能实现"。否则，就不能称之为"好"。

对于教育来说，无论是教育目的，还是教育的管理、组织、实施，在不同历史阶段、不同国家曾经出现过形形色色的教育形态。其中固然有许多令人惊羡、值得继承和发扬的好传统，但也有许多不可思议、应坚决抛弃的坏习俗。不管作出何种判断，必须承认，它们都曾经是人们努力追求过的好东西，因为他们都曾经是"适合"的东西。如果不承认并坚持这一点，我们就无法认识并解读历史。

目前，我们正在进行形式各异的教育改革，这集中地体现了对于"好"教育的追求。"好"就是"适合"，而且不同时期和不同国家，有不同的"适合"。那么，我们应该追求什么样的"适合"呢？我觉得，要考虑两个方面：国家的需求和人的发展。

教育的产生和发展，从来就不是纯个人的事情，近代以来，国家越来越加强对于学校的管理。20世纪曾经出现过的几次大的世界教育改革浪潮表明，各国越来越把教育作为实现国家目的的手段。不管是不是喜欢，不管是不是愿意，事实就是如此。在考虑受教育者个人发展、充分发展的同时，我们要承认并充分尊重这么一个事实：在当前的社会，个人发展的方向、内容和空间都要受制于国家的发展。离开国家的需求谈个人的发展，无异于缘木求鱼。在谈个人发展的同时，不能忘记我们的国情。鸦片战争以后，我国曾一步一步地沦为殖民地和半殖民地的国家。即使在目前，我们还有许多必须"赶"、"超"外国的领域。不依靠目前的受教育者，我们还能指望谁呢？我觉得，个人的发展，在方法论的意义上，怎么强调都不过分，如果将它作为全部的目的，会造成许多理论上、实践上的问题。

是否适合人的发展，关系到教育的成败。关于教育要服从人的发展规律的重要性，无须赘言。在这里要讲的是，人是具体的人。这就意味着，人人都具有各种不同的爱好、兴趣、特长、能力等。尽管人们作出了许多的努力，但学校教育只能适合某一类，而不是每一个人，也是毋庸讳言的事实。根据学生的一般情况，给学校适当定位，选择适当的方法等，对于教育者是重要的。对于受教育者（家长）来说，学业的失败不等于各个方面都不能成功，而且哪怕是最优秀、最名牌的学校，也不一定适合自己（孩子）。因此，选择适合自己（孩子）的学校比一味追求名校可能更重要。

没有好教育，也没有坏教育，只有适合与不适合的教育。

（本文发表于《教师月刊》2010年第3期）

学校教育的作用是有限的

近代以来，人在物质领域的工业生产方面，取得了令人目眩的成就。这些成就给了人们一个似是而非的强烈的暗示：人、人的主观能动性是万能的。由此推而广之，将这一信念推及人的活动的另一个领域——教育。更可怕的是，又进一步从"教育"推及"学校教育"。人们不仅坚信教育（学校教育）是万能的，而且，教育（学校教育）的举措也自觉不自觉地模仿工业生产的模式。这一方面使国家（政府）重视教育（学校教育），另一方面，又使教育成为种种社会问题的替罪羊，使从事（学校）教育的人（校长、教师）不堪重负。

这种推而广之的想法是危险的，因为在这个"推而广之"的过程中，忽略乃至抹杀了两种活动对象的本质区别：没有生命的物与有主体性的人。

教育的作用或许是"万能"的，但学校教育的作用肯定是有限的。因为能够对人的思想、行为发生影响的任何事件都可以称之为"教育"，不管这些事件的发生是有目的、无目的，有计划、无计划，产生的影响是积极的、消极的，产生影响的主体是人、动物、物等。这有点类似于杜威的"经验"、"经验的改造"。然而，这种"教育"同"学校教育"有着极其重要的区别。学校教育最重要的特征是"有目的、有计划"。学校教育只是教育的一种特殊形式。实际上，学校教育只是学校举办者"有计划"实现自己"目的"的一种工具。两者除了在"影响"人这一点上相同之外，没有共同之处。

学校教育的"目的"是人制定的，它以观念形态集中地体现了目的制定者的需要，先于实际的教育活动而存在，并制约整个活动的"计划"和过程。这就势必在"简化"、"净化"的名义下舍弃一些东西。为了"效率"，这是必要的。这就意味着，受教育者发展的方向是限定的，为了在"可欲的"方面更好地发展，必然要有"牺牲"。

学校教育的"手段"有限，这是制约其功能发挥的又一个因素。让学生在德、智、体得到全面发展，几乎是人所共知的常识，然而，学校教育却缺乏实现的手段。目前学校教育的主要形式是课堂教学，对于学生的发展，往往是通过课堂教学来实现。尽管我们一再强调，教师要言教重于身教，但教师发挥影响的手段主要还是言教。课堂教学在传授知识方面能够达到的效率、效果，得到大家的公认，但是，知识在人的发展方面，其作用却非常有限。这在"德"、"体"方面尤为突出。事实上，教师资格的认定、教师的遴选，主要也是在知识（学历）的方面。学校教育"功"在知识，"过"也在知识，这是无可奈何的事实。

  学校教育的对象是具有主体性的人，而不是接受随意摆布的物。这从根本上揭示了环境决定论的错误。其实，学校（教育）也是一种人为设计的环境，其影响作用当然有限。除了环境（学校）之外，遗传素质也是不可忽视的因素。艺术、体育以及有些专业的教育实践已经证实了这一点。至于遗传素质在普通学校教育中的作用，实在难以确认，因为无论何种主张，似乎都能在现实中找到"反例"。但有一点可以确定：教育应该最大限度地引发每个人从遗传获得的潜能。每个人的遗传素质（潜能）各不相同，有效的教育应该是"一对一"，但是，目前学校普遍实行的集体（课堂）教学，却无法做到这一点。在课堂上，无论讲课内容的深度或广度，教师往往依据自己认定的"一般水平"来进行，实际上抹杀了每一个（至少是绝大多数）学生的特点（需求、特长、兴趣等）。这是学校教育不得不付出的代价。虽然学校往往通过诸如个别辅导以及形式各异的课外活动来补短救失，其实际效果也只是"尽量"而已。

  学校教育对于人的发展的作用是有限的，承认这一点尽管痛苦，但很有必要。目前，社会上各个层次、各个方面都非常重视教育。这是大好的事情。在"重视"的背后，可能各有利益的诉求，学校教育难以满足。于是，学校、校长、教师往往成为遭受埋怨、指责的对象。而且，指责者似乎道理充分，理直气壮。这不仅有失偏颇，而且极不公平。最后我还想说明一点，要使学校教育有限的作用得到最大限度的发挥，学校、校长和教师仍有许多有待改善的地方。

（本文发表于《教师月刊》2010 年第 4 期）

把握教育目的的时代内涵

教育目的是个历史的范畴,自古希腊以来,教育目的所涉及的几个方面相对稳定,基本上没有变化,其核心就是关注人的"德、智、体"的发展。在历史的发展过程中,教育目的的变化体现在对"德、智、体"这些方面的具体内涵的不同理解中。所以,我们现在对教育目的的讨论,不应抽象地谈教育目的是什么。教育目的不是在教育活动内部能够找得到的,不是某些教育家的规定,也不是历史上的大人物对教育问题的概括,而应从一个时代的教育活动赖以生存的社会背景中去寻找。因此,对教育目的讨论应该是非常具体的。

教育目的归根到底反映了时代对培养人的规格的总的要求。从教育哲学的角度来讲,教育是一项把握人类自身前途和命运的事业。具体地来说,一个国家的教育事业就是把握这个国家、民族的前途、命运的事业。因此,具体时代、具体国家的教育目的应该从具体国家的社会发展所提出的挑战中去寻找,而不是从现成的结论中寻找。

当前,我国教育目的的具体内涵在基础教育课程改革中有具体的体现,它归根到底还是反映了时代的要求。例如强调学生人文精神的养育,这显然和人类面临的困境,和人类自身生存发展中所面临的挑战是有关系的。

现在,人类社会正面临着诸多的生存困境与挑战。例如,人与自然的关系空前紧张。在人类向自然进军的过程中,人与自然的冲突也日益暴露。人们在利用自然、改造自然,从自然界获得巨大物质利益的同时,却也打破了自然的生态平衡,造成了严重的生态问题和资源问题。人与社会的关系也很紧张。现代社会的人们在取得巨大物质成就的同时,也极大地释放了人的物欲和权力欲。现代人一方面享受着利用自然、改造自然的高度文明成果,另一方面却又不得不面对所出现的人口问题、贫穷问题、贫富差距等各种社会问题。还有人与自身的关系问题。现代人迷恋于对自然的大肆掠夺,对社会权力的疯狂追求,而唯独忘却了对自我的认识及精神发展问题,人类陷入了精神的危机,出现伦理道德滑坡。这些问题和挑战都赋予了当代我国的教育目的以新的内涵。例如,对德育的要求就体现了不同于以往时代的新的要求。在智育方面,从强调学会接受,转变为强调学会创造;从强调学会知识,到强调学会学习、学会探究。在体育方面,由于健康观念转变,体育不再仅仅是教学生跑步、锻炼,更是养成一种健康的观念和健康的生活方式。

因此,我们可以说,教育目的在形式上具有稳定性,而其内涵却在随着时代的发展不断在发生新的变化。

(本文发表于《教育科学论坛》2006年第8期)

关于教育理想与教育现实的哲学思考

这次会议的主题是教育哲学视野中的教育理想与教育现实。我从会议代表的发言中间，隐隐约约感觉到一种倾向，想就此谈谈个人的看法。

第一个是关于教育理想的问题。我觉得我们华东师范大学博士生写的论文，还有我看到的与这个题目有关的杂志上的文章，以及我们这次会议上的发言，都有一个需要我们大家引起重视的问题。我的基本观点就是，一个时代的物质生产方式严重地影响了这个时代的精神生产方式。我们有过畜牧业劳动，有过农业劳动，更有目前正在方兴未艾的工业活动，这些不同的物质生产方式，在我们教育里面都有反映，只不过占的比例不同。比方说我们把学生当牲畜来看待，动不动施行体罚，有的体育教师把学生的耳朵拧下来，这就是畜牧业的方式。这在我们这儿并没绝迹，是不是？至于农业生产活动，则逐渐居于次要的领域，这是我在后面要重点讲的。然而，现在我们关于这个问题的讨论方面，弥漫着一股浓厚的工业生产的模式。工业生产的模式是什么呢？它强调投入、过程、产出，完全是在人的计划之中的。只要是人想做的，在工业生产领域，具备一定的物质条件，而且有满足物质变化的条件，就一定会达到我们想要的结果。在代表们的发言中间，我隐隐约约感觉到这种工业模式的影响。

关于教育理想，它本身就很含糊。教育理想是谁的理想？是国家领导人的教育理想？家长的教育理想？教师的教育理想？或者是学生的理想？这个理想的主语是谁？退一步来讲，即便是我们搞教育理论研究的知识分子有义务来谈教育理想，我想也是五花八门的。这里面有一个重要的问题，我听到的发言和我看到的文章当中，很少关注教育理想中的教育本质是什么。我不知道我这种分析是不是正确。教育是什么呢？工业生产模式能否适合教育工作的需要？工业生产模式的境遇与真正的学校教育完全是两回事情。可悲的是我们正采用工业生产模式来进行我们的教育，以至于现在的学校，大、中、小学各级学校成了教育工厂。我们这里讲的教育是学校教育。这里有一个很大的问题，就是把人等同于物，把学生当做有待加工的对象。作为一个教育工作者，当我说到下面一句话的时候，感到非常悲哀、非常无奈，甚至是自责。是什么话呢？"不管有没有，哪怕是最优秀的教师、最优秀的知识分子，他也不能制造人的发展。"人的发展是一个自然的过程，而现在的教育拼命地想制造人的发展。我们制定了很多的教育规划，但是你只能对教育制度作规划，而对人的发展你很难规划，它完全是一个自然的过程。我们的教师的教育理想，在思考教育问题的时候，往往就是企图制造发展。我想这就是工业模式的思维：我教了，学生就一定知道了什么；我这样做了，就肯定会有收获。

美国有一个著名的教育哲学家叫做艾德勒（Mortimer Jerome Adler），他认为人类所有的活动中存在两种艺术：一种是操作的艺术（Operation Art），一种是合作的艺术（Cooperation Art）。对于他的观点，我是赞同的。工业生产是典型的操作的艺术，我们所看到的一切工业产品，全部是人造的结果，即人按照一定的顺序，对没有生命力的、没有主体意识的对象进行加工改造。我们的教育的最大的悲哀，目前需要克服的一个很严重的倾向，我认为，就是我们把教育工作当做一种操作的艺术，完全是人造的过程，按照人的设想去设计结果。你有什么权力构建另一个人的发展？谁给你的权力？我们动不动就培养人、塑造人，这本身就是教师的自大化。真正的教育工作是一种合作的艺术。这就是说，人不能制造发展，就像这里的鲜花，它不是你人造的结果。尽管我们的工作可以改变它的生长，甚至改变它的性能，但就它的发展来说，完全是一个自然的过程。假定全世界的农民都不劳动的话，我们仍然能够吃到麦子，吃到水稻，只不过是野麦子、野水稻、野苹果、野葡萄……加一个"野"字就是了。它可能不那么甜，产量不那么高，但这不是人造的结果，而是大自然提供给我们的。由于自工业化以来的这二三百年里面，物质生产领域取得了巨大的成功，所以助长了人的自大，认为人是万能的，什么都可以的，实际上忘掉了这一条，即我们的教育工作只不过是要和自然相配合，它所起的作用，可以促进人的发展，也可以阻碍人的发展，但是它永远不能创造人的发展。我经常讲，刘翔的腿如果短了20厘米还能拿冠军吗？你们能指望给我配一个好教练，让我到奥运会上拿110米栏的冠军吗？我做梦都没想过。我们在有些领域往往尊重自然的力量，比如美术教育要选拔苗子，体育也要选拔苗子，唯独在我们普通教育里面，我们最自大，只要是人，我就能把你塑造成我想要的样子。塑造人、蔑视自然，这个想法恰恰就是我们在构建教育理想方面存在的问题。其实我们不缺理想，各人都有各人的理想，我们缺的是对教育本身的思考，即能干什么、不能干什么。如果你不知道不能干什么的时候，你讲的理想和空想有什么区别呢？现在的学位论文，很多研究生用的都是祈使句：应该怎么样，必须怎么样。甚至有人在博士论文中写道："要进一步改造中华民族的气魄。"谁来改造？改造得了吗？我们从20世纪50年代就提倡不要随地吐痰，到现在都没能改造得了，你能改造吗？这种工业化的模式，以为做了什么，就会产生所期待的结果。当他面对的是无生命的物质的时候，工业化的模式是可行的，但对人不能如此。所以，当前我们的教育学、我们的教育理论，包括我们这次会议上的发言，都存在一种倾向，好像我们做什么就一定会达到什么。我在很多场合都讲过，希望将来能够出一本《不教的教育学》。既然人的发展是一个自然的过程，你乱来可能要坏事的。在不需要施肥的时候，你拼命地施肥，在不需要浇水的时候，你把水浇得很足，这只能阻碍它的发展。像旱灾啊、水灾啊，之所以成"灾"，不就是这个道理吗？这些东西都是它需要的，但是弄太多了就不行了。所以，在构建教育理想的时候，一定要看到教育自身的实际需要。事实上，杜威一贯反对这个东西，即遥远的理想、教育理想。他的目的论可以说是非常优秀的了。他认为目的是已完成的手段，手段仅仅是未完成的目的。如果我们拼命地构建一个理想的、遥远的、终极的东西的话，就又给教育工作者建造了一个"美丽"的伊甸园，但它很可能扼杀你的创造性。以上是我关于教育理想的一些看法，也不一定完全对。这是我想讲的第一点意思。

　　第二点意思是关于教育现实的。我想应该把这个词颠倒过来，我们关注的应该是现实的教育。现实的教育，这里的教育不是广义的教育，主要是指学校教育，即中小学、大学、研究生院。如果关注现实的教育的话，就可以看到，现实的教育是要承担一定的社会责任的。教育本来是教会的事情，慈善团体的事情，是社会组织的事情，最初政府是不干预教育的。我印象中第一个干预教育的是一千多年前普鲁士的一个小国家魏玛，我印象比较深的近代社会中政府干预教育的是英国的教育立法，大约是在19世纪后期。从那以后，实际上，教育越来越成为政府手头上的一个工具。而且教育已经绑在国家的战略上，承担着实现国家目的的重任。你愿意也好，不愿意也好，事实就是这样。我们讲现实的教育，包括现实的美国教育、现实的英国教育、现实的中国教育，都是如此。关于政府和教育的关系，从我原来主编的《20世纪教育的回顾与前瞻》，到我们最近的一个课题，都有过判断（20世纪八九十年代的时候有一个判断，现在的社会转型期也有一个判断），得出的结论是一致的，从20世纪80年代一直到现在，各国政府对教育的干预越来越强了，越来越自觉地把教育作为实现国家目的的工具。每一个国家的政府都自觉地拿起这个武器，这就是教育现实。我不再多讲了。如果我们一味强调个人发展，哪怕是再充分的发展，强调个人自由，哪怕是更充分的自由，恐怕都是痴人说梦。聪明人说梦都说不清楚，痴人说梦就更可想而知了。关于这一点，我想是这样。所以我们的理论不能够建立在虚假的前提上——这往往是研究生写论文出现的最大的问题。我在研究生答辩时的"狠"是出了名的，原因就是他赖以建设大厦的根基就像在沙滩上，你一戳它就倒。事实上，我们好多的教育理想就是建立在虚幻的现实基础上。

　　第三个问题，我认为"适合"是教育应该追求的价值，也是应该持有的教育理念。这是一个哲学问题。笼统地讲，我们人类往往追求好东西，不管在什么领域中，都是这样。如果对所谓的"好"作进一步追问的话，我们就会发现，好东西的最核心的内涵是适合你的东西。其实我们在追求适合的东西。无论长得美的、长得丑的、家里有钱的、没有钱的，在找老婆的时候，他找谁啊？他追求的是能到手的，最适合他的。不一定漂亮，或许胖一点，或许矮一点，或许腰粗一点，一定是他能够追到手的。为什么我们吃饭都到楼下的食堂去呢？也没有人说你不能去饭店，因为楼下的食堂最适合你的口袋。不知道我有没有讲清楚，适合就是最好的。我们哪怕是有同样多的钱，都用100块钱买一件衣服，去挑的时候，衣服有各种各样的，但所挑的这一件一定是挑选者认为最适合自己的。像我这么大一个老头了，穿个花衣服，不适合。公司职员可以把嘴巴涂的像猴子屁股一样，这种现象在我们教师队伍里面就很少看到。如果一个小学教师涂成这个样子，恐怕校长也不乐意。我们人类追求的所谓最好的东西其实是最适合的东西。教育所追求最好的东西就是最适合的东西。最好的教育就是最适合的教育，这也就是最高的教育理想。因为这种目标，这种教育理想，就是前面所说的，目的、手段是统一的，在运用的过程中是交替的，目的是已完成的手段，而手段是没有完成的目的。这里的"适合"，我要强调两条，一个是国家的政治、经济的需要，另一个是人内在的自然。一个真正的教育家，恐怕就是在这两个维度之间找到一个恰当的中介点。

谢谢大家。

（本文由董吉贺根据录音整理，是陆老师于2010年在山东师范大学举办的第十五届全国教育哲学专业委员会闭幕式上的总结发言）

论教育中的民主

本次年会的主题是"教育中的民主问题",大家围绕这个主题进行了讨论。我在这里先谈谈有关讨论的一些概况,然后再谈谈我对这些问题的个人理解,供大家参考。

我们这次年会的讨论还是很热烈的。无论是论文还是主题发言的内容,基本上都提出了各自的看法。我们的讨论是有关教育如何符合民主思想的问题。与此相关的是,有关民主的概念应从不同学科来进行阐释。教育民主作为教育哲学的一个研究领域,我希望有志于教育哲学的研究者今后应进一步加强对有关这方面问题的思考。我想,我们下一步应该关注的是以下的一些问题,我把这些问题提出来,和大家共同探讨。

无论是讲教育要民主,还是讨论教育中的民主问题,我们首先应清楚,教育要这个东西到底是干什么的?为什么要这个东西?这是一个前提性的问题。其次,民主包括让受教育者学会民主是不是学校教育的最高原则?再次,是不是应以民主作为最高的价值选择来重构教育中的各种关系?如果重构的话,那么,我们从经验层面所得出的教育原则、教学原则、教育方法等具有什么样的价值?师生关系又究竟如何处理?

我认为,民主是一种对权力的追求。循着这一思路去思考教育中的民主,会发现许多问题。比如,教学内容、教学方法和师生关系中,其中重要的一条——教学内容需要民主吗?又如何实现民主?又如,师生关系需要民主吗?民主的师生关系意味着什么?又怎么来"民主"?如果对这些方面重新建构的话,那么我们的教育学还能行吗?另外,在民主社会的建构过程中,能不能通过教育来达到民主的目的?或者说,是不是要等到民主社会以后教育再来要民主?这些问题,不是我们拍脑袋就能解决的。教育中的民主问题,充其量是个体的事情。我想从三个方面来进行说明。

第一个是关于民主。关于民主的界说,多种多样。严格地说,都不是真正意义上的界定。应该说,已有的界定都是某种价值的诉求,其本身与真正意义上的概念界定还是有区别的。所以,我不想从民主这个概念,而是从民主真正意义上的某些特性来看教育中的民主问题。

民主是人道的工具，民主社会是人为的社会。人人都想得到这个东西，其实质是为了满足自己或部分人的需要。所以，无论从何种意义来说，它仅仅只是一个工具。民主这个概念的提出，其核心是对权力的追求。我们通常所讲的民主，只不过是民主的衍生物，如民主的态度、民主的方法等。民主关系本身只是一种权力关系，反映的是一部分人对权力的诉求。民主是相对君主而言的。我们人类经历过最初阶段的民主，然后过渡到君主，再然后才有民主的诉求。无论是君主还是民主，都是人为的东西，其核心都是对权力的追求。事实上，这些都是人造的东西，作为其哲学基础的人性论是不存在的，是虚假的。另外，为了自己的某种需要，为了拉选票，无论是巩固统治还是维护团结都在借助于某种神话。然而，我们忽略的是，我们对君主的哲学假设源于人为地夸大人与人之间的差别，比如中国的"性三品说"、柏拉图的"人性等级观"等。为了巩固这种假设，他们往往坚持这种神话，夸大人与人之间的差别，并提出一些希望。宗教所主张的世界是人人都有的世界，即使现在没有，但将来都会有的。对于民主而言，其哲学假设来自人为地抹杀人与人之间的差别。为了证明和巩固这种假设，它创造了所谓的"平等"——"平等"是现代人创造的一个神话，真正意义上的平等是不存在的。我从来没有强调"平等"，我的学生也从来不在我面前提"平等"。所以，无论是君主还是民主，完全是人造的，其思想基础，无论是从人的理性分析，还是从经验的事实分析，都是无法证明的。

第二个问题，在讨论中，大家都认识到民主是个好东西，但民主是需要前提的，并不能随心所欲，也不能滥用。但民主真是好东西吗？它本身是人造的，其目的是为了追求权力，它是政治家用来欺骗人民的一种主要手段，从来就没有真正的民主。所以，民主不是要不要的问题，也不是要如何用好的问题，而是因其自身是人造的东西而具有无法克服前提性缺憾的问题。这样看来，有时你越是想用好，越不滥用，可能它产生的危害反而更严重，因为它更具有欺骗性。民主的人性论假设是"人人生而平等"，但人与人之间能够平等吗？这种所谓的"平等"是现代人的一种神话，它破坏了人与人之间的一些有价值的关系，如社会关系、家庭关系和教育关系等。家庭的矛盾及其不稳定，是与民主有一定关系的。

我们总是在歌颂民主，但民主其实是一种人为制造的工具性价值。正因如此，历史上曾经有过用决斗换老婆、用金钱换权力等所谓的"民主"形式，其后果很容易制造"集体的平庸"。在教育领域也存在类似的现象。比如，高等教育大众化带来了高等教育质量的平庸。这已经是被证明了的事实。民主的形式是"少数服从多数"，具体的表现形式是选举。然而，我们在选举时，往往所投的票，不是投给最有利于国家的人，不是最有能力的人，也不是最有学问的人，而是最有利于"我们"的人！赞同民主的人往往把个人的利益说成是多数人的利益，并通过"少数服从多数"的手段，把个人利益扩大化，使个人利益取得合法的证明。但是，民主这种人为制造的工具性价值不能泛化为方法论。比如，教师通常采用的讨论法主要是基于教学方法论的需要，和民主本身毫无关系，其本身并不涉及民主问题。"1+1=2"、"地球是圆的"等诸如此类的问题还需要大家讨论吗？所以，把民主泛化为方法论往往会破坏传统的理性观点。

在现代社会中，民主有着广泛的意义，代表着普遍的公共价值取向。但是，以育人为主的教育，其普遍价值是什么呢？我认为，它应该是人的自由和人的权利。在这里，它应该消除所谓平等的神话。民主对社会的贡献恰恰也正是在这一点上。什么是民主？民主就是追求个人的自由。学习的条件是什么？那就是不仅能够自由自在的想，而且还能够自由自在的说和自由自在的做。如果离开了民主的核心价值，那么就没有了学习。现在世界上没有真正的民主。现在西方国家攻击我们国家缺乏民主，我们则回击说他们是"假民主"。双方都有自己对民主的理解。关于民主的塑造，无论是分享、协商或是对话，其实都只是民主的基本要素之一，而它们必需的前提是自由。所以，民主说到底只是一种价值的诉求，而这种诉求是不以"人"为条件的，而是以"自由人"为条件的。如果一个人关在监狱里，监狱长和他协商，那么这种协商是真正的协商吗？教育的核心价值是促进人的解放，人的解放的核心价值则是自由。我的理解是，自由的真正含义是自主，是真正的解放。所以，教育和民主之间的真正的内在联系，是教会学生自由，或者说培养学生的自由能力。这就涉及获得自由的能力问题。按照杜威的说法，这种能力的条件之一就是选择，包括自己选择的能力以及对自己选择的预见性。这种能力是可以通过教育来培养的。所以，我们应抛弃那些虚幻的东西。

第三个问题，民主是一种历史的概念，它具有时空的局限性。从民主观念的历史发展上来看，民主是一种人造的东西，提出民主这种理念的伟大思想家是基于"人人生而平等"的观点，向君主夺权，追求所谓的平等。但是我们也应该看到，他们所提出的民主理念往往带有一定的想象性。提出民主有一个隐含的前提是"人人生而平等"，实际上，人的智力、体力和能力都是参差不齐的，很难有真正意义上的平等。所以，民主隐含的前提存在着问题。事实上，哈贝马斯、福柯等思想家们也讲自由，也讲民主，但我们很少看到他们有关平等的论述，甚至杜威在《民主主义与教育》一书中也没有谈到平等，在阐述民主问题时不提"人人平等"的问题。

另外，从时间上来说，至今还没有一个统一的民主。在当今世界，美国式民主、英国式民主和德国式民主乃至我们的中国式民主等都是不一样的，因为它是人造的，都是为了得到权力。而且，从民主这个概念出发，很少有人冒昧地觉得自己得到了真正的民主，也没有真正众口一词的民主。这就说明，作为一个历史的概念，民主是受时空限制的。所以，我们今天在讨论中国教育和中国民主的关系时，在谈到哈贝马斯、福柯等思想家的思想时，应持相当谨慎的态度。比如，与民主相关的人权概念，我国政府和西方国家对它的界定是不一样的，我国政府的人权首先是指生存权。

因此，如果教育中真有民主的话，那么我建议我们要谈具有中国特色的民主。这种中国特色的民主要与中国教育的具体实践密切联系在一起。

今天，就有关中国教育中的民主问题，我就只谈上述三点个人的理解。谢谢大家！

（本文由尹伟根据录音整理，是陆老师于2008年在上海师范大学举办的第十四届全国教育哲学专业委员会闭幕式上的总结发言）

教育与社会主义精神文明建设

社会主义精神文明建设的需要把教育的发展提到了"整个社会主义现代化建设的战略重点"的高度。曾经在一段较长的时期内，人们对于教育与精神文明建设的关系缺乏充分的认识，因而对发展教育也没有给予应有的重视。现在，《中共中央关于社会主义精神文明建设指导方针的决议》（以下简称《决议》）将教育与科学文化一起列为精神文明建设的重要条件，并决定国家不仅要从政策上和资金上保证教育事业的发展，而且鼓励社会各方面力量都要大力支持教育事业，从而使教育的"战略重点"的地位得到了确认。《决议》根据我国社会主义现代化建设的需要，明确地提出了精神文明建设的根本任务，就是培育有理想、有道德、有文化、有纪律的社会主义公民，提高整个中华民族的思想道德素质和科学文化素质。这就给教育提出了更高的要求。在教育对于社会发展的作用方面，过去的认识是片面的，以中小学教育而言，一般认为其任务是为高一级的学校培养合格的新生，为工农业生产提供后备军。在这种思想指导下，多数学校只注重对学生进行知识的灌输，片面追求升学率，不少的学生想的是自己如何考上大学或分配个理想工作，一旦个人奋斗的目的无法实现时，不是怨天尤人，就是消极混日子。这与社会主义精神文明的要求是格格不入的。所以我们的教育不仅仅是传授知识，而且要培养新人，以提高整个中华民族的素质作为我们的历史责任。为了承担起这一光荣而艰巨的使命，就必须加强教育理论的研究，对我国现行的教育体制、教学内容、教学方法等进行一系列的改革。在理论研究和体制改革中，应该鼓励大胆探索和自由争鸣，不能把教育体制的改革只视为领导人的事。最后，我还有一个强烈的想法，要完成我们肩负的光荣而艰巨的使命，每个教育工作者都要认识到自己的责任，努力提高自身的思想道德素质和业务素质，时时事事都要成为学生的表率。有人认为教书育人只是对学生而言，要求学生如何如何，对教育者本人的要求则大都没有予以重视。实际上，教育者的一言一行直接影响到学生，尤其我们高等师范院校的教师，是培养教师的教师，加强自身思想道德素质和业务素质，就显得更为重要。

（本文发表于《山东师大学报（社会科学版）》1987年第1期）

论当代中国教育学者的使命

一、"使命"、"学者"及其二者的内在关系

谈及"使命",毫无疑问它与"人"或"组织"存在的目的、方向和目标紧密相关。正因为如此,被誉为"现代管理学之父"的美国管理大师彼得·德鲁克(Peter F. Drucker)在其对"管理"所下的经典定义中,就用"使命"一词来诠释管理的内涵和本质。他指出:"管理就是界定企业的使命,并激励和组织人力资源去实现这个使命。界定使命是企业家的任务,而激励与组织人力资源是领导力的范畴,二者的结合就是管理。"[①] 究竟何谓"使命"?根据《汉语大词典(缩印本)》(汉语大词典出版社1997年版)的解释,它一指"命令"、"差遣";二指"任务"、"责任"。在英文中,"使命"一词为"mission",《牛津现代高级英汉双解词典(第三版)》将其解释为"Special task",即"特殊的任务",与《汉语大词典(缩印本)》中第二种解释相近。综合以上词典的解释,我们认为:"使命"就是人或组织应当肩负的职责、任务和责任。使命是人或组织赖以存在的基础,它代表着人或者组织存在与发展的目的、方向和奋斗目标。使命是人或组织对自身应有价值的一种判断和要求,它代表着人或组织对事业的价值取向和定位。"使命"是一个历史的范畴,在不同时期它具有不同的内涵。

何谓"学者"?根据《汉语大词典(缩印本)》给出的解释:"学者"其一指"做学问的人,求学的人";二指"在学术上有一定造诣的人"。在《牛津高阶英汉双解词典》(第四版)中,它将"学者(scholar)"解释为"person who studies an academic subject deeply",即"对某个学科领域有较深研究的人",与《汉语大词典(缩印本)》中的第二种解释接近。在我国现代对学者颇有研究的著名教育家郑晓沧看来,"学者"相当于德国的"Research scholar"。他曾指出:"兹姑以一般 Scholar 为言,其在中国,今日通称为'学者',求之旧籍,依个人意,相当于'士'。"……"士""以其主持风化,作社会之表率言,其行为、事功,影响于社会者亦至巨。今吾人姑且置伦理的意义而不论,则'士'之解释,为'推十合一',即能以演绎与归

[①] 那国毅. 德鲁克的"1358"管理思想研究 [EB/OL]. 中企联合网,2007-9-20.

纳整理思想。""凡具有此种修养者,始可谓之'士'或'学者'。然中国向重人本主义,故向来'士'之含义,除学识外,亦必注重其人格之修养。"① 在他看来,"学者"不仅含有研究学术的应有之义,还包含强烈的社会关怀及可作表率的人格修养这层内涵。我们认为:所谓"学者",就是以学术研究为业并在某一学科领域有较高造诣的人。

学者与使命之间有着天然的联系。因为使命代表着人或组织存在的目的、方向与责任,规定着人或者组织存在的目的、方向和奋斗目标,是人或者组织赖以存在的原因和目的。使命不仅意味着对职责的强化与明确,是组织和人安身立命的价值定位与内在动力,它归根结底还体现了组织与人生存状态的职责意识,是组织和人栖居的内在化的精神家园。因此,学者必然有其特定的使命,他不仅不能拒绝使命,相反,他必须勇敢地承担起时代所赋予自身的使命,并为之付出行动和承诺。学者的使命表征着学者存在的目的、方向与责任,它表明学者是谁?学者应做什么?学者为什么要做它?学者的使命是学者区别于其他群体的重要标志和自己栖居的精神家园,如果没有这样的精神家园,学者其作为知识分子的特殊形象及其与大众的差别就会消失。对于学者而言,学者只有清晰、自觉地意识到自己肩负的使命,才能全力去践行时代所赋予的使命,充分发挥和展现自身的价值。学者对自身肩负使命的透彻地自觉意识不仅可以增强学者对社会和时代的责任感,使之获得明确的方向意识,增强工作的原动力,从而更热诚、更专心、更专情地去完成自己的工作,而且,它还有助于提高学者学术思考的品质。费希特指出:"给予个人以荣誉的不是阶层本身,而是很好地坚守阶层的岗位;每个阶层只有忠于职守,完满地完成了自己的使命,才受到更大的尊敬。"② 作为学者,只有对自己承担的使命怀有高度的自觉,才能够将自己融入到时代发展的洪流之中,自主地创造自己的价值,在自我价值实现的同时,获得作为"学者"的归属感和自豪感。

二、当代中国教育学者应肩负怎样的使命

所谓教育学者,就是以教育学术研究为业并在该领域有一定造诣的人,教育学者是学者和知识分子队伍的一部分。教育学者的使命是教育学者区别于其他学者、知识分子以及一般教育工作者的根本标志,是教育学者身份的重要标识。由于使命是一个历史的范畴,它在不同历史时期有不同的内涵,因此,当代中国教育学者的使命不仅应体现着教育学者的工作特性,而且应直接反映"当代中国"这一特定的地域与时代发展的语境对教育学者的呼唤、期待和要求。在当前,中国教育学者应

---

① 郑晓沧. 大学教育的两种理想 [M] //杨东平编. 大学精神. 上海:文汇出版社,2003:38.
② 〔德〕费希特. 论学者的使命 [M]. 梁志学、沈真,译. 北京:商务印书馆,1980:33.

肩负如下的使命。

（一）建构中国本土原创的教育理论

中国教育学研究缺乏本土原创这是一个不争的事实。自20世纪初一直到现在，除了陶行知等一批20世纪上半叶的教育先驱曾偶或给我们带来过自信和亮点之外，"引进"和"输入"无疑是20世纪中国教育学发展的主流，较少有自己的原创。从21世纪以来近几年的情况来看，尽管教育学界对教育学术研究"本土原创"的呼唤不断，但用西方学术话语"套解"中国教育问题，在教育研究中奉行"西方标准"的唯"西"是尊的倾向仍普遍存在，致使中国教育学术研究不时沦为西方教育理论的"传声筒"和"翻译机"，中国教育学术研究自觉或不自觉地成为西方理论的一种消费市场，沦为西方学术话语的殖民地。① 教育研究本土原创的缺失不仅使中国教育学术研究失去了对"中国"教育问题的观照，同时，也导致中国教育学者地位尴尬：不仅在国外难以获得外国同仁的承认和尊重，甚至在国内也难以被其他领域的学者所认同和接纳。②

在长期以来我国教育研究缺失"中国"、"教育话语"的境况下，构建本土原创的教育理论并在此基础上建设具有中国特色、中国风格、中国气派的教育科学体系无疑是当代中国教育学者应当承担的历史使命。从根本上来说，这归根结底是因为本土原创是教育学术研究的理性诉求。首先，本土原创是任何学术研究的本义和根本宗旨，它是学术活动的目的、意义、价值所在。③ 教育学术研究没有原创性，教育学术研究就没有了动力、方向和价值。教育学术研究只有不断推动本土原创，才能在已有教育研究成就的基础上不断有所推进，不断地抢占教育学术的制高点，只有本土原创的研究成果才能体现作为理论思维的教育学术研究的品质、拓展教育学术研究的视阈和空间并实现教育学术研究的价值。其次，推动教育学术研究的本土原创是新时期我国教育改革与发展的迫切需求。当前，我国正全面推进小康社会建

---

① 当然，国内也不乏一些教育学者在此路向上进行了积极的探索，如华东师范大学叶澜教授领导的"新基础教育"实验以"生命"作为教育的基础和教育学研究的原点，自20世纪90年代以来一直在探寻中国基础教育改革与发展之路并立志建立体现中国本土原创的"生命·实践教育学派"。在国内产生了很大影响。

② 我国教育学的研究除了普遍反映出对西方学术话语的"依附"这一问题外，还存在着对其他学科普遍"依附"的问题，使得教育学成了"别的学科领域"。教育学研究中"教育学"立场和思维的"缺位"，其后果是使教育学成为了其他学科的殖民地，进而影响了教育学研究的原创。对于我国教育学研究缺乏原创的问题，国内不少研究者对此已有所揭示，可参阅郑金洲. 中国教育学研究的问题与改进路向 [J]. 教育研究，2004（1）. 叶澜. 中国教育学发展世纪问题的审视 [J]. 教育研究，2004（7）. 项贤明. 教育学的学科反思与重建 [J]. 教育研究，2003（10）. 冯建军. 教育理论的"失语"与原创性诉求 [J]. 南京师大学报（社会科学版），2003（5）.

③ 早在1901年《原富》出版时，严复就在按语中对"学术"中的"学"与"术"进行过解释。他指出："盖学与术异。学者考自然之理，立必然之例。术者据既知之理，求可成之功。学主知，术主行。"梁启超在1911年也在《学与术》中对"学术"问题有过精辟论述："学也者，观察事物而发明其真理；术也者，取其发明之真理之诸用者也。"可见，学术研究从其一开始就被赋予了创造性的内涵，原创是学术研究的本义。参阅陆敏、胡梅娜. 原创性：学术研究的基本准则 [J]. 政法论坛，2002（1）.

设和落实构建社会主义和谐社会的伟大工程,这既对我国教育事业的重塑提供了新的历史机遇,同时也对当前我国教育的改革和发展提出了新的挑战和要求,在这一过程中涌现了一些全新的教育课题。要解决这些全新的教育课题,教育学者必须立足新形势、新挑战,及时作出自己的回应,用新的视角和思维方式,寻找解决在新形势、新环境下出现的各种教育新问题的思路和方案。最后,对于我国教育实践中顽固存在的那些老生常谈的"老大难"问题,我们只有开展原创性的教育研究,推动教育理论的创新,才能为从根本上揭示引发这些"老大难"问题的深层根源,为解决这些教育上的"老大难"问题提供新的理论依据,最终谋求这些"老大难"问题的完美解决。总之,要改变中国教育学术研究长期以来沦为西方教育理论的"传声筒"和"翻译机"的形象和改变中国教育现实无力的"疲软"状态。当前中国的教育学者理当奋起追之,把推动教育研究的本土原创作为自己学术生涯的毕生追求。这既有助于促进中国教育实践的变革和优化,同时也有益于具有中国特色的教育理论的发展,实现理论与实践的双向互动、同生共长。建构本土原创的教育理论不仅是我国教育学术研究获得生机与活力的必由之路,有助于增强中国教育理论改变现实生活的力量,改变教育学在社会中的现实生存境遇并使之与其他学科进行平等对话成为可能,而且有助于赋予我们的教育理论以批判西方文化霸权主义的勇气,增添并获得我们与之进行对话的资本。这既有助于捍卫中国教育学术研究的尊严与荣誉,同时也是现代中国教育学者对世界教育理论发展的贡献。

(二)服务教育决策,促进教育决策科学化

教育学是实践之学,实践性是教育学术研究的根本归宿。教育学者的学术研究不仅不能远离实际,相反,它应当根植于现实的土壤,汲取鲜活的生活养分,并最终以解决教育实践问题为依归。在当下,教育学者必须从学理分析出发表达出对我国现实教育改革和发展的关注以及建设性的学术努力。而要解决教育实践问题的一个具体体现和要求,就是教育学者的学术研究必须为党和国家的重要教育决策服务,通过自己的参与和服务提高教育决策的科学化水平。

中国教育学者之所以要积极参与、服务教育改革的决策,这既有现实中我国教育学者参与以及支持教育决策不足的原因,同时,这也是教育学者的角色特征和教育决策的特性所决定的。从教育学者的角色来看,教育学者是教育专业性利益的代言人,因而应当是教育决策基本原则的天然坚持者。与政府官员、其他学科领域学者以及中小学教师及其家长相比,教育学者与教育改革决策存在着利益的相对超然性,因而具有较高的社会公信力。[①] 由于教育学者主要是从教育自身健康发展和教

---

① 王东. 论教育学者的立场 [J]. 教育科学. 2006 (5).

育社会功能的充分实现的角度来思考问题，因此，他们的参与和服务可以最大限度地避免教育自身利益受损，确保教育改革决策的合理性。另一方面，从教育决策的特性来看，教育决策与一般行政决策相比具有复杂性和综合性，教育决策需要足够的深度研究、持续实验和论证的支持才能确保其合理性。教育决策只有具有深厚的专业与研究基础的教育学者的充分参与和提供服务，才能尽可能地降低教育改革运行成本和失误风险，保证教育改革与发展的稳定、进步、有序和协调。对于现实实施中的教育决策，同样也需要教育学者用专业性的眼光来加以审视和评判（尤其是要对教育决策的运作机制及前提假设等进行评判），进而为其重新调整提供科学依据。概括言之，教育学者应当主动地介入和服务教育决策实践，积极地参与教育决策的服务、对话和构建。教育学者缺位的教育政策，意味着教育决策丧失了利益代言人和科学研究基础，其结果必然会使教育改革付出较大的代价。

要积极参与和服务教育决策，这就要求中国教育学者必须具有强烈的实践关怀，认真研究与解答当前全面建设小康社会、全面推进和谐社会建设这一新形势下我国教育改革与发展中具有全局性、战略性、紧迫性、宏观性的重大教育问题，如和谐社会构建背景下的教育体制改革、农村教育改革、基础教育课程改革深化、高等教育体制改革等问题，积极关注和把握教育政策的历史、现实和未来趋势，关注由政策引发的制度博弈实践及政策效应，通过自己的信息收集和理论解释给出各种教育决策方案的"可能性"的收益和由此而来的必然代价，做好一个明智的"建议者"。[①] 教育学者应当用自己的研究为重大教育决策的出台或重新调整提供科学依据，为教育决策的科学化贡献自己的专业智识。

（三）传播教育思想与理论，提升社会的教育智识

在我国教育界，教育理论与实践相互割裂导致"两张皮"是一个由来已久甚至至今仍没有很好解决的问题。在现实生活中，教育学者往往埋怨实践者观念陈旧、落后、顽固，不愿或者难以接受教育理论；而教育实践者则质疑教育学者"闭门造车"，脱离实践，理论空洞无用，难以指导教育实践。长此以往的结果是教育理论与实践界相互推诿、互不关注、互不沟通、各自为政，甚至相互指责，造成了教育队伍自身的内耗，致使教育理论成果被教育实践界"束之高阁"，没有发挥出对教育实践的应有功能，造成了教育学术研究资源的浪费。从我国教育界长期以来理论与实践"两张皮"的现象来看，客观地说这固然有多方面的原因，但教育学者缺乏对教育理论和思想的传播无疑是理论与实践界各行其道的一个重要原因。在我国教育学界，教育学者的研究工作结束、成果产出之后，便算大功告成，理论成果的宣传与

---

① 当然，这不是说要求每一个教育学者都必须参与教育改革决策，实际上这既不必要，也不可能。整理和传播教育学知识以及潜心治学、专注于基础研究是教育学者的本然使命。

传播工作，则被视为教育科研管理部门的职责，教育学者对于理论研究成果影响教育实践的技术路径的思考及其行动，基本上无从谈起。

　　从理论的使命来看，理论的根本使命在于引导和提升群众，帮助群众正确地认识和进行实践，升华群众进行创造性的实践。作为教育学者学术研究成果的教育理论成果而言，教育实践是其最终的舞台和归宿，不仅教育理论的有效性有待实践的检验，而且它的功能也只有在实践中才能获得充分地发挥。教育理论成果只有为广大教育实践者所了解和把握，才能转变为广大教育实践者变革教育实践的重要力量，成为"教育生产力"。另一方面，从教育理论成果的特点来看，教育理论说到底是教育学者对教育进行理论思维的产物，它是教育学者对教育现象和教育实践进行抽象、概括和总结基础上形成的专门化、系统化的理性认识，它具有高度的抽象性、概括性和逻辑性。教育理论成果的这一特点决定了只有经过教育学者自身的宣传、传播，才能完整、透彻地为广大教育实践者所理解和把握。从这些意义上讲，传播教育理论、思想，推进教育知识的普及理当成为教育学者的重要使命。正因为如此，费希特在《论学者的使命》中才强调学者是"人类的教师"[①] 和"人类的教养员"[②]。他强调指出："学者特别担负着这样一个职责：优先地、充分地发展他本身的社会才能、敏感性和传授技能。"他还说："所有的人都有真理感，当然，仅仅有真理感还不够，它还必须予以阐明、检验和澄清，而这正是学者的任务。"[③]

　　强调传播教育理论成果（不仅仅是传播当下的理论成果，还应当包括中外历史上一切有生命力的教育理论和思想）是教育学者的重要使命，这就意味着当代中国教育学者在从事教育学术研究并取得有价值的研究成果的同时，还必须采取教育实践者喜闻乐见的方式与方法，向广大实践者作好"传"和"说"的工作，将教育理论成果简明、清晰、准确地传递给广大的教育实践者，用教育理论与思想的魅力去吸引实践者、打动实践者、激励实践者、导引实践者，帮助其正确地认识、剖析和解释纷繁复杂的教育现象，增进他们对教育真谛、教育的价值和意义的领悟。中国教育学者对教育理论成果、思想的传播不仅有助于拓展教育实践者的教育视野，敞开现实中被遮蔽的问题域限，而且有助于提高广大实践者教育实践的自由、自主性，从整体上提高全社会的教育智识，从而不断提升中国教育的品质。概括言之，在当代社会，一个合格的教育学者不仅应是勤勉的"研究者"，与社会保持一定距离的"理解者"，更应该是高超的"解释者"，勤勉的"传播者"，明智的"建议者"。

---

① 〔德〕费希特. 论学者的使命 [M]. 梁志学, 沈真, 译. 北京：商务印书馆, 1980：39-40.
② 〔德〕费希特. 论学者的使命 [M]. 梁志学, 沈真, 译. 北京：商务印书馆, 1980：40.
③ 〔德〕费希特. 论学者的使命 [M]. 梁志学, 沈真, 译. 北京：商务印书馆, 1980：38-39.

三、中国教育学者何以能承担自己的使命

（一）恪守"学者"的良知和天职，投身真正的学术研究

学者是社会的良知。作为知识分子存在于社会中的学者，体现其存在意义的主要方面不仅仅是他或她的知识生产方式或知识传授方式，而在于其运用知识的目的与理想。教育学者要完成自己的使命必须恪守"学者"的良知和天职，具有学者的情怀、精神和操守。首先，教育学者必须具有强烈的社会关怀及高尚的人格境界，他应该"比任何一个阶层都更能真正通过社会而存在，为社会而存在"，"应当把自己为社会而获得的知识，真正用于造福社会"，[①] "高度注视人类一般的实际发展进程，并经常促进这种发展进程"。[②] 正如泰戈尔所指出："人类永久的幸福不在于获得任何东西，而在于把自己给予比自己更伟大的东西，给予比他的个人生命更伟大的观念，即祖国的观念、人类的观念、至高神的观念。"[③] 教育学者应当成为民族和人类知识风尚的坚定捍卫和守护者，努力增进民族和人类的教育智慧，致力于教育的超越与完善，为社会的发展和进步作出自己的贡献。其次，教育学者必须坚守学术研究的应有品格。学术研究是学者的天职，作为学者之一部分的教育学者不是商人和政客，不能将学术研究作为追逐名利或攫取权力的手段，不能迎合市场与权贵。作为社会的知识精英，教育学者应能运用自己的理性，保持良好的学术价值观念、气节和心态，做到面对权力，不糊涂；面对市场，不浮躁；面对名利，不贪婪，应怀有心如澄清秋水、身如不系之舟的处世心态和恭敬不息、颠沛以之的追索真理的学术心态。在任何时候都不能成为"权力"、"利益"或"流行民意"的"合谋者"、"仆人"或者"吹鼓手"。作为知识分子中的一员，教育学者要以探索教育真理为己任，凭自己的研究说话，[④] 实事求是，勇于追求和捍卫真理，刚正不阿，具有自己独立的价值判断、立场主张和反思批判的锐气，不能随声附和、随波逐流，更不能阿谀奉承、趋炎附势，"为了奉承、讨好极有缺憾的权力而丧失天性"[⑤]。教育学者必须坚定自己"学者"的身份、品格和立场，永远保留一份怀疑、追问、批判的精神，保持思想与思考的警惕和敏锐，努力守护教育学术研究的信念，在学术研究中

---

① 〔德〕费希特. 论学者的使命 [M]. 梁志学，沈真，译. 北京：商务印书馆，1980：38-39.
② 〔德〕费希特. 论学者的使命 [M]. 梁志学，沈真，译. 北京：商务印书馆，1980：37.
③ 〔印〕泰戈尔. 人生的亲证 [M]. 宫静，译. 北京：商务印书馆，1992：86.
④ 何怀宏教授曾如此表达学者当有的自觉追求："我们需要极其专注于思想本身，而不是注意它的一切附带结果或装饰物。无论如何，极其专注——这确实是把一件事做好的关键条件，不肯你做什么事，这就意味着除这件事之外的许多事，你都要不在乎。这包括不要计较功利和名声，计较就必然浪费你的时间、你的才能，影响你本可达到的高度。一位画家曾经这样说：'画家用画说话'，我想学者也是这样，他最好总是用自己的著作说话。"参见何怀宏. 何怀宏自选集 [M]. 桂林：广西师范大学出版社，2000：379.
⑤ 〔美〕爱德华. W. 萨义德. 知识分子论 [M]. 单德兴，译. 北京：生活．读书．新知三联书店，2002：82.

生产有价值的"教育知识"和严肃而高水准的专业判断。① 尽可能地"摆脱各种世俗利益的羁绊,自由地说出他的真实想法;并且能够在体制之外,更清楚地洞察各种体制、机构、秩序的弊端,从而更好地为社会代言"。② 教育学者只有秉持学术的独立性和批判精神,坚持自由的思想,坚持客观公正的社会正义原则,才能够承担反思和批评社会生活、承诺社会道义的"知识分子"职责,从而履行作为"知识分子"的现代学者的使命。最后,由于教育之学是至善之学,而学术研究事业本身就是追求真、善、美,因此,以教育学术研究为业的教育学者理当率先垂范,自觉地接受公共社会的监督,切实将学术规范作为自己的学术立身之本,坚守"科学共同体"的科学精神气质,成为遵守学术规范的典范。尤其是在当今社会,作为现代知识分子的教育学者相对其他领域的学者更需要一种文化自律,一种自我批判精神。面对当今社会的种种失范,教育学者当体现出一种"出淤泥而不染"的内在追求,不断提升自己的学术道德素质和自律精神。

(二)"以我为主",兼容并包,营造富有活力的教育学术生态

中国教育学者要完成所肩负的历史使命,必须在学术研究中坚守"中国的"、"教育学的"双重立场;但与此同时,中国教育学者还必须"兼容并包"。正如费希特所指出,学者不仅"应当熟悉他自己的学科中那些在他之先已有的知识",而且"应当不断研究新东西,从而保持这种敏感性",并且要尽力防止那种经常出现的,有时还出现在卓越的独立思想家那里的对别人的意见和叙述方法完全闭塞的倾向。③ 当代中国教育学者不仅应向"国外"学术话语和其他学科领域开放,批判性地吸收、借鉴国外和其他学科的研究成果和方法,在与国外其他文化体系中的教育话语和其他学科领域的平等"对话"中构建具有自己民族文化风格的教育话语与理论体系。在处理中西关系上,教育学者必须警惕盲目崇外、用西方话语简单"套解"中国教育以及闭关自守、夜郎自大的两种极端倾向,必须扎根中国的教育土壤,批判性地消化、吸收国外一切先进的教育理论成果,同时也不能丧失对西方教育学的学术批判立场。"既要占有西方的理论,不闭门造车,同时又要切实进行批判性分析,看到其产生的现代及后现代土壤,看到其原有的教育传统、文化传统的积淀,看到其赖以生存的方法论基础,并据此分析与中国教育的契合程度"④,在以"中国"为落脚

---

① 哈耶克在谈及经济学家应有的生活品格时曾经指出:"一个经济学家最重要的就是必须要有成为'不流行的'(unpopular)勇气。"在我们看来教育学者同样应有这样的精神,作为知识分子的教育学者应自觉与大众和社会保持一定的距离,与政府与民众情绪保持一定距离,时时维护思考的客观、公正、理智、冷静,时刻注意不能用"迎合"去赢得掌声,不能为了迎合某些特定"利益集团"而失去自己的学术独立性!因为教育学者自身功能的发挥与其独立性密切相关。

② 刘铁芳.体制化时代的教育和教育研究[J].湖南师范大学教育科学学报,2006(5).

③ 〔德〕费希特.论学者的使命[M].梁志学,沈真,译.北京:商务印书馆,1980:38.

④ 郑金洲.教育理论研究的缺失:世纪之交中国教育理论的反思[J].教育发展研究,2001(10).

点的前提下对国外教育学研究的趋势及其有影响的理论和方法实施批判性的借鉴，防止在国外"他者"经验的引进和借鉴中出现生吞活剥的现象。在教育与其他学科领域的关系上，教育学者同样要以"我"为主，兼容并包。一方面，针对以往我国教育学术研究普遍缺乏与其他学科对话、交流、理解与借鉴的情况，教育学者必须放弃"教育研究是教育研究者独有领地"的陈旧边界观念，加强与不同学科与视角的交流与沟通，互通有无，广泛吸纳其他学科的理论、成果与方法，借鉴其审视问题的独特视角和思维方式，通过对其他学科领域成果和方法的兼收并蓄，不断丰富和深化教育学术研究的内涵。另一方面，在与其他学科沟通、融合的过程中，教育学者也不能丧失自己"教育学"的学科立场，在任何时候都必须坚守自己的知识立场和独特视角，不能遮蔽自身独特的对象域。"在与其他学科进行对话时，要理解对方的价值追求和学术造诣，理解对方的理论内涵和学科架构"①，只有如此，才能与其他学科展开真正意义上的对话，在理论、技术和方法上获得与其他学科互生、共生的效果，从而实现教育学术研究不断自我更新和变革的目标。

（三）扎根中国鲜活的教育生活实践

对教育实践的关心和深刻体验无疑是教育学者创造性学术研究实践的基础。诚如马克斯·范梅南所指出："教育学的概念中的所有的因素都不应被视为'给定的'或'既定的'；教育的意义必须到教育的实际生活中去寻找。"② 从根本上来说，教育理论与教育实践二者是积极互动和相互构成的关系，它们在互动中实现理论与实践的相互影响和相互构成，③ 教育之学是实践之学，其生命力植根于教育实践，教育学者的学术研究与教育生活实践是同生共长、同呼吸共命运的关系。教育之学的这一特点以及教育学术研究与教育生活实践的这种关系，决定中国教育学者无论是推进本土原创教育理论的建构、促进教育决策科学化，还是传播先进教育理论从而提升全社会的教育智识，都必须关怀并扎根于中国本土鲜活的教育生活实践，确立一种全新的生活和研究方式。要承担自己的使命，教育学者必须摒弃以往普遍存在的躲在书斋中"做"研究的做法，大力发扬理论联系实际的优良学风，直面并走向鲜活的中国现实教育生活，"关注实践"、"参与实践"、"批判实践"、"改进实践"。④ 在关注教育实践、参与教育实践、批判教育实践、改进教育实践的过程中，实现教育学者与实践者、教育理论与教育实践的双向互动，促进教育理论与教育实践、教育学者与一线教育实践者的共同成长。只扎根于鲜活的本土教育生活实践，中国教

---

① 孙俊三．教育研究的境界［J］．教育研究．2005（11）．
② 〔加〕马克斯·范梅南．生活体验研究——人文科学视野中的教育家［M］．宋广文，译．北京：教育科学出版社，2003：65．
③ 为"生命·实践教育学派"的创建而努力——叶澜教授访谈录［J］．教育研究．2004（2）．
④ 郑金洲．中国教育学研究的问题与改进路向［J］．教育研究．2004（1）．

育学者才能获得对本土教育传统、本土教育实践和教育问题的深刻理解,使自己的教育学术研究摆脱技术理性的遮蔽,从而更加贴近人的发展需要,使自己的学术研究真正成为决策咨询、理论指导、实践探索的科学依据;也只有扎根于鲜活的本土教育生活实践,才可能创建本土原创的教育理论。因为国外相关的理论充其量只能起到参照和借鉴的作用,只有扎根自己的现实教育土壤,建构具有中国特色的原创教育理论才能成为可能。

(四)勤于积累,勇于拓展,将自己塑造成公共知识分子

杜威在《人的问题》中指出:"今日的教育问题是更深刻的、更尖锐的、更困难的,因为它要面对近代世界的一切问题。"① 杜威这句话深刻地揭示了教育与社会其他领域之间所存在的复杂联系。在今天,教育与社会其他领域的这种联系无疑更加明显,甚至可以说几乎所有的教育问题都与社会其他领域的问题存在或隐或显的关联,今天的教育问题逐渐超越专业教育问题的范畴而成为典型的公共问题。② 针对当今教育问题"公共性"品质的凸显,中国教育学者的角色形象必须实现由"专业性"向"公共性"的转型,转变为公共知识分子,用学术的、精神的、道德的方式承担起公共社会的责任,用人文批判和文化反思的方式,观察、思考、评判和处理和教育紧密相关的社会问题,体现超越现实既定经验的批判精神和人文道德姿态,"成为社会'公共理性'的捍卫者"。③ 其实,这也正是现代教育学者具备现代"知识分子"的文化品格的基本保证。因为,仅仅具有教育知识或者仅仅能够生产和传授教育知识,并不等于具备了现代"知识分子"的文化品格。为了适应这种角色形象的转型,教育学者必须勤于学习、勤于思考和积累,积极关注现实与生活,深刻思考社会与历史,细心体察人生与世界,勇于拓展,不断扩大自己的生活与学术视野。费希特说:"学者要忘记他刚刚做了什么,要经常想到他还应当做什么。谁要是不能随着他所走过的每一步而开阔他的活动的视野,谁就止步不前了。"④ 在知识积累上,教育学者不仅应注重教育学识的积累,熟读中外历史上教育名典,而且应当广泛涉猎政治学、经济学、文化学、哲学、文学、法学、伦理学、宗教学、社会学、文化学、人类学、心理学和一些自然科学,力争拥有更广的学术和思想资源。与此同时,教育学者还应当积极关注社会的其他公共问题,"要在最能被听到的地方发表

---

① 赵祥麟,王承绪.杜威教育名篇[M].北京教育科学出版社,2006:292.
② 刘荣秀,刘铁芳.教育学者何以成为公共知识分子[J].长沙大学学报.2005(6).
③ 万俊人.作为知识分子的现代学者:重读费希特《论学者的使命》一书感言[J].东南学术.2003(5).
④ 〔德〕费希特.论学者的使命[M].梁志学,沈真,译.北京:商务印书馆,1980:38.

自己的意见"①，积极介入公共学术话语。当代教育学者非但不能沉溺于私人书斋，放弃自己的公共关怀，进入自己的知识体系里寻求人的发展和自我生存的完善，相反，还必须使自己的知识和思想公共化，对所处的社会生活世界怀有一份积极的学术姿态。这样，不仅能够涵养自己的教育思想与学术，同时，还有助于不断提高教育学术对公共问题的回应能力，提高教育言说的公共品格，使教育学者能够在教育问题之外的社会问题解决中发出自己的声音，一改过去教育学者在经济社会发展的其他重要领域普遍存在的"失音"、"缺位"现象，使教育学者在社会公共领域成为正义、信仰和人类基本价值的维护者。

〔本文与彭泽平合作完成，发表于《华东师范大学学报（教育科学版）》2007年第4期〕

---

① 〔美〕爱德华. W. 萨义德. 知识分子论［M］. 单德兴，译. 北京：生活. 读书. 新知三联书店，2002：85.

从学位论文看基础教育研究中的若干问题

在参与教育学专业研究生学位论文评阅和答辩的过程中,我发现现在的研究生学位论文存在着一些具有普遍性的问题,它们或许也在一定程度上反映了当前教育理论研究值得注意的一些问题。在讲的过程中,不可避免地要涉及一些具体的表现。在这里,我要首先声明,我举的一些例子,主要是同我有关,请大家不要对号入座。

一、问题意识

第一个问题,学位论文的问题意识。对于学位论文的要求有很多方面(政治标准、论证是否充分、研究工作和论文写作是否规范、文字表达是否流畅清晰等),其中一个带有根本性的要求就是创造性。我看到的有些论文,论述的主题不明确,观点也不太清楚,因此,很难看出作者的创造性或新意,我觉得这不是一篇好的学位论文。

任何研究,都不可能漫无目的、无病呻吟,都必定有一个明确的目的。任何创造或推进、发展的前提,就是要对目前的困难(问题)或有待解决的疑难问题进行分析,使之清晰,探究其原因,并提出解决办法。在杜威对研究活动加以概括的"科学方法"中,疑难情境和问题就处于前提地位。波普尔认为,科学的发展就是从提出问题到解决问题,再进一步提出问题、解决问题的过程。库恩也把问题看做是科学革命的轴心。因此,问题是研究的起点,也是推动理论和实践发展的契机。论文最基本的要点是要解决问题的,要告诉别人你想解决什么问题,要告诉别人你解决有关问题的基本主张。我看到的有些论文,发现问题、研究问题、解决问题的意识不很强烈。也就是说,看论文的人不太清楚作者"究竟想干什么"。写文章似乎不是要告诉别人你主张什么,而是告诉别人你知道些什么。这样的文章题目不应该叫"论"什么,而是要叫"关于"什么。类似文艺界"戏不够,爱情凑"的说法,写论文似乎也有"论不够,资料凑"的现象。他会把"关于"的内容从古至今、从中国到外国一股脑儿地搬出来。这就有点像教科书,谈论的是一个领域,这里面或许有你个人的观点和看法,但却被大量的知识性内容掩盖着。面对厚厚的一大本,你还不能说错。我觉得这些"正确的废话",不说也罢,因为现成书里都能找到。这可能是好的教科书，但不是好论文，甚至严格来说不是论文。

所以论文的写作，跟教科书的写作不一样。我觉得论文应该针对你所研究的领域的理论的或者实践的问题，教科书则是对既有的现成知识的概括或者梳理。真正对科学发展、学术发展有价值的是"论文"。

如果论文能提出一个真正的问题，这本身贡献就很大。在科学发展中，提出问题有时甚至比解决问题更重要。陈寅恪在清华国学研究院担任导师时，关于学生学业成绩的考核，他认为，问答式的笔试，不是衡量学问的最好办法；如果没有新资料和新观点，做论文也没有什么益处；最好的办法是，在学期结束时，由学生向教师提一、二个问题，从学生提的问题中，可以看出学生是否用功。可见，能否发现问题、提出问题，对于学习和研究是多么的重要。

我觉得，研究者的问题意识是否强烈，是制约学位论文水平高低的一个极其重要的因素。为了解决这个问题，我对我自己带的学生，几乎每周讨论一个下午，持续达一年的时间。希望通过这个过程，使开题报告搞得好一些，至少能告诉别人，我要解决什么问题，以及对这个问题研究的思路和方法。这是从我的导师那儿学来的，他是美国哥伦比亚大学哲学博士。记得在我做研究生准备开题的时候，他告诉了我一个他的故事。他是研究道德判断问题的。当时他把开题报告写得洋洋洒洒的，交给了他的导师。过了几天老师找他去谈，在他的报告中用笔画了一句话，并说，你旁的都不要在意，你的论文只要把这句话论述清楚就行了。从这件事情中，我得到的教益是，学位论文研究不但要有问题，而且问题必须明确、具体，要小题大做。

我建议研究生在论文开题时，要反复考虑一个问题——"我究竟想干什么"。某一个领域的知识不用你教，这不是论文。你要明确地说明你要解决一个什么问题。论文的写作最好是小题大做，也只有这样，你对问题研究的深度才能提高。什么叫专家？专家就是对一个越来越小的范围，研究得越来越深的人。真正好的论文，往往对自己论述的问题非常明确、具体，而且对这个问题的方方面面都论证得很清楚。从研究者对这个问题的解决，可以看出他的学术造诣。

所以，写论文一定要有问题意识，大凡写得不好的论文，往往都有一个共同的缺点——问题不清楚。一旦问题不明确不具体，涉及的面漫无边际，肯定不容易论述清楚。现在有些论文动不动就是"论我国……"，"论我国……教育的问题及其对策"，但实际上往往文不对题。

这就是我要讲的第一个问题。这个问题说起来并不复杂，但要真正落实到研究实践中，也不是一件轻而易举的事情。此外，对"问题"的把握，除了有一个从不清晰到清晰的过程之外，有时也会出现不断否定的情况。也就是说，当你对自己提出的问题不断追问下去之后，最后你会发现你的问题是不成立的，可能是一个伪问题、假问题。问题提出之后马上还要确定一下,这是一个什么性质的问题,在理论上有什么支撑,这个问题涉及哪些学科的理论。这样自己不断地反思、改进,到最后你可能会发现自己所提的问题甚至不是教育问题,只不过是种种社会问题集中反映到了教育领域的这一点上。比如解决学生的学业负担的问题,虽然是发生在教育界的事情,但其实并非源于教育。学生学业负担过重,表面上看来,似乎根源在教师,其实不然。从道理上讲,学生过重的负担,势必也要影响到教师。这一点,每个教师都会有切身的体验。你以为老师自己就愿意加重自己的负担吗?老师和学生一样,也希望负担轻一点,这本是一拍即合的事情,怎么到现实中就不一样了呢?这看起来是一个教育问题,可深入分析以后,就会发现,从根本上说,这不是一个教育问题,归根到底是社会问题。

二、研究者的态度

首先要明确,理论或实践的发展,都是一个连续的、没有终结的过程。不管是谁,不管是什么样的研究,都不能追求"毕其功于一役"。研究者的态度应该是实事求是,这是一个科学的态度。任何研究或创造,都不可能做到"一劳永逸"。因此,你不要指望你的研究就穷尽了所有的问题,或者能使这个问题得到彻底的解决。你的身份是研究者。作为研究者的任务就是要对问题进行分析,找出造成问题的原因是什么,政治上、经济上、文化上、教育上……然后根据你的研究,提出解决问题的见解。除此之外,我们还要分析,如此这般地解决了问题以后,又会导致哪些新的问题,其价值、意义是什么。我觉得,任何研究的结论或解决问题的办法,不仅具有或然性,而且也是暂时的。否则就不可能有进一步的前进和发展了。我看到有些学位论文的写作,似乎缺少这种科学的、实事求是的态度。似乎自己这么一个研究,不但使某一问题得到解决,而且一切都"万事大吉"了。在这里,我想起了许多西药的"产品说明书"。这些说明书不但说明了产品成分、适应症、用法,而且还说明了对身体可能有的不良反应、禁忌等。我们文科的研究应该学习自然科学这种严谨的、实事求是的态度。不能信马由缰,想怎么说就怎么说。

其次,对于教育,尤其是学校教育的功能、作用,要有一个实事求是的态度。学校教育的作用是有限的。对于人的发展来说,学校教育的作用的确不能低估,但也不能无限拔高。制约学校教育的因素是十分复杂的,对于这些制约的因素,不能有所偏颇,不能对某些制约因素视而不见。我的意思是,不能对学校教育抱一种过于浪漫的态度,不能"随心所欲"。这里说的不能随心所欲,包含两个意思。第一,学校教育是被决定的,被社会决定的,往往"身不由己";第二,学校只能做学校的事,不能为所欲为,不能对学校教育赋予过多的幻想。有时候看到有些论文往往会产生这么一种印象,学校似乎存在于真空中,不是必须承担一定社会功能的社会机构，而仅仅是为了个人。往往只强调学校教育对于学生个人发展的意义，要给学生以自由、充分的自由，发展、充分的发展。这种理想化的看法的确很有鼓动性，令人神往，然而却不符合实际。其实，任何学校教育都是在特定的、具体的社会条件下进行的。离开这些条件谈个人的发展毫无意义，因为任何个人发展的方向和发展的内容，都不纯粹取决于包括教育者和受教育者在内的个人的主观意志，它们都是与一定社会条件紧密相连。古今中外，概莫能外。不承认这一点，恐怕最终要导致教育自身的破产。理想与现实之间总是存在着巨大的差异，而这种差异任何人都无法消除。任何人都不能做到随心所欲。教育同人一样，都是被决定的。所以，对于教育的追求，一定要兼顾理想和现实。我个人强烈地感到，古今中外曾经有过的教育实践，没有抽象的好教育或坏教育，只有"适合"的或"不适合"的教育。所谓"适合"，是指社会发展的需求和人内在的自然。任何实际的教育举措，历史上不曾有过尽善尽美，恐怕今后也不可能尽善尽美。我们只能在不完善、不完美中选择较完善、完美的一种；只能是两利相较取其大，两害相较取其小。在这里，我想起了美国的大选。前几年，美国民主党和共和党的候选人克里和布什角逐总统的宝座，最后布什获胜。有个美国人告诉我，有些人投布什的票，不是因为喜欢他，而是更讨厌克里。这个例子很好地说明了这一点。

　　除了上面讲的之外，关于研究者的态度，我觉得还应该仔细地区分理论、政策和口号。不可否认，它们之间肯定有着种种内在的联系，然而，无论从目的或作用来说，三者不可同日而语。对于教育问题的研究，在阐述了现状或存在的问题、分析了危害和原因以后，一般都要发表"对策"性的意见。这种思路很好，也完全有必要。作为一个研究者，除了充分考虑所提"对策"的针对性之外，还必须考虑它们的可行性和可能付出的代价。但实际情况有时不是这样。可能是受到我们国家"标语文化"的影响（我没有去过多少地方，但就我到过的地方而言，我觉得中国的标语是最多的。这些标语与所消耗的金钱、时间、精力相比较，是否值得，我觉得是可以讨论的；这些标语究竟能起多大的作用，是值得反思的）。我经常看到标语式、口号式的对策意见，其中最常见的是"必须……"，"努力……"，"加强……"，"完善……""进一步……"。这些话乍一听很有道理，但仔细一想，又觉得等于什么也没说，因为这些话不仅放之四海皆准，而且什么时候都不能说错。这些表述还有一个共同的特点——没有主语。也就是说，这些要求究竟是针对谁说的，很不清楚。而且，这些标语口号式的要求，能否落到实处，也没有思考清楚。除此之外，这些表述的口气也很有意思，同中央文件或政府文件也差不多，都是居高临下的指示或命令。不过，中央文件肯定会有一个发文的抬头，中央文件的对象是非常确定而清楚的。在讨论或答辩的时候，我曾经要求作者将这些标语、口号式的表述先加上主语,然后再加以说明。这样一来,许多问题就显现出来了。例如,在讨论农村教育现代化问题时,就提出了进一步完善农村学校网络建设或类似的意见。如果追问一下,谁来完善,这一完善要花多少钱,这些钱从哪里出等,这种对策的可行性就大可怀疑了。我还看到要通过教育来改造中华民族的"伟大"抱负,这简直让人莫名其妙。教育能改造得了吗?教师改造得了吗?教师承担改造的责任,那么教师要不要先受改造?从20世纪50年代开始,我国就宣传、教育大家不要随地吐痰,几十年过去了,直到现在还没有杜绝随地吐痰的现象。连这么一件看似简单的事都办不成,还要改造一个民族,谈何容易?所以,任何研究都离不开实事求是,要实事求是地提出问题和解决问题,不能用标语、口号代替研究。

三、教育研究的人性论假定

任何一个学科、理论,包括你提出来的具体的解决问题的方案,都有一个前提性的假设,这个前提性的假设往往被人们忽略,但它确实是至关重要的。我觉得,研究商业活动、经济活动的学问的前提就是人是自私的,人参加经济活动就是为了获利。如果不肯定这一点,其内容恐怕会完全不一样。

教育学也有前提,就是人是可教育的。我们没有牛羊教育学,因为对动物谈不到教育,顶多只是训练。世界各地教育的形态各不一样,除了各自的历史、文化背景不同之外,差别就在于对人性认识的前提不同。基督教认定人有原罪,人生来是有罪的。为了赎罪,为了死后升入天国,教育要严格控制人的欲望。早期北美殖民地的教育,严格控制儿童出于自然欲望的任何活动,如哈哈大笑、跳舞、游戏等。为了控制有效,甚至可以体罚。教育的格言就是"省下了棍子,毁坏了孩子"。我们在日常生活中可以看到家长教育孩子的种种情况。天下的父母都爱自己的孩子,这一点是完全相同的,但是,不同的家长,教育孩子的方式却大不一样。有的很严格、严厉,有的就很宽松、自由。毋庸置疑,每个家长的出发点都是为了孩子好,为自己的孩子负责。为什么会出现有的家庭非常严格、有的却非常宽松的现象?因为不管文化程度是高还是低,每个人都有自己的哲学观,每个家长都有自己的人性论的假定。有的认为好孩子是严格管教、甚至是打出来的,三天不打,上房揭瓦;有的认为孩子的发展就像树的生长,小的时候弯弯扭扭,长大自然就直了。这就是人们常说的"树大自然直"。这些差别同家长的文化程度没有多大关系,主要是由每个人的哲学观、人性观决定的。

我们现在的教育理论研究,往往也隐含着研究者对人性的基本看法,而这种看法往往又制约着对教育问题的见解。一讲到人性的问题,我们往往马上就联想到我国自古以来就有几种主张。这几种主张争论了那么多时间,还没有结果。单单从善恶的维度来看待人性或许不太合适。我觉得,现在不少学位论文无论在论述学校教育存在的问题或是提出解决问题的对策时，往往对青少年抱有一种浪漫的、乐观的看法。似乎儿童个个都是小天使，天生就是积极的向上的，他们的想法和做法不可能有消极的东西。例如，我们的学校教育现在非常注重减轻学生负担，有的地方还提出要把小学生的书包留在教室里。提出这种说法的人的出发点无可厚非，无非是让小学生从沉重的作业负担中解放出来，轻轻松松回家。回家以后，根据自己的兴趣、爱好、特长来搞小发明、搞实验，或阅读经典著作。如果情况真是这样，那就是求之不得的事了。实际情况果真如此吗？这只是许多可能中的一种可能。谁能保证小学生回家以后一定会干教育者所期望的这些正当的活动？我坚信，现在的小学生同我当小学生时候的人性没有多大的变化。只要回想一下自己小时候的想法和所作所为，大家都会明白。我担心，回家以后可能什么正当的事都不干，东游西逛。弄得不好，甚至会参加流氓团伙、盗窃集团。与其如此，不如让他在家做点作业。我觉得，不能为了减轻学生负担而减轻学生负担。减轻负担不是目的，促进学生的发展才是要务。现在提出了素质教育的号召。我觉得，在学生需要养成的素质中，勤奋、努力、刻苦、严谨等就是一些非常重要的素质，这些将影响人的一生。这些素质不是凭空来的，只有在教师和成人的要求、督促，甚至必要的强制下，在学生的学习、生活实践活动中逐渐养成。事实上，学生的负担有些要减，有些不但不能减，恐怕还要增加。此外，我还想说，学生的学业负担也不纯粹是学校教育的问题。为什么学生的学业负担减不下来？学校减了，家长又加了，减得下来吗？你认为减负是好事，但也可能孕育新的教育问题。任何一种举措、一种变革，都可能会带来一系列预想不到的连锁反应。现在的"家教"、补课市场很兴旺，对于没有适当经济条件的学生来说，这是不是一种新的教育不公平？

以上所讲，只是我个人的一些感受，仅供大家参考。

（本文发表于《教育学报》2008年第4期）

20 世纪教育发展的历程给我们的启示

20 世纪即将结束，在人们憧憬着即将来到的 21 世纪时，有必要思考一下 20 世纪教育给我们得启示。

第一，关于教育的功能。瑞典教育家爱伦·凯（Ellen Key）对于 19 世纪末、20 世纪初欧洲新教育运动的意义曾作过一番估计，认为新教育运动将是"儿童世纪"的开始。然而，在 20 世纪行将结束的时候，我们回顾已经过去的近百年的教育历程，却不得不得出这样的结论：20 世纪不是儿童的世纪。

20 世纪教育的历程表明，满足政治、军事、经济方面的需要几乎成为各国不同时期教育发展和改革追求的目标，而儿童发展的需要几乎成了一种奢侈品。事实已经证明，离开人类整体利益和长远利益而片面追求高速度发展，将使人类付出沉痛的代价，这一点已经引起人们的警觉。1989 年底，联合国教科文组织在北京召开了"面向 21 世纪国际研讨会"。这次会议通过的文件之一题为《学会关心：21 世纪的教育》。针对《学会生存》发表以来教育专注于社会物质文明发展以及其他社会因素造成的许多新的社会问题，会议提出了"学会关心"的建议和一系列对策。1992 年"联合国环境与发展大会"提出"可持续发展的新战略"以后，国际社会广泛地认同"可持续发展"这一全新的发展观。《中华人民共和国国民经济和社会发展"九五"计划和 2010 年远景目标纲要》也把科教兴国和可持续发展战略作为指导今后经济和社会发展的两大基本战略。

既往的历程表明，教育在为各国政治、军事、经济服务方面作出过巨大的贡献，但这种贡献往往是以牺牲人的个性充分发展为代价的。可持续发展的概念给教育提出了新的需求。

可持续发展包括经济发展、社会发展和环境保护这三个相互依赖、相互加强的组成部分。

可持续发展的战略要求我们进一步思考人与社会、人与自然的关系。无论经济发展、社会发展或环境保护，其核心是人。换言之，可持续发展战略的提出是为了人，而且，可持续发展的目标只有通过人才能实现。因此，可持续发展的战略不仅要求我们对于教育的功能，尤其是教育对于全体人的发展的功能有全面的认识，同时对于教育目标的确定也要进一步加以思考。可持续发展战略要求教育培养的人应该具有什么品质，这是我们应该认真思考的问题。

第二，创建有中国特色的社会主义教育体制。20世纪的教育，尤其是20世纪晚期的教育，出现了两种相辅相成的趋势：国际化和本土化。

第二次世界大战以后，教育国际化的趋势日渐明显。这里所说的教育国际化指国际组织对世界各国教育的影响日渐增大，国际之间教育的交流和合作日益加强。战后，联合国及其各个下属机构以及其他一些世界性、区域性组织对各国教育的发展发挥了很大的影响作用。这些组织作用的发挥，一方面通过专业人员、资金的援助，另一方面通过公约、宣言，以及专门委员会的研究报告来规范各国教育活动或提出建议。此外，在战后国际间政治对话，以及国际经济、贸易、科技、文化交流日益加强的形势下，在教育方面，留学生的接纳和派遣，国际间互相承认学历、文凭，教师的互换、交流，国际间的合作研究和学术交流等活动也日益频繁。

教育国际化的趋势并没有出现国际贸易、经济活动中的"同国际接轨"的现象。恰恰相反，教育国际化带来的是各国教育本土化趋势的加强。这里所说的本土化指各国在建立适合本国国情和文化传统的教育体制方面所作的努力。教育在现代社会中的巨大作用，发展中国家照搬外国教育体制的教训，各国在政治、经济、文化发展方面的巨大差异等，都是造成这种趋势的原因。欧洲的新教育、美国的进步主义教育在20世纪初可以造成席卷全球之势，然而，到20世纪80年代，任何国家的教育改革的模式则难以再现如此巨大的魔力，这是各国教育进步和成熟的表现。

著名教育家胡森曾经说过，教育作为一个实践的领域，其真正的本质在于地方性和民族性。教育毕竟是由它所服务的具体国家的文化和历史传统形成的。胡森的这一议论值得我们思考。主要由现代科学技术造成的现代化的进程，使世界各国在物质生产领域出现了越来越明显的趋同倾向，各国的工业产品、电器产品、建筑等许多方面表现出越来越多的统一性，这一事实本身就说明了以文化传承为己任的教育实现本土化的必要性。在实现世界大同之前，培养本国的公民仍然是教育必须达到的基本目标之一。即使实现了世界大同，从人类文化发展的角度看，各民族在历史发展过程中形成的丰富多彩的文化特色也不应因"大同"而被抹杀，因为没有个性也没有创造性，发展也失去了动力。

邓小平的中国特色社会主义理论为创建有中国特色的社会主义教育体制提供了最根本的指导思想，但这一体制的创建尚需要我们作出艰苦的努力。邓小平以实事求是为核心的辩证唯物论是指导中国教育改革的理论基础。在创建有中国特色社会主义教育体制的过程中，应考虑中国的国情和文化传统，这也应该是我们判断一切教育改革举措的标准。

第三，重视教育的普及。20世纪教育发展的一个重要趋势是教育的民主化。迄今为止，教育民主化的含义主要是教育机会的平等和参与教育管理的平等。教育民主化是20世纪激荡全球的科学和民主思潮的产物。就教育机会平等来说，其主要表现是教育的普及。在一段很长的历史时期内，接受教育只是少数人才有资格享受的一种特权。19世纪70年代以后，由于生产的需要和工人阶级争取受教育权的斗争，少数工业化进程较早的欧、美国家才开始实施普及教育的计划。20世纪初，工业化国家普及了初等教育。第二次世界大战前夕，国际教育局已经提出了"中等教育入学机会均等"的问题，普及中等教育提上了议事的日程。第二次世界大战结束以后，随着法西斯制度的铲除，民主思潮高涨。1948年12月联合国通过的《世界人权宣言》把受教育权规定为人的基本权利之一，同时提出，至少初等教育和基础教育应该是免费的；初等教育是义务的，高等教育应该根据才能对所有的人完全平等地开放。

王承绪先生等在《（战后国际教育研究丛书）总序》中写道，20世纪的世界教育经历了激烈巨大的变化，归结起来可以说发生了三件大事：一是本世纪初工业国家完成了初等教育的普及；二是在二次大战后完成了中等教育的普及和实现了高等教育的大众化；三是发展中国家由教育的极端落后向普及教育迈进。这是了不起的大事。它对战后的发展起着不可估量的作用。

虽然世界各国都以法律的形式保障了每个人的受教育权利，但实际情况仍有很大差异。男女受教育机会不平等、辍学、文盲等仍然是目前各国教育面临的重大问题。为此，20世纪90年代召开了"世界全民教育大会"（1990年）、"世界儿童问题首脑会议"（1990年）、"世界特殊需要教育大会"（1994年）等会议，此外，在诸如"联合国环境与发展大会"（1992年）、"社会发展问题世界首脑会议"（1995年）、"第四届世界妇女大会"（1995年）等国际会议上，教育问题都被列为重要的议程。教育的问题之所以受到如此普遍的关注，保障"人人享有受教育的权利"固然是第一位重要的原因，但其意义并不限于这一点。越来越多的人认识到，普及教育，不断提高人类受教育的水平，同解决人类目前面临的诸如人口、环境、贫穷、战争等令人生畏的问题有内在的联系，不断提高人类受教育的水平，也是实现可持续发展的一个重要条件。因此，20世纪90年代以后，人们越来越多地、越来越自觉地将教育同人类面临的各种重大问题联系起来加以综合地考察。

作为世界上人口最多的国家，中国在进入20世纪时，文盲充斥全国，绝大多数人民尚不知道"普及教育"为何物，1949年中华人民共和国成立时，文盲占全国人口80%以上。然而，在20世纪结束时，中国将实现普及九年义务教育。这是举世瞩目的伟大成就。由于教育在可持续发展方面的作用，我们在普及教育方面仍需作出持续的努力。

第四，建立终身学习体系。自1965年联合国教科文组织提出终身教育方案之后，1972年，联合国教科文组织"国际教育发展委员会"提交的题为《学会生存》的报告，又提出"学习化社会"的概念，并把终身教育作为学习化社会的基石。1996年联合国教科文组织成立的以"思考21世纪的教育与学习"为主要的任务的"21世纪教育委员会"在题为《教育：财富蕴藏其中》的报告中，把"终身教育"列在该报告的"原则"部分之中，强调终身学习是打开21世纪光明之门的钥匙。值得注意的是，终身学习的问题已经受到国际教育组织以外的国际组织和国际会议的关注。1995年，"社会发展问题世界首脑会议"发表了《哥本哈根社会发展问题宣言》，在这个宣言中，一百多个国家的元首或政府首脑对"重视终身学习"这一现代教育的原则作了书面的"承诺"。由于国际社会的倡导，终身教育或终身学习体系构建的问题已经引起越来越多的国家的重视。

日本中央教育审议会在1971年就提出从终身教育的观点出发，对整个教育体系进行综合性的整顿。后来，终身教育被列为20世纪80年代日本的第三次教育改革的基本原则之一。1988年12月，日本文部相向日本内阁会议提交的白皮书把终身学习定为日本的文教政策。80年代以后，欧、美工业化国家普遍重视终身教育或终身学习。1983年，美国"国家教育优异委员会"的报告——《国家在危机中：教育改革势在必行》中，提出了"学习化社会"的理想并指出，没有终身学习，人们的技能很快会过时。法国教育部1989年4月的《法国教育指导法案》提出，在义务教育结束以后，每个学生都有权继续就学，以达到公认的教育程度。在关于这个法案的附加报告草案中，个人终身教育被看做是学校、大学及其工作人员的一项使命。英、德等国家的连续教育，其主旨在于使人能够终身学习。俄罗斯也并未因苏联的解体而放弃建立连续教育体系的努力。"根据俄罗斯教育界专家学者们较为一致的看法，与现行的教育体系相比，连续教育体系的建立应该在一系列方面实现具有突破性的进步，这包括：完整统一性、连续性、超前性、灵活机动性、适应性等。"

建立终身学习体系对我国尤为必要，我国人口众多，经济尚不发达，仅仅靠学校教育，难以满足广大人民群众不断提高的教育要求。此外，终身学习体系的建立，也有助于克服我国学校教育中长期存在的一些问题。

（本文发表于《基础教育》1998年第10期）

20世纪教育的透视
——访陆有铨教授

记者：陆教授，您好！听说您最近一直在进行有关20世纪教育总体发展的研究，请您给我们谈谈20世纪教育发展的线索好吗？

陆：好的。简单说来，20世纪的教育，是在19世纪教育的基础上发展起来的。就思想领域来讲，由于工业革命，到19世纪末，欧美许多国家基本上实现了工业化。在这个过程中，随着工业生产的发展，资产阶级和无产阶级的力量也不断壮大。与此同时，资产阶级，尤其是中产阶级信奉的民主主义和无产阶级信奉的社会主义形成了两股社会思潮。1848年《共产党宣言》的发表标志着马克思主义的诞生，在马克思主义指导下，国际共产主义运动蓬勃展开。因此，19世纪由工业革命造成的资产阶级民主主义和工人阶级的社会主义这两股思潮，对于20世纪教育的发展产生了深刻的影响。

至于20世纪教育的发展，我觉得可以从两个角度加以考察。就总体发展的进程来说，如果以世界性的教育改革来划分，可以横断地分为三个阶段，就教育发展纵向的特征来说，可以概括为几个"化"。

记者：请您具体讲讲这几个阶段，这几个"化"。

陆：我是这样理解三个阶段的。第一阶段是从19世纪末20世纪初开始，直到第二次世界大战结束。这一个阶段的主要特征是资产阶级民主主义的教育改革以及资本主义制度发生裂变以后的其他形态的教育改革。在俄国十月社会主义革命以前，就世界主要国家的政治制度来讲，可以说是一元化的资本主义制度。以欧洲的新教育和美国的进步主义教育为代表的民主主义的教育改革，形成了一股浪潮。包括我们中国在内的大多数国家，都受到这股思潮的影响。民主主义的教育改革，其主旨在于解放儿童，这一点可以从新教育和进步主义教育的主张中看出来。教育的改革只是当时主要资本主义国家广泛的社会改革的一个组成部分。以美国为例，19世纪后半期的产业革命带来了20世纪初美国经济的繁荣，中产阶级在全国人口中的比例愈来愈大。在这种情况下，反对金融寡头，改革社会以实现公正和民主的呼声越来越高。于是，童工的问题，妇女解放的问题，黑人的权利问题等都提出来了。传统教育压制儿童的问题也引起了人们的关注。进步主义教育早期阶段"儿童中心"的主张就是在这一背景下提出来的。

俄国的十月社会主义革命可以说是资本主义的一次裂变，它打破了资本主义的一统天下，人类历史上出现了第一个社会主义国家（巴黎公社存在的时间太短，是无产阶级专政的第一次尝试）。需要指出的是，苏维埃俄罗斯摧毁了沙皇俄国阶级制度和等级制度的教育体制，建立了无产阶级性质的教育制度，但在确立工人阶级民主主义教育实践的探索过程中，也表现出进步主义教育的影响，一直到20世纪30年代才对此进行调整和改革。

资本主义的"裂变"还表现在德国、日本、意大利法西斯主义的兴起。在教育方面，进行了为法西斯主义政治服务的国家主义的教育改革。这些国家都是在19世纪后半期完成资产阶级革命的，属于所谓"后发型"的国家。法西斯国家发动的第二次世界大战既反对资产阶级的民主主义，又反对工人阶级的民主主义。当然，除了政治的分歧之外，进行侵略扩张，夺取所谓生存空间也是直接的原因。

第二个阶段是第二次世界大战以后至20世纪70年代。第二次世界大战摧毁了法西斯主义的武装和社会制度，社会主义制度经受了战火的考验。战后，社会主义国家由苏联（文中苏联均指前苏联）一国发展为多国，除了东欧走上社会主义道路的国家之外，亚洲的蒙古、朝鲜、越南也都建立了社会主义制度。1949年中华人民共和国的诞生，进一步壮大了社会主义阵营。这样，就出现了以苏联为首的社会主义和以美国为首的资本主义两大阵营。自1946年丘吉尔在美国发表著名的"富尔顿演说"，揭开了"冷战"的序幕之后，两大阵营处于严重对峙的状态。两大阵营在"冷战"中的双峰对峙的状态深刻地影响了战后的教育。这一阶段教育的发展或教育改革的主要趋势是，教育事业的大发展，以及追求科学知识教育的高质量，改革主要集中在课程和教学方法方面。

为了具体说明这一点，我想以对峙的双峰，即美国和苏联的教育改革具体说明。

当"冷战"开始时，美苏双方都对自己的政治信念和前途具有很大的信心，双方都力图在包括教育在内的各个领域证明自己的优越性。就教育来说，教育事业的发展、人民受教育程度的普遍提高，无疑是一个重要的标志。此外，在第二次世界大战中，当希特勒的军队列队通过巴黎的凯旋门，推进到莫斯科郊外的时候，无论哪一方都深刻地感受到，政治的理想和理想的政治制度，必须要有足够的军事装备加以保护。

讲到这里，还有两件事需要交代一下，这就是新科技革命和苏联人造卫星上天。

在第二次世界大战进行的过程中，取得战争胜利的需要推动了各国科学技术的发展。到20世纪40年代末50年代初，美国、苏联开始了以原子能利用、电子计算机发明和空间技术发展为标志的新科技革命，这场革命后来很快波及西欧、日本等国家。科学技术的利用也逐渐由军事扩及经济。这场新科技革命带来了诸如"知识爆炸"，技术、产品淘汰速度加快等特征。另外，科学技术在生产领域的广泛使用，对技术人员和工人的素质都提出了新的要求，这也是对教育提出了新的要求，所以，战后各国教育的发展除了上述政治原因之外，军事、经济的需要也是重要的因素。

另一件事是1957年苏联人造地球卫星上天。这一事实表明，苏联在空间技术方面已经领先于美国，引起了美国人普遍的恐慌。美国人对这件事检讨的结论是，美国的教育落后于苏联，20世纪以来一度盛行于美国的进步主义教育成了替罪羊。除了移樽就教，组成教育代表团访问苏联之外，还着手进行教育改革。美国的这次教育改革以《1958年国防教育法》颁布为标志。改革的主要内容是课程和教法，目的在于加强新三艺（数学、自然科学和外语），其理论基础是以布鲁纳和施瓦布为代表的课程结构理论。

刚才讲的是美国的情况。作为对峙双峰的另一峰苏联，1958年也进行了教育改革。苏联的这次改革是在全民讨论的基础上进行的。同美国相反，苏联1958年改革的重点不在知识，而在劳动，强调的是教育与生产劳动相结合。

这种重点的指向，原因很多，有政治的，也有经济的、教育的。就政治的原因来说，同赫鲁晓夫的"非斯大林化"运动有关。早在20世纪30年代初，斯大林出于对帝国主义反苏战争危险的警惕，为避免落后挨打的局面，大力抓农业集体化和国家工业化的经济建设，同时整顿教育，重点是提高学生掌握文化科学知识的质量。这次整顿除采取了改革学制等措施之外，还压缩了包括劳动在内的非文化科学知识的教学。斯大林逝世后，赫鲁晓夫全盘否定斯大林，斯大林搞的30年代的教育整顿，当然也在其列。就经济原因来说，主要是缺乏劳动力；就教育原因来说，中学毕业生不能升学的人数增多，而中学毕业生无论从思想上还是技能上，都没有作好就业的准备。

赫鲁晓夫的这次教育改革同他的经济改革、农业改革一样，最后归于失败。1964年勃列日涅夫取代赫鲁晓夫，又用他的一套代替赫鲁晓夫的一套。在教育上，重新强调知识的作用，降低生产劳动的地位。苏联1964年的改革同美国1958年时做的一样，抓课程改革，组织专家、教授参与教材的编写。赞科夫的"新教学论体系"，艾利康宁、达维多夫的"智力加速器计划"普遍受到人们的重视。

第三个阶段以1972年联合国教科文组织国际教育发展委员会编著的《学会生存》的发表为标志，即20世纪70年代以后为第三个阶段。这一阶段的特征寓于80年代重点各异的教育改革之中。

记者：第三个阶段为什么以《学会生存》的发表为标志呢？

陆：我之所以将《学会生存》的发表作为第三个阶段的标志，是因为这本书提出的一些未来教育发展的建议，影响了多极世界政治格局下各国教育改革的方向。

从前面谈的情况来看，20世纪教育的发展受各国政治、经济影响的情况非常明显，所以，要讲第三阶段发展的特点及其标志，先要了解一下20世纪70年代以后的国际政治格局。

20世纪上半叶，天下一统的资本主义裂变为资本主义制度、社会主义制度、法西斯主义制度。经过第二次世界大战，铲除了法西斯主义制度，形成了社会主义和资本主义两大阵营的格局。严格地讲，战后两大阵营的对峙还不能完全概括当时的实际情况。在两大阵营对峙这一基本格局之下，第三世界正在崛起。

第二次世界大战在铲除法西斯主义制度的同时，殖民主义的体系也开始瓦解。从第二次世界大战结束到70年代初，有七十多个新独立的国家摆脱了殖民主义的统治，这些新建立的国家，除马耳他、汤加、斐济、瑙鲁几国之外，都分布在非洲、亚洲、拉丁美洲。从1955年万隆会议开始，到1961年的第一次不结盟国家和政府首脑会议，再到1964年"77国集团"的形成，亚、非、拉地区的新独立国家、发展中国家在国际政治、经济活动中，发挥了越来越大的作用，形成"第三世界"。1974年，毛泽东在会见一位非洲国家的总统时，第一次提出了"三个世界"划分的问题。1974年邓小平在联合国的特别会议上又对"三个世界"问题进行了阐述。

就战后的社会主义阵营来说，由于苏共50年代中期开始大反斯大林，并挑起关于国际共产主义运动总路线的争论，在国际关系上大肆反华，到60年代中期，社会主义阵营不复存在。

资本主义阵营也不是铁板一块。战后资本主义国家的经济出现了所谓的奇迹，经历了一段较长时间的"经济繁荣"时期。西欧和日本经济发展的速度很快，而美国也没有摆脱历史上古代罗马帝国、近代大英帝国经历过的"大国的兴衰"的轨迹，实力相对下降。它们之间不仅经济摩擦加重，政治上也有离心的倾向。

新科技革命的继续，是战后经济繁荣的一个非常重要的原因。20世纪七八十年代，微电子技术、新材料新能源技术、海洋开发技术、生物工程技术等方面的发展引起了发达国家产业结构的变化，第三产业所占的比重越来越大。与此同时，科学技术、经济的发展，也引起了人们社会生活的迅猛变化。

刚才讲的科学技术的迅速发展，经济繁荣只是问题的一个方面，另一个方面是在繁荣中也孕育着危机。虽然对危机的认识分为乐观派和悲观派，但作为危机的种种事实，并没有人能够否认。有人把这种危机概括为"生态危机"，包括"人口爆炸"、资源（粮食、能源、原料）危机和环境危机（环境污染）。

面对这些现实，教育自身也出现了问题。我觉得，要理解《学会生存》的意义，往前最好把它同 1967 年在美国召开的关于世界教育危机的国际会议，以及菲力普·库姆斯（国内也有人译为孔布斯）1968 年写的《世界教育危机》联系起来，往后最好同 80 年代各国教育改革的主题联系起来。

库姆斯认为，教育正在经历一场有史以来第一次出现的世界性的危机，危机的实质是教育体制与迅速变化的环境不适应，因而引起不平衡。他还特别提到战后独立的一些新兴国家，即第三世界国家由于未加选择和改革地引进外国，主要是原宗主国的教育体制，不顾本国实际盲目发展教育而造成的严重问题。四年以后发表的《学会生存》，虽然通篇未出现"教育危机"的字样，但其论述的主旨却是教育同迅速变化的环境不适应以及应该采取的对策。《学会生存》提出了 21 条建议，涉及的方面很多，我觉得重要的是三个方面的建议。第一是指出了科学的人文主义教育目的；第二是学习化社会的理想以及作为学习化社会基石的终身教育的思想；第三是扩大普通教育，即使普通教育同职业技术教育联系起来，学校与社会联系起来。这些建议对各国的教育改革是有影响的。

记者：您刚才说要把《学会生存》同 80 年代的教育改革联系起来看，能不能讲得具体一点。

陆：《学会生存》发表于 70 年代，70 年代许多国家也有改革，但不像 80 年代改革那样带有整体性。主要原因是 1973 年中东战争以后的石油危机对许多国家造成了经济的困难，因而注意力集中于经济问题。日本是最典型的例子。1971 年日本就确认了第三次教育改革（第一次是明治维新的改革，第二是二战后的改革）的设想，由于石油危机，财政出现困难，这次改革暂时中断，直到 80 年代初。此外，美国在 70 年代有"回到基础"运动、"生计教育"。"回到基础"运动只是反映美国保守主义思潮对于 30 年代以来美国新自由主义的挑战或抗争，80 年代初里根当选总统以后，才标志着美国半个世纪左右的新自由主义的结束。至于"生计教育"，它反映了"扩大普通教育"这一趋势，但这一运动解决经济问题的成分大于解决教育问题。苏联 70 年代转而又强调学生的劳动训练和就业准备，在很大程度上带有解决勃列日涅夫时代苏联经济长期"停滞"的应急成分。真正的大的改革发生在 80 年代的勃列日涅夫去世之后，尤其是 80 年代中期戈尔巴乔夫上台以后。

80 年代的改革有几个特点。第一，邓小平在 80 年代中期说过，和平和发展是当代世界的两大主题，教育的改革也反映了这一主题；第二，改革具有整体性；第三，各国改革的重点不同，这同多极世界的政治格局有关。本世纪前两个阶段，各国教育的发展、教育改革的主题都很相似，这次则重点各异，反映了本国的特点。但是，尽管如此，刚才讲到的《学会生存》提出的三个重要的方面，在各国的教育改革中都有反映，可以说是多样化中的统一性。这也是我把《学会生存》的发展作为第三阶段标志的原因。

记者：您能不能具体讲讲 80 年代教育改革的多样化？

陆：我们可以举几个比较典型的例子。美国 80 年代以后的保守主义，在教育上的表现就是改变 30 年代以后，尤其是在 60 年代表现非常明显的新自由主义倾向。新自由主义为追求社会公正、主张给更多的人以更多的教育，强调教育的平等，并且为此采取了许多措施，以致 60 年代的第 88 届国会被称为"教育国会"。保守主义认为，要求教育解决家庭或其他社会机构不能解决或不愿解决的个人、社会、政治问题，不仅白白耗费了大量财力，而且造成教育的平庸。具体表现是美国中等、高等教育质量严重下降，功能性文盲增多。因此，80 年代美国的教育改革旨在使教育适应美国产业结构的变化，承担人力资源开发的责任，因此，教育的目标是公平而又高质量。这里有一点要特别说明一下，这里的"公平"是指机会平等，而不是结果平等。

苏联 80 年代经济发展速度低于其他工业化国家，80 年代末 90 年代初出现负增长。为了在经济上赶上去，戈尔巴乔夫上台后提出了"经济加速发展战略"，召开全国的科技会议（经济改革推行不动，后来转向政治改革，提出"民主化"、"公开化"、"新思维"）。在新科技革命的时代，经济的发展要求通过教育提高劳动力素质。影响苏联 80 年代教改的还有一个劳动力的因素。保罗·肯尼迪的《大国的兴衰》一书中讲到，苏联 70 年代进入劳动力市场的有两千多万人，而 80 年代只有五百多万人，可见劳动力的紧张。到 70 年代末苏联普及了十年制义务教育，而高等学校无法容纳更多的中学毕业生，所以，高中毕业生就业的问题凸现了出来。虽然苏联比较强调教育与生产劳动相结合，但两者的关系始终未处理好。刚才讲到的经济、科技、劳动力、教育等因素综合在一起，决定了 80 年代苏联教改的主题，即普教和职教的接近以及 80 年代后期明确提出的连续教育体系，这个连续教育体系是终身教育思想的体现。普教和职教的接近含有两个意思，一是普通教育向职业教育靠拢，加强职业教育，为学生就业作准备。为不影响普通基础教育质量，学制延长一年，为不使延长学制影响劳动力的提供，采取的办法是小学生提前一年（6 岁）入学。另一个意思是职教向普教靠拢，即加强职业教育的基础教育，以便提高学生的适应能力。在高等教育领域，强调教学、科研、生产的紧密结合。我觉得苏联 80 年代的教育改革包含了许多值得世界各国借鉴的东西。

日本从明治维新以后，执行了一百多年的"赶超型现代化"的经济政治。为这种赶超型经济服务或相适应的是教育的划一性、封闭性、过度竞争（学历主义、考试主义）。进入 80 年代以后，日本想从经济大国转变为政治大国，而且在经济发展上由"贸易立国"改变为"科技立国"。在这种情况下，日本第三次教改的原则是重视个性（克服划一性）、建立终身教育体系（克服学历主义），适应时代的变化，主要是适应国际化和信息化的需要。

记者： 您一开始讲到，本世纪教育发展纵向的特征，可以概括为几个"化"，请您具体讲一讲好吗？

陆： 如果考察本世纪教育发展的种种特征，我觉得有这么几个比较明显的特点。

第一，教育政治化。教育为各国政治服务的特点越来越明显。这里主要是说，相对于满足个人发展的需要而言，教育越来越服从于国家的政治需要。不同时期国家的政治需要也不尽相同，有时主要体现在军事的需要，有时主要体现为经济发展的需要。不管是哪种情况，对于受教育者个人发展需求的满足，都将纳入国家的政治需要。事实上，我前面讲的都说明了这一点。

第二，教育民主化。教育民主化包含两层意思：一个是受教育的权利和机会的平等，另一个是教育管理和教育行政的民主。接受教育不再是少数人特有的权利。工业国家在本世纪初就完成了初等教育的普及，战后又完成了中等教育的普及以及高等教育的大众化。此外，发展中国家也在努力实现普及教育。虽然由于各国经济、文化发展的差异，各国教育的普及率以及义务教育的年限很不一致，但不管什么类型、什么制度的国家，无一例外地都承认并保证人民的受教育权。此外，在教育过程、教学方法等学校管理领域，也越来越多地体现了与专制主义相对立的民主精神。在教育决策和教育行政方面，专业人员的意见越来越受重视，也是教育民主化的表现。

第三，教育终身化。教育不再是人生某一阶段的一劳永逸的事情，教育将与人生共始终，这一发展趋势越来越明显。学前教育、成人教育、老年教育、各种形式的职后培训，都是这一趋势的具体表现。

第四，教育国际化。这是指国际组织在各国教育发展方面发挥了越来越大的作用，各国之间教育的合作、交流日渐增多。19世纪末出现的"国际新学校局"，20世纪20年代出现的"新教育联谊会"等都是民间组织。1929年，"国际教育局"由民间机构转变为政府间的机构。战后，国际间的教育组织越来越多，而且发挥的作用越来越大，其中最重要的是联合国教科文组织。还有一个值得重视的现象是，有些非教育的世界组织，如世界银行、经济合作与发展组织等，对教育也产生了很大的影响。此外，拉丁美洲、非洲、亚洲、阿拉伯国家等，还有一些区域性的组织，对各国教育发展的影响也不可低估。我觉得，教育的上述国际化的倾向决不意味着各国的教育都趋向于同一种模式。每个国家的教育都扎根于本国的文化传统，并且为本国服务，国际间教育合作、交流的加强，更应该强调各国教育自己的特点。

类似这样的特点还有一些，例如各国都重视教育立法工作，越来越重视教育与生产劳动的结合等。

记者：您刚才讲了世界教育发展的总体情况，请您再谈谈这些思潮对中国20世纪教育的影响，特别是对中华人民共和国成立以后中国教育的影响。

陆：民主主义思想、社会主义思想甚至法西斯主义思想在1949年以前的中国教育理论和实践中都有反映。俄国十月革命以后，马克思主义教育的理论和实践随着中国革命的进程而不断发展。1949年以后，在探索中国社会主义教育理论和实践的过程中，我们既有经验，也有教训。打倒"四人帮"以后，在邓小平建设有中国特色社会主义理论的指导下，随着我国经济体制改革的不断深入，教育体制的改革或有中国特色社会主义教育体系的建立也经历了两个阶段。

第一个阶段是，1984年10月，党的十二届三中全会《关于经济体制改革的决定》提出社会主义计划经济是公有制基础上有计划的商品经济，使我国由计划经济向市场经济的转变迈出关键的一步。第二年5月颁布了《中共中央关于教育体制改革的决定》，明确规定了教育体制改革的指导思想，即教育必须为社会主义建设服务，社会主义建设必须依靠教育，体现了社会主义商品经济的需要，要求教育主动适应经济和社会主义发展的多方面需要。我国教育体制的改革反映了80年代的时代潮流。在和平和发展成为当代世界两大主题的时期，经济竞争乃是国际竞争的主要形式。经济竞争最终表现为科学技术的竞争和人才的竞争。在这种形势下，我国在计划经济体制下形成的教育体制的弊端和教育事业落后于经济发展的状况，必须进行改革。这次改革的内容有：把发展基础教育的责任交给地方，发展职业技术教育，扩大高等学校办学自主权，调动一切积极因素发展教育事业等。

第二个阶段是1992年以后。由于邓小平南巡讲话等指示对于社会主义市场经济理论的杰出贡献，1992年党的十四大明确提出我国经济体制改革的目标是建立社会主义市场经济。为了解决教育如何适应社会主义市场经济体制问题，1993年中共中央和国务院颁布了《中国教育改革和发展纲要》，旨在增强教育在社会主义市场经济体制下主动适应经济和社会发展的活力。80年代以来，进行了课程改革、学校管理体制改革，并改进了德育工作。为了使教育适应社会主义两个文明建设的需要，采取了多方面的措施，以实现由"应试教育"向"素质教育"转轨。

无论从改革的目的还是内容来看，我国教育改革是为了使教育更好地适应社会的需要，这同当前各国教育改革的趋势是一致的。

记者：您认为20世纪有哪些东西将会影响21世纪呢？对于21世纪的教育，您能前瞻一下吗？

陆：20世纪的教育的确取得了很大的成就。教育成了全民的事业，越来越多的人受到了越来越多的教育；在人类知识积累迅速增加，甚至出现"知识爆炸"的情况下，教育未增加学习年限，很好地完成了传递知识的任务，这是一个了不起的成绩；20世纪人类所取得的每一项进步，可以说都有教育的参与，教育成为促进人类社会发展的一个不可或缺的因素。但是，如果回过头去看一看进入20世纪时教育面临的问题，似乎进展又不大。上世纪末，曾经有人预言，20世纪是儿童的世纪，这句话的意思可能是指，20世纪的教育将在受教育者个性的全面发展方面有大的作为，实际情况却并非如此，20世纪的教育更多的是关心社会的发展，经济、政治的合理性，有些甚至取代教育规律。在教育对于促进人的发展的关注方面，很可能要回到20世纪开始时的起点上来。

《学会生存》有一章讲教育目的，提出了走向科学的人文主义的问题，讲到要培养创造性、培养承担社会义务的态度，培养"完人"等。虽然二十多年过去了，学会生存仍然是教育的任务，科学的、人文主义的教育目的仍然具有指导意义。我国提出的物质文明和精神文明两个文明一起抓，强调人的各方面素质的提高等，都是面向21世纪的。

终身教育的思想是本世纪提出来的，也将影响21世纪的教育。目前对于终身教育的重视，往往从经济发展的需要出发，这是片面的，终身教育对于人的发展的意义，对于学校教育改革的意义将逐渐展现出来。

中等教育的改革是本世纪教育改革的重点，我觉得仍然是21世纪教育关注的焦点。中等普通教育和职业教育的统一或许是发展的方向。随着普及义务教育年限的不断增加，大面积地提高中等教育质量的问题也将越来越受到重视。

（本文为《教育研究》记者王磊对陆有铨教授的访谈录，发表于《教育研究》1997年第12期）

略论"第三空间"教育

一、第三空间教育的由来

新技术发展至今,人类的生活空间形态呈现为三类:纯粹的自然界,可以称为"第一自然";人类生活于其中的现实社会,可以称为"第二自然";网络空间所提供的"虚拟社会",可以称为"第三自然",网络化的虚拟社会构成了人们生活的第三空间。

"第三空间"的来临不仅改变了教育核心三要素的具体内容和表现形态:学校场域中的教师、学生和教材转变为网络场域中虚拟化的视频或键盘教师、键盘学伴以及几乎无所不包的学习材料,而且改变了教育的时空要素、物质要素、结构要素、功能要素等,催生出全新的教育教学环境、教育教学的方式方法、学习方式和学习形态以及教与学的心理变革等,这就需要在价值、目标、思想、环境、理念、结构、功能等诸多方面重新梳理新的教育要素,概括新的教学实践模式,归纳新的教育理论形态,辨别新的学生发展理论,讨论新的学习理论,分解新技术所带来的媒体教育影响力,解剖新的教育问题和社会问题,论证新环境下的教育后果和功能形态,整合新环境中正面的教育合力等。

简言之,"第三空间"的来临,带来的是教育理论形态和实践形态的全新变革,需要在理论层面进行归纳、总结、探索和展望,这就是"第三空间"教育的由来。

二、第三空间对教育的挑战

信息技术不仅在教育领域带来了技术层面的各种变革,而且对新生代学生的学习能力提出了全新的挑战。一方面,"新生代"是与数字媒体共同成长的:他们有与生俱来的数字行为、更多的DIY、反权威、注重效率、更多元的知识等;另一方面,在海量的信息、多元的知识来源、连绵不断的智慧刺激的第三空间中,如何选择有价值的信息、如何获取有用的知识、如何批判地分析不同来源的信息等等,则构成了一种体现信息社会中个体生存意义的能力。

当信息和媒体日益难以区分的时候,两者也就日益难以被控制,它们构成了一种具有巨大影响力的教育力量,一种具有难以阻挡的教育影响的"技术帝国"。今天,几乎所有的知识、思想、观点等都可以变成由电脑解读的、可以传送的信息,技术已经把我们推向一个全球网络,这样的网络构成了一个全球信息永不枯竭的"集散地"。结果是人的创造性、人的思想和智慧正在海量的信息面前逐渐退却。由此,教育面临的首要挑战就是"如何鼓励学生的创造性、激发思想和智慧的重大问题"。

也由于同样的情形,教育所面临的另一个挑战是如何帮助学生了解"信息超载"(information overload)的世界。过去的教育要求是要把有用的知识装进学生时头脑,因而要为学生寻找各种有价值的、有效的学习机会;现在的教育要求则改变为要帮助学生选择性地获得知识,帮助学生获得融会贯通(综合的知识观、生活观)的能力,也就是帮助学生"学会选择信息,学会辨析信息,学会融合知识,学会建构知识"。

三、第三空间的教育环境

互联网是一个通过虚拟手段消灭传统时空界限的场所,它在延伸人类时间的同时,也在拓展人类的交往空间,从而深刻地改变着人与人、人与社会的关系。儿童不仅在自然环境、社会环境中获取知识,现在还从"虚拟环境"中获取知识,这种环境由此具有以下鲜明的特点。

第三空间赋予儿童一种全新的"网络交流环境"。网络交流不同于日常生活中的互动交流、学校课堂的教学交流,它具有平等性、开放性、双向性、立体性等多种特点。这是一种典型的互动式交流平台,是儿童能够主动掌握的交流场域。

第三空间建构了儿童新的成长伙伴:键盘伙伴。键盘伙伴是指通过互联网结交的朋友。这种伙伴关系可以跨越年龄、国别、民族、性别、语言、地域等障碍,从而为儿童社会化提供了一全新的社会环境。

第三空间促成了教师形象的巨变。传统上,教师是智者,占据着"强势文化"地位,承担着单向传递的"社会化执行者"角色。信息社会,教师对于新技术、新知识必须急起直追,加上新时代教师的知识会加速老化,这种"强势文化"可能转化为"弱势文化",教师的智者形象受到了巨大冲击。

第三空间彻底改变了传统的师生人际关系。互联网不仅颠覆了传统的师生、学生之间的人际关系,而且不同年龄层次的学生之间的关系比历史上任何时候都可以更接近,师生之间的"支配与从属"关系在新时代会加速瓦解。

第三空间构筑了全新的课堂类型:网络课堂。当新技术整合于学校教育,课堂产生了三种形态:传统课堂、多媒体课堂和网络课堂。在网络课堂形态出现后,班级组织转化为网络班级,课堂教学转化为网络教学。同时随着教育、教学要素的新变化,教与学、知识和课程体系、教学环境等也将会发生重大变化。

由此,我们需要对第三空间的教育环境进行完整的梳理,并且系统分析这样的环境会对学校教育、家庭教育、学生成长产生怎样的影响和冲击。

四、第三空间的教育理论

尽管今天的网络情景中的诸多教育形态尚未能成为系统化、完整的"网络教育"体系，而已出现的以各种形态命名的网络教育未必完全符合与学校情境完全相似的教育特征，但是，随着国家、政府、组织机构对于网络管理力度的加大，网络中知识信息的选择、分类、传输、控制、评价等都将可能会纳入正规渠道。自发、零散的网络学习，就有可能转变为有控制的、系统的网络教育。网络教育学、网络教育传播学、网络学习理论、网络教学理论、网络游戏与学习理论等，将有可能凸现为一系列全新的理论形态。

首先，第三空间教育理论中尤其值得重点研究的问题是：第三空间（信息时代）的教育宗旨或核心究竟是什么？技术可以瞬间把信息传遍全世界，却不能传递智慧和思想。因此，第三空间的教育宗旨并非是使学生掌握更多的知识与信息，而是使学生增强选择、综合、分辨的能力，而要达到这样的目标，我们需要循循善诱的杰出教师，他们是那种善于整合科技与人文两种文化的"新智者"。要给予学生以智慧，需要有智慧的新教师。

其次，第三空间的德育也成为突出的理论问题。给我们带来"虚拟现实"的技术，同样也可以是"天衣无缝的骗局"的源头。我们怎么能够一面教育学生相信要与他人真诚交往，诚以待人，发展真诚交往的能力，一面又要教育他们学会怀疑和分辨呢？没有了信任，就没有了文明。网络道德构成了一个十分突出的教育和社会新问题。与此同时，一再被讨论的网络上瘾、媒体综合症、网络环保、网络安全、网络犯罪等也都成为教育新问题。

再次，第三空间中的个体发展理论需要重新梳理。在新时代，由于个体发展的时空环境发生了巨大变化，因此这种变化首先需要从理论上进行梳理，重新组合并强化一种全新的"育人"理念，也即重新建构个体发展的理论。传统的学校教育是"金字塔形"的等级制教育，网络教育却是"完全平等"的开放式教育；学校教育的优劣标准所依据的是掌握在他人手中的"筛选制度"，而网络教育所依据的是掌握在自己手中的"兴趣选择"；学校教育仍然是较严格意义上的"年龄段教育"，而网络教育是"跨年龄段教育"，或者就是"无年龄段教育"；学校教育有着时空的限制，而网络教育却是跨时空的，等等。所有这一切，对于个体发展理论提出了新的挑战。

总之，第三空间的来临，催生出第三空间教育的新形态。这种形态迥异于学校教育、家庭教育、社会教育，也不同于单纯的信息技术的教育应用或者教育信息化以及教育技术学问题，更不同于目前出现的各种命名为网络教育学院的教育形态，而是一种需要在思想观念、目标宗旨、意识形态、内容题材、形式方法、管理措施等全方位加以重新认识和界定的教育新挑战。

（本文与马和民合作完成，发表于《外国中小学教育》2009年第11期）

教师教育有效性透视

——默会知识论的视角

一般而言，教师教育涉及两个相互区别的教学情境：一个是在大学校园里教育理论知识的教学，口耳相传是主要方法，评价方式主要是书面的考试；一个是在中小学实践中，以"师徒制"为主要方式，学徒教师模仿指导教师的可观察的行为，考核方式主要是面试——听课、评课。教师教育的这两种情境和模式都没有取得令人满意的效果。对教育理论教学的最突出的批评是关于其与教育实践相脱离的问题，教师往往觉得许多先前在大学里学的理论似乎与课堂实践没有什么关系；而在教育实际情境中进行的师徒制的效果也不像人们预期的那么好。造成教师教育效果不佳的原因可能有许多，人们也在从制度、观念、方式等方面加以探讨和改进，而默会知识论为解读这一问题提供了崭新的视角和契机。

一、波兰尼的默会知识论及修正

默会知识（tacit knowledge，又译缄默知识、隐性知识）这一术语来自迈克尔·波兰尼（Michael Polany），他认为"人类有两种知识。通常所说的知识是用书面文字或地图、公式来表述的，这只是知识的一种形式。还有一种知识是不能系统表述的，例如我们有关自己行为的某种知识。如果我们将前一种知识称为显性知识（explicite know ledge）的话，那么我们就可以将后一种知识称为缄默知识"。[①] 显然，通常我们所说的"知识"都是指的显性知识，而非默会知识。

波兰尼从多个角度论证了人类知识中默会成分的存在及其特性。

从发生学来讲，与黑猩猩相比"人类的求知优势几乎完全出自语言的运用，而人类的语言禀赋本身却不可能出自语言的应用，所以必须归因于他的语言前优势……言述总是不完全的；我们的言述行为绝不能完全取代而是必须继续依赖我们曾经与我们同样年龄的黑猩猩共同享有的那种静默的智力行为"。[②] 波兰尼认为，从

---

① Polany, M. The Study of Man, London: Routdge & Kegan Paul, c1957, p12. 转引自：石中英. 知识转型与教育改革［M］. 北京：教育科学出版社，2001：223.

② 〔英〕迈克尔·波兰尼. 个人知识——迈向后批评哲学［M］. 许泽民，译. 贵阳：贵州人民出版社，2000：102-103.

个体发生和种系发生的角度看，默会知识是原始进化系统的典型例证。这种进化系统早在可言述的、外显的认知系统产生以前就发展起来了。尽管后出现的言述的认知系统从进化上看更先进，但是原始的默会的认知系统并未消失和衰退，只不过两种系统起作用的方式不同而已。无论是在日常生活中，还是在科学活动中，不可言说的默会知识是大量存在的，它与显性知识两者共同构成了人类知识的总体。

从焦点觉知和附带觉知的角度看（这是波兰尼提出的一对范畴，他曾以钉钉子为例加以说明：钉钉子时，我们对钉子和握锤子的手的留意方式不同，对手掌的觉知是一种附带觉知，这种觉知融汇于对钉钉子的焦点觉知中[①]），焦点觉知必须有附带觉知的支持，而附带觉知的事物成为自己身体的延伸。附带觉知在逻辑上不可言说——在行动中是不可分解的，否则会导致整个行动的崩溃；而在行动之前或之后，是可以进行分析的。这一对范畴特别强调实践的情境性、整体性。

从技能的获得来看，我们习得的技能往往是难以言述的，如游泳、骑车、弹琴等，习得技能的过程也不能仅靠口耳相传，而必须靠亲身实践，靠直接经验。"一门本领的规则可以是有用的，但这些规则并不决定一门本领的实践。"[②] 规则的习得与运用，往往具有默会的性质，需要学习者去体悟。默会知识论使得技能的获得过程得到更细腻、深刻的刻画。

从情意方面看，波兰尼非常强调科学发现中求知热情等情感因素的作用，而情感本身具有很强的默会特征。

人们常说"只可意会不可言传"，这说明人们早已意识到波兰尼所说的默会知识的存在，只是没有形成系统、清晰的论述。波兰尼对默会知识的强调是基于对当时还占统治地位的客观主义知识观的批判，提出所有知识都有"个人系数"，而默会成分的存在是导致"个人系数"存在的主要原因。

客观主义知识观强调主客二分，认为认识过程是人对客观事物的镜式反映，强调知识的客观性、普适性、价值中立性，认为知识就是完全外显的可形式化的严密的陈述体系。17世纪以来，这种知识观因其丰富的认识成果和巨大的社会效益更是成为人类广泛认同的知识"范式"。这种对知识客观性的盲目崇拜和无休止的追求，以及与之相应的对"个人系数"的忽略，导致了理智与情感、科学与人性、理论与实践、知识分子与普通大众之间的内在分裂，对人类历史产生了破坏性的影响。波兰尼说："当法律、教会、和神圣经史的超自然权威消灭或崩溃的时候，人在自己的

---

① 〔英〕迈克尔·波兰尼. 个人知识——迈向后批评哲学 [M]. 许泽民，译. 贵阳：贵州人民出版，2000：82.
② 〔英〕迈克尔·波兰尼. 个人知识——迈向后批评哲学 [M]. 许泽民，译. 贵阳：贵州人民出版，2000：74.

头上建立了经验与理性的权威，尽力避免了单纯的自我表现的空洞性。但现在看来，现代的唯科学主义原来竟与过去的教会一样残酷地禁锢着思维。"[1] 正是因为深刻地认识到了这种客观主义知识观的弊端，波兰尼提出了个人知识的理论体系，认为所有科学知识都必然包含着个人系数，知识具有不可消除的主观性维度。与此相联系，波兰尼还提出了默会知识论：我们知道的比我们能够说出来的要多；所有的知识要么是默会的，要么以默会知识为基础；默会知识是人类所有显性知识的"向导"和"主人"。默会知识论反对知识观中的客观主义，强调的是知识的个体性。这就从知识论上论证了不仅掌握作为公共品的明确知识，而且掌握独特的个体性的默会知识的重要性[2]。显然，默会知识论反对理性主义知识观把知识等同于显性知识的观点，把人们的视线引到早已存在却久被忽略的默会知识上来。这就好像哥白尼把人们从"地心说"中唤醒，而使人们看到一个更广袤的宇宙一样，具有革命性的意义。

波兰尼基于对传统知识观的深刻批判提出了默会知识论，大大扩展了"知识"的内涵，引起了理论界和实践领域的广泛关注。后续的有关研究在一定程度上深化或修正了波兰尼的默会知识论。

研究发现，与外显知识相比，默会知识与行为之间更具亲和性。也就是说，当知识的外显成分与默会成分之间出现矛盾的时候，真正支配人们行为的往往是默会成分而不是外显成分。但是，默会知识对于行为的影响是双向的，它既能成为一种提高行为效率的资源，也能成为导致行为效率低下甚至失败的根源，其功效取决于人们对它们的有效使用。

关于如何有效传递默会知识，波兰尼认为，传递默会知识的最佳途径是"师徒制"。他在《个人知识》一书中写道：一种无法详细言传的技艺不能通过规定流传下去，因为这样的规定并不存在。它只能通过师傅教徒弟这样的示范方式流传下去。[3] 波兰尼对师徒制的重视无疑是有道理的，因为默会知识难以通过口耳相传的方式加以传递，师徒制在传递默会知识方面具有不可替代的作用。但是，由于默会知识并不总是起到正向的作用，故要取其利避其害就必须对其加以反思、批判。而要有效地使默会知识发挥积极作用、避免消极作用，就需要将其外显化。研究者在这方面做了大量工作，发现通过自我反思和自我报告、访谈和对话、观察等方法可以在一

---

[1] 〔英〕迈克尔·波兰尼. 个人知识——迈向后批评哲学 [M]. 许泽民, 译. 贵阳：贵州人民出版社，2000：405.

[2] C. F. Delaney. Knowledge, Tacit. In Edward Craig, Routledge Encyclopedia of Philosophy. London: Routledge 1998, P286-287.

[3] 〔英〕迈克尔·波兰尼. 个人知识——迈向后批评哲学 [M]. 许泽民, 译. 贵阳：贵州人民出版社，2000：78.

定程度上了解默会知识。① 在了解人们所持有的默会知识的基础上，对其加以反思、批判，从而更新默会知识，促进任务完成，这是非常有意义的。需要说明的是，波兰尼本人对这种"把一个有意义的整体转化为由构成它的部分的词语来表达"的做法称作是用"相对客观的知识对个人知识所作的破坏性分析"②。这就走向了另一个极端，有某种不可知论和神秘色彩。

默会知识论对于社会交往、领导艺术、经济管理等实践领域都具有启发和指导作用。在面临知识经济挑战的今天，默会知识理论已经走出书斋，越出学术圈，成为发达国家政府和企业制定应对知识经济的政策和策略的理论依据。③ 在教师教育领域，默会知识论更是具有醍醐灌顶之功效。

二、教师教育中默会知识的缺失

默会知识论促使我们重新审视教师教育，诊断教师教育中存在的问题并提出相应的对策。从默会知识论的视角，教师教育之所以效果不佳，很大程度上是由于忽视教师所持有的默会知识所导致。

（一）教育理论教学的低效问题

在大学校园里教育理论知识的教学，口耳相传是主要方法，评价方式主要是书面的考试。

正像一般领域存在着默会知识一样，教师对于自己的教育教学工作也持有一定默会知识。这些默会知识对教师的教育教学行为具有支配作用，对新知识的获取有过滤和解释作用。默会知识本身在教育实践中起着重要作用，却又难以通过口耳相传的方式加以传递，这就决定了以外显知识灌输为主要方式的教育理论教学的局限；教师已有的默会知识还是获取新知识的背景和解释框架，所以，外显知识的传递也不能无视默会知识的存在。

关于教育的默会知识可能从婴儿期在家庭背景中非正式的学习经验中开始形成，然后在十数年的学校生活中成型。这样长期地在学校生活、与教师交往，人们以学生身份自然而然地熟悉了教师的工作、教师和学生在课堂中的任务、知识的本质以及文化认可的价值、信念和行为标准——所有关于教育的默会知识的重要因素。人类几千年的历史中，积累了丰富的教育民俗和文化传统，这也是人们关于教育的默会知识形成的更宽广的背景。而对于成为教师的人来说，亲身的教育教学实践更是

---

① Stephen M. Ritchie, Accessing Science Teachers & Personal Practical Theories, Paper presented at the Australasian Science Education Research Association, Darwin, Australia, 9-12 July 1998.
② 〔英〕迈克尔·波兰尼. 个人知识——迈向后批评哲学 [M]. 许泽民，译. 贵阳：贵州人民出版，2000：95.
③ 赵修义，郁振华. 默会知识：知识经济时代的一个哲学话题 [N]. 文汇报，2000-8-20.

其默会知识形成与变化的源泉。

从焦点觉知和附带觉知的范畴看，教育教学是一种特殊的实践活动，它涉及诸多的影响因素，具有高度的丰富性、复杂性和很强的情境性，需要充分的附带觉知才能保证任务的完成。人们可以而且已经概括出许多教育教学原则，但是这些原则永远不能把真实的教育教学情境完全刻画出来，教师实际的教育教学实践必须有教师个人默会知识的支持才能完成。这就决定了以抽象理论和规则为主的教育理论的灌输的局限。教师需要把各种知识、技能不断整合成为自己身体的延伸——这需要不断练习达到熟练并能够随情境变化而灵活处理，这样才能在课堂中驾驭自如，成为附带觉知，为焦点觉知（教育教学任务）的完成服务。

但是，客观主义知识观支配下的教师教育（教育）恰恰是把教育教学看做客观知识的灌输过程，而教师教育中的理论教学自然也是只关注成体系的显性知识的灌输，默会知识是没有地位的。而正是默会知识的缺席导致了教师教育中理论教学的低效。由于忽视"受训者"个人的默会知识而使显性知识的播种失去土壤，即使能够用语言表达、书面考试成绩不错、看似被"受训者"掌握的理论知识，实际上并没有真正被"受训者"认可，因而，真正指导其实践的仍是默会知识，而不是这些能够口头背诵的外显理论。换句话说，这些外显的教育理论知识如果不能够从根本上促进教师们反思和更新其默会知识，那么就很难发挥预期的效果。

（二）师徒制的低效问题

师徒制是一种传统的传授各种技艺的方法。在这种方法中身教为主、言传为辅。波兰尼认为默会知识因其难以言述性而很难通过口耳相传的方式加以传递，而师徒制是传递默会知识的有效途径。纵观人类教育史，这种古老的教育方式在传递人类文明尤其是默会知识方面起了不可替代的作用。但是，师徒制又有其局限。首先，在师徒制中，学徒教师可能只关注可观察的课堂行为，把自己的实践局限于模仿或复制而不是主动的探究和思考，他们可能缺乏对指导有效教学实践的教育原理的理解。这已被有关研究所证实[1]。这种机械模仿会妨碍学徒教师自主性的发挥，妨碍其教育机智的形成。而要真正学会有效地教学、形成教育智慧需要学徒教师关注高成效教师行为背后的默会知识而不仅仅是可观察的行为。其次，由于满足于模仿和复制，使得这种教育方式缺乏批判性和变革性，这样，"师傅"的高效行为固然可能会被"徒弟"掌握，同样，其不当行为也容易被"徒弟"复制。尤其在变动不居的今日世界，这种方式显然就显得过于保守，与时代所要求的创新性不相符合。

由以上分析可见，在教师教育中，不管是外显理论的教学还是师徒制的培训中

---

[1] Ethell, R. & McMeniman, M. Unlocking the Knowledge in Action of an Expert Practitioner. Journal of Teacher Education, March-april 2000, Vol. 51, NO. 2. P87.

都必须关注默会知识的作用以及默会知识与显性知识的协同,只有这样才能使理论学习与实践训练相互补充、融合,摆脱两者相脱节的现象,也才能提高理论教学和师徒制的效果。

三、提高教师教育效果的策略

从默会知识论的视角看,教师教育不能停留在理论灌输和机械模仿的水平,而是要强调实践、体悟、对话、反思,使教师教育的过程变成促进教师反思和更新自己默会知识的过程。主要策略是通过解决实际问题、对话和体悟促进教师自我反思。

首先,理论教学时要考虑"受训者"已有默会知识的存在状况,以外显理论的传授为契机来促进"受训者"反思和发展自己的默会知识。不仅要"给予"未来教师或在职教师所缺乏的一定教育理论知识、技能、态度或信念,而且更要"揭示"、"分析"和"发展"他们已有的默会的教育知识、技能、态度或信念。要引导未来教师和在职教师对相应的教育理论与默会知识之间的异同进行比较和鉴别,引导他们在积极主动的质疑、讨论和对话中显现和检验自己关于教育的默会知识,自主地发展自己的教育认识能力,不断建构和优化自己的教育知识结构。① 案例教学、情境教学、基于问题解决的教学等是比较有效的方式。

其次,要加强和改进师徒制。一方面要加强师徒制,这是使优秀教师的经验得以继承的主要途径。另一方面,又要改进传统的师徒制,在徒弟观察、模仿师傅外显行为的基础上,运用一定手段(刺激—回忆,专家挖掘等)使师傅即专家教师的默会知识外显化,从而使新手教师能够了解专家教师行为背后的默会知识,并促进其对自身默会知识的反思。另外,新手教师在实践中要注意体会默会知识的作用,而不仅仅是模仿专家教师的外显行为或是生搬硬套理论知识。

第三,要开展行动研究,使教师在探究解决实际问题的过程中反思自己的默会知识。研究可以促使教师检验假设、意图和动机,使其对原本可能忽视的各种变量和现象更加敏感,它也可以提供一个论坛,在这里人们可以辩论、分享思想和问题。通过不同观点的交锋,可以给人们提供反思默会知识的契机。在这种与实践密切结合的合作、互动过程中,教师的经验世界受到冲击,他才可能切身体会到自身默会知识对教育实践的巨大影响,以及自身默会知识的不合理之处,从而产生更新它的欲望与动机;互动过程也为教师更新自己的默会知识提供了"参考答案",在思想、信念的碰撞中,个体的默会知识变得清晰,个体的思维变得灵活而不刻板,个体的生命活力得到更好的体现。

需要说明的是,在波兰尼看来,默会知识以及默会认识的过程是不可能完全明

---

① 石中英. 缄默知识与师范教育[J]. 高等师范教育研究,2001(3).

示的。但是，人们却对它充满好奇，在不断地探索认识它、利用它的途径；这就好像人类永远不能完全揭开宇宙的奥秘，却仍要不断探索一样。在这个无尽探索的过程中，人们永远不能离开默会的力量。这使我们感受到人、人类命运的悲壮！

总之，默会知识构成学习新知识的背景，又是影响行为的重要因素，教师教育应运用一定手段有效地传递默会知识，并致力于默会知识与显性知识的协同作用，使教师教育成为彰显和更新默会知识，从而不断促进教师自主发展的过程。

（本文与鞠玉翠合作完成，发表于《济南教育学院学报》2004年第4期）

道德教育中的自我评价问题

一

社会主义社会学校道德教育的实践表明，道德认识的提高是道德发展的一个必要条件。所谓提高道德认识，就是在道德教育过程中使受教育者理解和接受共产主义道德原则和行为规范，并根据这些原则来评价、鉴别别人和自己的道德品质。这里既包括对作为客体的道德原则、行为规范和别人言行的认识，又包括对主体自身的认识。这两个方面虽然有着内在的联系，但它们之间还存在着重要的差别。因此，不断提高受教育者认识自己、准确进行自我评价的能力，是道德教育的一个重要任务。

自我评价对于道德发展的意义表现在以下几个方面。

首先，准确的自我评价是调节道德行为的内在的稳定的动力。道德不同于法律，它的最重要的社会作用是协调一定社会中个人与个人、个人与社会的关系，以保证社会的和谐发展。道德的这种社会作用主要是通过行为主体的道德信念对自己言行的自觉调节和控制来实现的。因此，道德发展过程中关键的问题是，行为主体能否按照共产主义道德原则和规范自觉地调节和控制自己的行为。当然，影响行为自我调节、自我控制的因素是多方面的，但我们认为，提高受教育者自我评价的能力则是其中一个极为重要的因素。在中国伦理思想史中，许多伦理学家都非常重视道德发展中的自我修养、自我评价。孔丘及其弟子曾参所提倡的所谓"内省"、"自讼"、"吾日三省吾身"的方法，就是要求人们按照一定的道德标准，对自己的行为以及行为后果作出准确的自我评价，以便不断地调节自己的行为。在他们看来，自我评价是通向道德"自律"的途径，并且认为只有这样才能达到道德修养的极高境界——"慎独"。儒家伦理思想中的"内省"所包含的剥削阶级的偏见和唯心主义的色彩是显而易见的，但其中也体现了道德修养的某些规律性。无产阶级的道德修养也要讲"慎独"。然而，要真正达到"慎独"这种高度的道德境界，离开了对自己的言行及其后果的认识和评价，那只能是一句空话。因此，在道德教育过程中，除了要看到道德理论的灌输和环境的影响等外在因素之外，还要重视发挥行为主体自身的能动性，经常的自我评价、自我协调、自我控制，正是主体能动性之所在。

其次，在自我评价的过程中，行为主体可以不断地加深对共产主义道德原则的理解。主体对客体的认识，是通过主客体的相互作用实现的，而实践活动则是联系主体和客体的桥梁。这就是说，受教育者要想真正理解共产主义道德原则和规范，必须经过自己在道德原则指导下的做和行，而自我评价则是行为主体在理论和实践相结合的意义上对主客体相互关系的积极思考。正是在这个积极思考的过程中，行为主体才不断地加深了对共产主义道德原则的精神实质、社会作用和价值的理解，而这是任何道德说教所无法代替的。

最后，自我评价是行为主体通过对道德原则和规范的自我体验而使之内化为道德信念的过程。共产主义道德是人类道德史上的一个崭新阶段，从根本上说来，它同历史上曾经存在过的任何道德体系相比，有着本质的区别，具有无可辩驳的先进性和强大的生命力，这是不言而喻的事实。但这是否等于说，人们接受共产主义道德原则和规范是自然而然的呢？回答是否定的。无论从我国目前生产力的发展水平和人们的道德水平，还是从旧的道德传统对我们的影响来看，人们接受共产主义道德并按照它的原则和规范调节自己的言行，都不是一个自然而然的过程。这里既需要新颖的教育内容和易于为受教育者接受的教育形式，又需要从多方面调动行为主体内在的积极性，以便加速使道德原则内化为道德信念的过程。而自我评价，可以说是这个过程中必不可少的中间环节。它在道德原则和道德信念之间的联结作用，是通过个体对共产主义道德原则和规范的自我认识和自我体验实现的。因为，共产主义道德作为一种理论形态，人们在按照它去行动的时候，总是非常关心这样做的社会效果和价值，这是每个个体在接受共产主义道德原则和规范的过程中必然的心理活动。这就要有个体对共产主义道德原则和规范的自我体验和认识。没有这个过程，道德原则和规范就不能内化为个体的道德信念，更谈不到自觉地用这些原则和规范去指导自己的行动。

从以上的分析不难看出，提高受教育者自我评价能力是道德教育中的硬功夫，它比之一般的道德说教要细致、深刻、曲折得多，因而也困难得多。自我评价多半是行为主体的自我活动、内心体验、自我调整等，教育者如果不进行精心观察、及时而又正确的指导，就不会收到应有的教育效果。

二

自我评价实际上是一种认识自我的活动，它也要服从一般的认识运动规律。整个人类的认识是一个基于实践的由浅入深、由低级到高级的运动发展过程，这个过程在人类的认识史上明显地表现出它的阶段性。恩格斯和列宁都曾正确地指出，任何一个个体从诞生到成熟期间，其认识方面由低级到高级的发展，在某种意义上重复了整个人类的认识发展史，也表现出明显的阶段性。在儿童自我评价能力发展的过程中，一样表现出一些阶段性的特征。此外，既然自我评价是道德发展的一个方面，所以儿童在某一发展阶段的自我评价必然要受到该阶段儿童道德发展水平的制约。下面根据儿童道德发展的一些规律，试分析一下自我评价发展过程中的一些阶段性特征。

心理学的研究表明，儿童的道德发展经历一个由他律到自律的转变过程。在他律阶段，儿童以服从成人为定向，表现出一种对成人单方面尊敬的情感；在道德判断方面，主要根据行为的物质后果，而很少考虑行为者的主观动机。在自律阶段则表现出与之相反的一些特征。自律阶段的儿童表现出一种要求平等和互相尊重的倾向，他们不再以成人之是非为是非，而且在道德判断方面着重考虑行为者的主观动机。关于由他律道德向自律道德转变的时间问题，"国内 18 个地区 5~11 岁儿童道德判断发展调查"的结果表明，我国儿童的这种转变年龄在 6~7 岁之间，而反映自律道德特征的主观性道德判断只是到了 9 岁时才居于支配地位。[1]

根据上述调查的结果，我们认为，我国学前儿童处于道德他律的阶段，而小学低年级儿童处于他律向自律转变时期。从他律道德的特征来看，这个阶段的儿童认为，服从成人或服从成人规定的行为规则就是道德的，"服从"乃是最高的价值。所以，他们自我评价的准绳不是自己构造的价值等级，而是外来的标准。这样，他们对自己行为的好坏的判断和评价的依据，是通过成人的反应所体现出来的行为的结果。引起成人否定反应的或受到成人惩罚的行为就是"坏"的，反之就是好的。他们对自己评价的推理过程是：如果我受到惩罚，那么，就是我做错了事；如果我未受惩罚，那么，我的行为就没有错。受到成人奖励或惩罚的程度也就是自己行为好或坏的程度。显然，这是一种低级形式的自我评价。究其实质，它是成人评价的内化。我们认为，尽管这是一种低级形式的自我评价，但它对儿童的道德发展有很重要的意义。通过成人的评价，儿童便逐步认识到自我的形象，不断发展其协调和控制自己行为的能力。而且在学习成人评价的过程中，他们的自我评价和评价别人的能力也在逐渐提高。

到了自律的阶段，儿童不再以服从成人为定向，也就是说，成人的反应不再是他们进行自我评价的唯一标准。这标志他们对自己行为所作出的判断也就不再是成人评价的简单的内化，而是真正的自我评价了。与这种真正的自我评价相伴而来的是内疚情感的产生。当自己的实际行为违反了自己所掌握的道德标准时，不管他的行为后果有没有受到别人的惩罚，他都会产生一种自责的内疚情感。这种内疚的情感是前一阶段儿童所没有的。诚然，那个阶段的儿童当他们做出了导致不良后果

---

[1] 华东师范大学心理科学通讯编委会．心理科学通讯[J]．上海：华东师范大学出版社，1982（1）

的行为时，他也会认为自己不好，但既然已经受到惩罚，那么，他就认为自己的错误已经被惩罚抵消了，因而也就不会有内疚情感产生。我们认为，只有当一个人根据自己的标准来作出自我评价时，才可能产生内疚的情感。这种自责的内疚情感也是调节和控制自己行为的一种内部力量。

青春期儿童抽象思维的能力有了很大的发展，这种新的思维能力使他们能对思想、观念进行反省思考，从而形成自己的理论。同时，他们能超越眼前具体事实的限制而把握事物的未来发展趋势。因此，青春期儿童的自我评价的能力也随之有了很大的发展。例如，他们能够预测别人对自己所作所为的反应；他们也能以分析的方式来评价自己的思想和行为；他们开始考虑自己的未来，并将理想中的自我和现实的自我加以比较，作出评价，等等。

青春期儿童所获得的这种新的思维能力，也给他们带来了一些困难。他们的思维脱离现实，相信观念和逻辑思维的力量。对于一些社会问题和道德问题，往往在概念的水平上进行假言演绎，从而得出"可能怎么样"和"应该怎么样"的结论。因此，"使他感兴趣的社会就是他想要改革的社会；他对他所谴责的真正的社会是蔑视的，乃至是不感兴趣的。"由于他们生活在远离现实的理想之中，所以，对于现实中的自我的评价往往很不准确。一方面，他们有一种蔑视现实、轻视父母和老师的妄自尊大；另一方面，在现实生活中遇到的挫折和失败又会使他们悲观失望。当然，青春期儿童自我评价中的这些问题是在他们发展的过程中出现的。如果教育者能正确认识他们的这些特征，并采取有效的教育措施，这些问题不至于成为他们前进中的负担。

从上面的叙述中我们可以看到，自我评价是一个发展的过程，而适当的自我评价对于个体行为的自我调节和控制又有着非常重要的作用。因此，道德教育的一个重要任务，就是帮助儿童不断纠正不适当的自我评价，并逐步发展他们客观地评价自己的能力。

三

目前在我国教育理论界和学校教育实践中，对自我评价问题的重视和研究都还不够。这一方面是因为对它在儿童道德发展中的作用认识不足，另一方面是因为许多同志把它看得太简单、太容易，以为自我评价既然是自我认识，那么，自己最了解自己，只要态度端正、虚心诚实就能实现适当的自我评价。这样一来，自我评价的是否得当似乎和受教育者的认识水平没有关系。我们认为这是一种误解。实际上，正因为熟知自己，所以真正认识它就更不容易。黑格尔曾经正确地指出，"熟知的东西……并不因此就是真知"，甚至"熟知反而加重了逻辑研究的困难"，"熟知的东西所以不是真正知道了的东西，正因为它是熟知的"。黑格尔的上述论断虽然是就逻辑形式说的，但它具有普遍的意义。为了更好地促进儿童的道德发展，教育者应该高度重视自我评价的问题。在这方面我们认为应该注意以下几点。

第一，虽然我国儿童7岁时主观责任的判断已经有了明显的发展，但主观责任判断居于支配地位的年龄是9岁左右。所以，学前儿童和小学低年级学生还没有掌握自我评价的内部标准，他们对于自己的形象是通过成人或教师的评价这面镜子反射出来的。这就要求成人或教师对他们的评价要力求准确、适当和相对稳定，过分的褒贬不利于他们对自我形象的认识。这一时期他们除了从成人那里获得对自我形象的认识外，也在自觉或不自觉地学习如何进行自我评价。因此，教师对学生进行评价时，不仅要提出评价的结论，还要使他们认识得出这个结论的分析过程，让他们既知其然，又知其所以然。

9岁以后的儿童，其主观责任判断和自律的道德有了显著的发展，但这绝不是说，他们在进行自我评价时可以完全排斥外部的因素。因此，正常、健康的舆论环境也是他们正确认识自己的一个重要的条件。因为行为主体对自己行为的评价往往是通过别人的评价（即周围舆论）来确证其正确与否的，特别是对尚未树立坚定的共产主义道德信念的青少年来说更是如此。只有坚定地树立了无产阶级世界观的人，才能像马克思所说的那样，在舆论偏见面前仍然遵守伟大的佛罗伦萨诗人但丁的格言："走你的路，让人们去说吧！"许多人往往在错误舆论的压力下不敢坚持自己的正确做法，甚至划不清正确与错误、道德与不道德的界限。在这种情况下，正确的自我评价就难以实现。所以，一个学校，一个班级，形成和维护健康的舆论环境，是对学生进行有效的共产主义道德教育的重要条件。

第二，认识自我的客观形象、对自我作出适当的评价，在任何发展阶段都不纯粹是反省内求的结果。也就是说，人们对于自我的适当评价离不开别人的帮助，它是在人与人之间交往的过程中由于别人的评价而逐渐形成的。因此，相互评价在儿童的道德发展中有着非常重要的意义。我们知道，小学低年级的儿童，已经能够区分别人的观点和自己的观点，从而能够进行有意义的讨论。但是，由于思维能力的限制，他们只能对一些具体的事实作出评价，而且这种评价是不稳定的。青春期儿童一方面表现出自己的独立性，另一方面，他们又很关心自己在别人心目中的形象，对别人的反应和评价表现得很敏感。虽然他们不轻易受外界的意见所左右，但别人公正、善意的评价，对他们客观地认识自我形象有很大的作用。因此，为了使学生形成正确的自我评价，应该不断地发展儿童相互评价的能力。开始时，这种评价可围绕某个活动或某一个事实进行，然后逐步发展到对别人或自己作出全面的评价。相互评价的一个重要形式是批评和自我批评，应该使学生感到，批评和自我批评是我们正常生活的一个组成部分，而不是一种惩罚的措施。

第三，在儿童道德发展的过程中，自我评价过低或过高的现象是经常出现的。因此，通过纠正不适当的自我评价而实现适当的自我评价，是提高道德认识的一项经常性的工作，是教育者的一个重要任务。过高的自我评价对于儿童道德发展的危害是显而易见的，我们在此要特别提一下自我评价过低的消极影响。有些同志往往把评价过低和谦虚的美德等同起来，或者至少也认为这和评价过高相比总是要好一些，似乎成了一个可爱的缺点。我们认为，自我评价过低是缺乏自信心的一种表现，它往往成为人们继续前进的沉重包袱。因此，在道德教育过程中，教育者绝不可忽视自我评价过低这一儿童道德发展中的暗礁。

关于如何纠正不适当的自我评价问题，我们认为，只有立足于提高主体认识自我的水平，才能找到较可靠的有效办法。有人说，通过别人把正确的评价告诉他本人，就可以纠正不适当的自我评价，这种意见值得商榷。听取别人的意见固然是一种认识活动，但是，仅仅靠"听"是难以达到对自我的正确认识的。7岁前的儿童几乎天天看到水平面，但他们不能正确画出幕布后面倾斜瓶子里的水平面。这个事实表明，光靠"看"是不能解决的。同样正确的自我评价也不会经别人一说，受教育者就能心领神会、铭志不忘。这里重要的是主体自身的积极实践活动。

我们再三提到，自我评价是主体的自我认识，它比之对作为客体的道德原则和行为规范的认识要困难得多。原因是主体总是要在客体中才能得到显现和说明，这就需要有一个主体在实践中不断把自身对象化的过程，而这个过程是充满着矛盾和曲折的。

关于主体和客体的关系问题在认识论中的意义，黑格尔在《精神现象学》一书中，曾令人信服地表述了如下的一个思想：只是由于劳动，人才第一次像有了一面镜子一样能够看到自己本身，并能够有意识地同其他人、从而也同他自己发生相互关系。尽管黑格尔所说的劳动仅限于抽象的精神劳动，但他对于劳动在人的形成和发展中的意义所作的评价是十分中肯的。

人的自由创造能力不能通过自身表现自身，而必须通过人的对象（即劳动所创造的产品）表现出来。木工的技艺要在他所制作的各种样式的木器中得到体现，教师的教学水平须在学生的健康成长中得到确定性的回答，艺术家的匠心和功力要在他的艺术品所产生的社会效果中得到验证，对一个历史时代的人们的整个面貌的了解，要通过对他们所创造的全部文明的研究才能找到答案。总之，劳动的产品总是要打上人的意志的印记，它不但体现人的思想、愿望、感情，而且体现出人的意志（坚毅、勇敢、顽强）和智慧（聪明、才干、灵巧），它是人的本质力量客观化、对象化的产物。显然，这种凝结着人的意志和智慧的产品，就可以成为人的本质力量的一种确证，即"人的本质力量的对象化"。马克思指出："对象性的现实在社会中对人说来到处成为人的本质力量的现实,成为人的现实,因而成为人自己的本质力量的现实,一切对象对他说来也就成为他自身的对象化,成为确证和实现他的个性的对象,成为他的对象,而这就是说,对象成了他自身。"[1] 这样一来,劳动的产品就具有了双重意义!它既能满足人类生活的需要,又能成为人的作品和人的自我肯定,它像一面镜子放射出人们的本质。当人们静观这些作品时,就可以从中"直观到自身"。我们认为,广义的劳动是应该包括道德实践在内的,因为人们在劳动中既能体现出自己的智慧和才能,又能显现出他的意志品质、友爱精神、自我牺牲等道德修养方面的内容。所以,劳动的过程同时也就是道德实践的过程。而且,恩格斯在《反杜林论》中所说的整个人类道德方面的进步,也是在劳动的基础上实现的。既然如此,那么,在个体道德发展中,人们对自己行为和言论的自我评价,就必须通过道德实践这个中介使其言行对象化才能实现。人们道德行为的对象化,就是这种行为和言论所产生的社会效果,自我评价也即行为主体在这种社会效果中鉴别自我行为的正确或错误,以及由此而产生的精神上的满足或内疚。

显然,为了纠正不正确的自我评价,一方面需要教育者指出学生自我评价的不当之处,另一方面,要通过主体的实践活动来获得对自我形象的准确认识。对于自我评价过低的学生来说,教师应该善于发现他们的长处,并使他们的长处在实践活动中得到表现和发挥,以此来增强他们的自信心。对于自我评价过高的学生来说,应该使他在实践活动中认识个人的作用,离开了集体成员的共同合作和努力,是很难有所作为的。

总之,自我评价是儿童道德发展中的一个重要问题。在教育过程中,教育者应该注意根据儿童认识发展的规律,采取有效的措施来发展学生的自我评价能力,并纠正他们不适当的自我评价,以便增强他们调节自己行为的内部动力。

(本文与李铭亭合作完成,发表于《山东师大学报(哲学社会科学版)》1983年第6期)

---

[1] 〔德〕马克思,恩格斯.马克思恩格斯全集第四十二卷[M].中共中央马克思恩格斯列宁斯大林著作编译局,译.北京:人民出版社,1979:125.

21 世纪的行动：增强大学的批判功能

批判功能在大学发展史上占有举足轻重的地位。然而，在大学的贵族化、民族化、区域化、世俗化和近代化发展过程中，教学、科研、育人、服务等职能的主次轻重的失调，普通教育与职业教育、人文教育与科学教育、通才模式与专才模式、个人目标与社会目标的分裂，却使大学的批判功能屡遭削弱或淡化。为此，联合国教科文组织 1998 年 10 月 5 日至 9 日在巴黎总部举行的世界高等教育大会不仅要求高等学校用创新的教育方法培养学生的批判性思维和创造力，使学生能够以批判精神思考和分析社会问题，而且强调，高等院校及其师生应当完全独立和充分负责地就伦理、文化和社会问题坦率地发表意见，"通过不断分析社会、经济、文化和政治趋势，增强批判功能和前瞻功能并成为预测、警报和预防的中心。"① 可以说，强化大学的批判功能将是 21 世纪的大学教育至关重要的行动。

批判可与批评同义，指对错误的思想、言论或行为做系统的分析、否定，并从多方面寻求正确答案，提出意见或建议。大学教育不但是传递的过程，而且也是批判的过程：既要扬善，又要抑恶；既要传递正面思想和言论，又要批判反面思想和言行。而且，在课程内容上传递必须以批判为前提，未加批判不足以知正误，又如何知扬抑？未加批判地灌输不仅难于培养，而且可能阻抑学生的创新精神并导致大学教育改革的失败。可见，批判功能是以创新素质为核心目标的大学教育获得成功的前提，也是大学发挥好其他功能的基础，是大学的根本功能之一。

当然，从教育的外部规律来看，大学的批判功能植根于我国社会主义现代化建设的实际需要之中。实现社会主义现代化，必须坚持物质文明建设和精神文明"两手抓，两手都要硬"的方针，必须使两个文明的担子一样的沉重。这就需要在两个文明之间保留某种批判性的制衡的力量，需要社会为这种力量提供安身立足的场所。这场所主要不在党政机关和宣传媒体（那可能影响安定团结），也不在工厂和商店，更不在农村和街坊，而在于知识分子相对集中的大学。

首先，政治的发展和大学政治功能的发挥都离不开大学的批判功能。大学不仅

---

① 赵中建. 21 世纪世界高等教育的展望及其行动框架 [J]. 上海高教研究，1998（12）.

要传递有利于社会进步的政治思想和政治规范，以促进政治体制的健全和完善，引导政治生活朝着健康的方向发展；而且，大学还应该阻抑和否定政治意识、政治生活中不合法、不合理的言行，以促进社会政治和大学的政治教育沿着正常的轨道发展。只有传递与批判共存并以批判为基础的政治功能，才是大学真正的政治功能。

这里，我们不妨对蔡元培先生倡导的大学"三境界"思想作一些探讨。三个境界指：第一，不为资格而为学术。作为研究高尚学问之地，大学"不可视为养成资格之所，亦不可视为贩卖知识之所，学者当有研究学问之趣，尤当养成学问家之人格"①。第二，具有苏格拉底式的独立不惧之精神，具有批判眼光，避开狭隘的功利，甚至脱离反动政府。他认为，"思想自由，是世界大学的通例。德意志帝政时代，是世界著名开明专制之国。他的大学何等自由。那美、法等国，更不必说了"②。第三，兼容并包。这体现在他的著名定义"大学者，'囊括大典，网罗众家'之学府也"和办学方针"思想自由、兼容并包"之中。根据这三个境界，大学作为"共同研究学术之机关"就应指导而非随波逐流，就应摆脱思想禁锢、精神压抑的状态而成为知识分子精神的圣地，就应该用新的理想与信念、高尚的道德、新的思维和创造力，去反省批判和引导一些社会问题。看来蔡先生对大学"境界"的阐述是比较理想化的，但他的理想为什么能广为流传？原因在于，他发现了教育异于政治的独特性，认为教育规律不同于政治规律，独立探索并保持真诚，对政府的决策提供反省和咨询，始终是大学政治功能的应有之义。如果无视教育的特殊性，将政治或国家目标等同于社会目标，进而混同于大学的目标，那么，大学的社会目的将会含义模糊。然而以往，"在政府的教育决策中历来只强调教育的社会工具价值——总要求教育出即时的、显性的功效，忽视或者轻视教育的长期效益。"③ 这表明，以往我们的国家和政治对大学的要求也有值得商榷的地方。如果大学能发挥它的政治批判功能，将有利于决策的合理性。

我们追求的是大学的社会目的与国家目的的一致性，这当中，大学对政治的批判可起到相应的作用。大学对社会政治的批判可在某种程度上促使政治更加清明，过失得以减少，错误不再重犯，团结因而加强，民主因而促进，局势因而稳定，公仆们因而更好地为现代化事业服务。

其次，经济的发展和大学经济功能的发挥也离不开大学的批判功能。经济的发展需要创造精神，知识经济更离不开专业技术人员的创新能力和他们在工作中的大胆探索，这就要求培养高级专门人才的大学认识到，"大学里的专业学院的最主要功

---

① 宋月红等．蔡元培与《北京大学月刊》[J]．北京大学学报社科版，1997（6）．
② 高平叔编．蔡元培教育论著选 [M]．北京：人民教育出版社，1991：220-377．
③ 叶澜．试论当代中国教育价值取向之偏差 [J]．教育研究．1989（8）

能不是训练从事该专业的人,而是批评这项专业"①。如果大学毕业生只是成为服务于某些目的的专业工人,而不曾受到理性的培养和精神生活的陶冶,则可以说这些毕业生并未受过真正的教育。像这样,学校教育越来越成为各种职业教育的拼盘,学校也将沦为职业技术的养成所而丧失它对职业活动的批判功能,那么"在所有的教育工作中,经济的合理性将代替教育的规律。教育也将放弃'培养人'的任务,最终将导致全社会精神和文化的堕落"②。因此,大学不仅要批判经济行为中内含的反理性、反文明的价值观念和伦理思想,而且要批判某些经济决策的失误,提出积极的建议,只有这样,大学才可能发挥好它的经济功能。

再次,文化的继承、创新和传播都要以大学对它的批判为基础。没有批判,文化就无法创新,也难于历久不衰;没有批判,校园文化和社会文化难于纯洁,大学的文化功能就缺乏健全的基础而最终难于发挥。实际上,全人类的文化素质(比如文化价值取向方面的进步与落后、文明与愚昧、高雅与庸俗、开放与封闭、一元与多元、建设与破坏之间的争论和对抗,文化行为上的反理性、反文明现象等)都不容乐观。在这种情况下,发挥大学的批判功能更是至关重要的。诚如赫钦斯所说,"我现在能够想到关于大学的最好定义是:它是独立思想中心。可能还有许多其他的东西,但是,如果大学不是这样的,那么它将失败","除非大学认真地把独立思想中心作为自己的使命,否则就没有希望"③。

最后,从科学技术本身的特点来看,有人用它谋取了福利,也有人用它制造了灾难,它却没有也不可能承担起对科技活动本身加以反省批判和引导的责任。"高科技杀手"、"智能匪帮"、"克隆人的危险"、"电脑犯罪"等问题,实际上是在不健全的社会机制里人们受到某种片面的哲学的支配而滥用或误用科技成果的产物。近百年来,人文主义与科学主义之间激烈而近乎相互仇视的争论,就较清楚、较全面地说明了科学技术的局限性和科技发展对大学批判功能的依赖性。大学对促进科学技术发展应该起的作用,不仅在于科学观念和科学精神的启蒙,也不仅在于科学精神、科学作风、科学意识和科学方法的传递,而且在于大学要从哲学的高度对那些导致科技的滥用或误用的团体、个人、价值观念和社会机制进行实事求是的批判。如《学会生存》所说,教育也应该承担起"预防和抵制来自技术文明的危险"这个新任务。④

如今面对知识经济时代的逼近,太需要创新了。不过,大学要对"创新"真正有所作为,就还应认识到创新的基础是批判。不通过批判,何处、何人、何事、何

---

① 〔美〕赫钦斯. 民主社会中教育上的冲突[M]. 陆有铨,译. 台北:桂冠图书股份有限公司,1994:8.
② 陆有铨. 躁动的百年——20世纪的教育历程[M]. 济南:山东教育出版社,1997:318,481.
③ 〔美〕赫钦斯. 民主社会中教育上的冲突[M]. 陆有铨,译. 台北:桂冠图书股份有限公司,1994:8.
④ 学会生存[C]. 上海师大外国教育研究室,译. 上海:上海译文出版社,1979:145.

物尚需创新，如何知道？如果不加以批判，就不容易发现这些问题；万一发现了，也可能被惰性拖住而"往往不肯自动革新"。[①] 其实，在创新的时代，不应该害怕批判。批判虽非灵丹妙方，但却可能带来意想不到的效果。也只有通过知识分子群体的批判，发现问题，才能对症下药，才能真正走上创新之路。

作为培养高级专门人才的组织，大学是教学机构，也是研究机构，还是服务机构；但是，大学的根本功能，仅从这三个方面都难于找到。因为即使没有大学，人们通过其他方式也可以获得知识，也可以从事研究和社会服务。为什么还要有大学？尤其在教育技术日益现代化，在知识经济和"数字化生存"的 21 世纪，若大学不能发挥"独立思想中心"、"思想库"或"智囊团"的作用，如果大学不能用其根本功能对学生进行科学精神、民主精神、批判精神和理想人格的熏陶，那么学生就有理由不上大学。学生在家里可以学习，可以研究并查阅资料撰写论文，一句话，自学也能成才，上大学还有什么作用？既然上大学，结果就应该有差别。这种应有的差别不在知识，也不在某种技能，自学者知识可能很扎实，也可能以高分通过种种考试。那么，上不上大学的差别只能是思想熏陶的差异，大学应该给学生提供其他场所难于寻觅的知识分子群体智慧的熏陶。如怀特海所说，"没有某些知识作为基础，你不可能聪明；但你也许能轻而易举地获得知识，却仍然缺乏智慧。"[②] 缺乏某种智慧，缺乏那种别处无法找寻的知识分子群体的批判精神的熏陶，正是上大学与否的根本差别。这种差别体现出人们追问已久的大学"存在的理由"，也体现出世人呼唤已久的大学的根本功能。有研究表明，在同类岗位的职工中，单科院校的毕业生往往比综合大学毕业生更快地熟悉工作，但却往往比后者缺乏后劲，差距日益明显，两者最终成为很不相同的人才：技术工人或专业人员。于是在其他条件相同的情况下，后者越来越受到用人单位的欢迎。其根本原因，难道不在于单科院校较少熏陶、较少综合大学的根本功能么？当然，大学的本质决定了它的功能不止一种，为经济建设服务，助学生找到满意而有益的工作，等等，都无可厚非。但是，更为重要的是，大学要提供无法用金钱衡量的最佳的精神熏陶。而且，大学的功能同其职能具有相似性，即：育人、科研与服务多种职能并存有其必要性和合理性，但各职能之间却有先后顺序和主次轻重之分，先是培养人的职能，然后依次出现发展科学、直接为社会服务的职能，"它们的重要性也跟产生的顺序一致，不能颠倒过来"。[③]

（本文与潘艺林合作完成，发表于《教育发展研究》1999 年第 3 期）

---

① 陶百川. 知识分子的十字架 [M]. 台湾：文星书店，1964：145.
② 赵祥麟. 外国教育家评传（3）[M]. 上海：上海教育出版社，1992：315.
③ 杨广云. 试述潘懋元先生的学术思想体系 [J]. 高等教育研究，1996（2）.

中国现代教育"问题史"

教育研究缘于对教育问题的自觉。对教育问题的认识,既是对已存教育进行的基本评判,也导引着进一步的教育研究活动与教育实践。李剑萍教授经过多年研究而撰成的《中国现代教育问题史论》(人民出版社2005年4月版)一书,从历史的视角,对现代中国教育发展中存在的主要问题进行了深入阐释。这是我国学者撰写的第一部教育问题史,是系统研究中国现代教育问题的一部力作。

教育,无论从实践的层面上看,还是从研究的层面上看,都是一个非常复杂的对象。教育问题也是复杂多样的,既有全局性的相对稳定的问题,也有局部的层出不穷的新问题。前者实际上反映着教育中的基本矛盾,后者则体现着教育随时代的变化以及人们需要的改变而发生的变革。《中国现代教育问题史论》一书,在教育制度的框架内,将教育中的稳定问题划分为学制问题、幼儿教育问题、中小学教育问题、高等教育问题、成人教育问题等五大领域,为人们认识教育提供了一个具体的图景。

对于不同教育领域中基本矛盾的阐释,就形成了对教育问题的不同理解。学制是一个国家的教育在制度层面的基本安排,是各种矛盾在教育实践中综合协调的产物,它既是引导教育实践的机制,其本身也是一个矛盾体。在这个矛盾体中,主要矛盾是公平与效率问题,既要保证人人都有受教育以获得最恰当发展的机会,又要体现教育内部的效率与教育对社会发展需要满足的效率。其中,单轨与双轨、修业年限的长与短、统一性与灵活性等对立统一关系,就是从不同方面对公平与效率矛盾的具体体现。幼儿教育的主要矛盾是儿童的自然成长与社会化发展间的对立统一。儿童的自然成长表现为以有机体的发育为核心的个人全面发展,儿童的社会化发展则表现为以社会需要为定向的规范性发展,并集中表现为家庭教育与公共教育之争、保育与教育之辨、分科课程与综合课程的分歧。中小学教育更多地体现着社会的需要,表现为成"人"与成"人才、人力"之间的张力,构成中小学教育是为人生打基础还是为未来生活做准备,是达成社会的统一发展要求还是个人的充分自主发展的矛盾。高等教育问题则在培养高级专门人才的基础上,凸现为大学自治与社会干预、通才教育与专才教育、数量增长与质量控制等一系列矛盾关系。成人教育作为教育体系的有机组成，其问题集中表现为城市教育与农村教育、社会教育与学校教育、普及与提高等的对立统一。

任何教育问题只有放在历史中才能得到恰当的理解。中国现代教育是以世界教育发展为背景，在中国传统文化制约下，与中国社会现实需要相互适应中产生与演进的。中国现代教育在向世界先进国家学习甚至移植先进国家教育的同时，也表现出自身发展的曲折性与特殊性；中国现代教育的各个方面，既体现着世界教育的影响，又表现出中国特色。作者在深入阐释中国现代教育问题历史演进的基础上，对中国现代教育问题的未来发展提出了自己的前瞻性见解。这些见解，既是对现代教育发展认识的简要总结，也是深入反思当代教育的新起点。此外，作者的努力也为中国教育史的研究开启了一个新的范式。

今天的教育是从历史中走来的，教育的历史是当今教育发展的重要借鉴。只有深入把握教育历史的发展规律，才能明晰教育发展的内在逻辑；只有探明教育发展的内在逻辑，才能在当今教育发展过程中形成具创新性与导引性的教育智慧。正是从这个意义来讲，《中国现代教育问题史论》一书恰可以史鉴今，明理启智。

（本文发表于《中国教育报》2006年6月8日第8版）

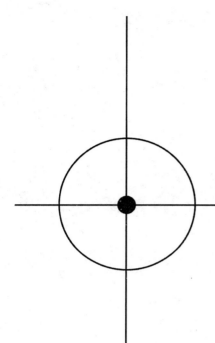

第二编　教育实践问题反思

对当前教育改革的反思

现在我们在教育改革的名义下,做了很多不是教育的事情,或者不是教育应该做的事情,而是自己想做的事情。这一点,是教育工作者不得不进行反思的。顾名思义,教育改革是教育的改革,所以改革方向的正确与否,能否取得预期的成果,应该与"教育究竟是什么"联系起来思考。

一、社会的需要潜在决定了教育改革的方向和内容

历史的事实已经证明,尽管教育与人类俱生,但作为一种精神的生产活动,教育从来也不是社会发展的动力,它始终是"跟随"者。社会需要乃是教育改革真正的推动者。在世纪之交,社会的发展出现了新的格局,提出了新的需要,教育也因此面临新的挑战。社会的需要不仅给教育改革提供了动力,也赋予教育改革以新的内容。当前,引发我国教育改革并潜在地决定我国教育改革方向和内容的主要因素如下。

(一)知识经济的挑战

社会的物质生产是历史发展的决定因素,是社会发展的决定因素。目前学校教育的目的、内容、手段等教育的组成要素是教育的历史发展,也是人类社会发展在一定阶段的产物。具体来说,它是工业时代的产物,它满足并促进了工业社会发展的需要。然而,第二次世界大战以后,特别是20世纪80年代以后,人类的物质生产发生了革命性的变化,人类的生产进入了知识经济的时代。今天的变革,就像200年前工业经济开始替代农业经济一样,知识经济开始替代工业经济。时代要求教育必须进行改革,以适应知识经济时代的需要。

根据 OECD1996 年在《以知识为基础的经济》中的界说,知识经济乃是以知识的生产、分配和使用为基础的经济。这里所讲的知识,除了事实知识(Know-what)之外,还包括原理知识(know-why)、技能知识(know-how)、人力知识(know-who)。

知识经济要求人的创造力和实践能力,因此发展学生的创造力和实践能力,是对教育的挑战。要实现让学生学会"接受"到学会"创造",学会"知识"到学会"学习",是教育改革的重要任务,对于我国的教育改革传统来说,任务尤其艰巨。

(二) 国家综合实力的竞争

教育自古是家庭、教会、慈善机构的事情。近代以来，人们看到人的教育素养同经济发展的关系，国家开始干预教育。20世纪的历史表明，国家越来越自觉地将教育作为实现富国强兵的工具，教育越来越成为实现国家目的的手段。在"世界大同"的目标实现以前，不管教育家的理想如何，也不管人们的"理想教育"怎么样，这是一个难以改变的事实。

我们的教育往往注重对个人的发展作用，这是正确的；但是，如果过于强调人的发展而忽略教育的社会责任，甚至将两者对立起来，恐怕也有失偏颇。无论如何，在当前，个人发展的方方面面都要受制于国家的发展，将国家的需求悬置起来而奢谈个人的发展是缺乏意义的、空洞的。在半殖民地和半封建社会的废墟上建立起来的中华人民共和国，在科技和知识的诸多领域需要赶超发达国家。任何离开社会需要的教育，最终要导致教育的破产；如果把人的发展和社会的需求对立起来，也会最终导致教育的破产。国家设立教育部是近代的事情，在社会发展过程中，政府对教育的干预力度越来越大，即便是在今天，也是如此。教育应该为增强国家的综合国力服务。

(三) "全球问题"的挑战

目前人类所取得的物质文明可谓辉煌，但为此也付出了极其惨重的代价，致使人类社会和个人出现了种种前所未有的问题，例如生态失衡、环境污染、资源枯竭、吸毒、犯罪、生存意义的迷失等。这些都使得人类的生产和发展面临严峻的挑战。

因此，学校教育要弘扬新人文精神，以克服人类所遭遇的种种问题。与强调人的社会、文化属性以及持有主客二元对立的思维方式的旧人文精神不同，新人文精神强调的是人自身和人的生活的价值属性，指的是人之为人的文化精神。要养育人之为人的文化，要正确处理人与自然、人与社会、人与自我的关系。在人与自然的关系上，新人文精神不是强调对人对自然的征服，而是主张人与自然之间的和谐状态；在人与社会的关系上，新人文精神不是鼓吹个人的奋斗与成功，而是强调应该负有的社会责任感；在人与自身的关系上，新人文精神不是沉醉于对物质和权力的占有，而是强调对生存意义和精神的反省和追求。

然而，新人文精神的养育，仅仅依靠知识的传授，是远远不够的。不可否认，新人文精神包含有关自然、社会和人自身的知识因素，但归根到底它并不是一个知识问题。对这一点，教育改革者应有清醒的认识。

二、教育的本质特性制约着教育改革的举措及实施

人类物质财富的创造与精神财富的创造互相联系、互相制约。其中，物质生产方式决定着精神生产的性质和内容。尽管人类历史上有过的主要物质生产方式（如

畜牧业、农业）对教育都有影响，例如，在学校中，将学生当做牲畜一样加以看待，目前尚未绝迹；艺术、体育或某些特别专业采取"一对一"的农业生产式教学方式。但近代以来，工业的生产方式由于在物质领域所取得的巨大成功，越来越占据主要地位，并影响着作为精神生产领域的教育。工业社会中，大规模的生产方式、产品的标准化、学校管理的科学化以及企业化等在现在的学校教育中几乎随处可见。

工业生产方式给教育带来了许多积极的启示，事实上，工业生产方式也的确给学校教育的运作带来了许许多多行之有效的变化。但是，主要以没有生命、没有主体性的"物"为加工对象的工业生产，与以有生命、有主体性的"人"为培养对象的教育有着根本的区别。其中，"产品的标准化"与教育的宗旨有本质的区别，两者有着不可调和的矛盾。可以说，现代学校运作的许多弊端、许多被人诟病之处，都源于此。因此，深入理解教育的本质，乃是教育改革达到预期效果的一个重要方面。

（一）目前教育的性质没有发生变化

在教育发展的历史进程中，由于不同时代、不同国家具体的社会需要不断发生着变化，也因此使教育的内容、手段乃至过程、管理发生着变化，经历了诸如原始时代、奴隶时代、封建时代、资本主义时代、社会主义时代等不同教育模式，不同的培养规格。但是，教育作为培养人的一种活动，其性质从来没有发生变化。

（二）人的发展是自然的产物，教育不能"制造"（创造）人的发展

人的发展是自然的过程，发展不同于位移，发展的根本原因在事物内部矛盾运动。对于人的发展来说，生命的终止就意味着内部矛盾运动的停止；因此，只有活人才有发展的能力，只有活人（有生命的人）才能受教育，这是人所共知的常识。杜威在《民主主义与教育》中也讲到：发展是一个自然的结果，是生物有机体内部的事情，教育活动之所以能够造就不同规格的人，其内在依据在于，人有"发展"的能力。作为地球上生命有机体发展的最高形式，人是自然的产物。人的发展能力是一种自然的赋予，而绝不是教育的结果。诚然，不同的教育可以"促进"、"延缓"、"阻止"人的发展，甚至可以改变发展的方向，但它绝不可能"创造"或"制造"发展。这是我们教育工作的前提，如果我们否认了这个前提，我们就会徒劳无功。当前在我们教改中存在制造发展的许多事情，这是教育不能取得预期效果的重要原因。了解这一点，对于我们深化对教育本质的理解，显然是必要的。

（三）教育是教育者（人或物）与受教育者的合作的活动

关于教育活动和教师的作用，欧洲中世纪著名的神学家托马斯·阿奎那曾把它与医生治疗病人作比较。他认为，医生不能治愈病人的病患，只能增强病人的身体，实际上病人的病患是由被医生增强了体力的病人自己治愈的。同样，教师只能帮助

学生运用他自己的、自然的学习潜力,由学生自己学会。① 现代美国教育家艾德勒提出了类似的说法。他认为教育完全不是生产的(在自然的进程中是不会产生的)"操作的艺术",而是"合作的艺术"(即"仅仅是帮助"自然完成它们的目的所做的产品,例如:农业生产)。②

教育乃是人的内在潜能的"引发"或"抽取",而不是教育者随心所欲的"塑造"。人的遗传基因千差万别,即使加以分类,也有许许多多种类别。教师的作用是帮助人的发展,只有承认这一点,才能造就各种人才。

不管怎么说,教育活动要实现的"发展",其主体是学生(尽管人们也在说,在教育过程中,教师也得到发展、教学相长,但这不是教育的第一要务)。目前的教育改革注重教师的活动,以为学生的发展乃是教师"教"的结果,而且在教师教和学生的发展之间画等号,这是一种误解。研究教师的教是必要的,但也是远远不够的。除了要加强对"学"的研究之外,只要能促进学生的发展,有时候,"不教"也是一种教育方法。

三、教育内容的性质是决定教育方法、教育改革成效的依据

动物的活动乃是自己本能的展开,人类活动方法的选择取决于主观意志。然而,人的主观意志的发挥绝不是随心所欲的。本文所说的第一、二两点,对人的活动方法的选择具有潜在的决定作用。除此之外,活动内容的性质,也应该是制约人的活动方法选择的重要因素。木匠和铁匠活动的方法(包括活动的过程、工具的选择等)各异,乃是由他们各自活动对象(内容)各不相同(木头和铁块)决定的。

学校教育的内容旨在服务于人的全面发展,可谓非常丰富,大体上容纳了理性和非理性的内容。然而,教育者教育活动的方法却极其单调,往往劳而无功,严重地制约了教育、教育改革的成效。由于受到近代科学发展和工业生产的影响,理性、理性的方法,其地位达到了无以复加的高度。在学校教育中,不管教育的内容是什么,往往采用理性的方法,似乎讲道理能够解决学生发展的所有问题。对于教育者来说,这或是一种无奈,但是对于教育来说,这是无理。应该认真研究不同的教育内容的性质,确定不同的教育方法。

(一) 知识的教学

应该说知识的教学同理性的方法联系非常密切,但也不尽然。就目前我国中、小学设立的学科来说,大体上可以分为逻辑性较强的学科和逻辑性不强的学科。对

---

① John. S. Brubacher, A history of the problems of education [M]. New York: McGraw-Hill, 1966: 107.
② 〔美〕艾德勒. 为教育哲学辩护 [M]. 赵祥麟,译. //华东师范大学教育系,杭州大学教育系. 现代西方资产阶级教育思想流派论著选. 北京: 人民教育出版社,1980: 234-240.

于前者来说，教师用理性的方法去教，不可或缺，而且屡试不爽；但对于后者，理性的方法恐怕难奏其效。需要特别强调的是，"记忆"也是一种重要的学习方法，不要在反对"死记硬背"旗号下轻易放弃。在联合国教科文组织的报告《教育——财富蕴藏其中》里强调："为了解知识而学习，首先要求要学会运用注意力、记忆力和思维能力来学习"；"如果以为我们如今已拥有巨大的信息存储和传播能力，记忆力就不再有用了，那将是危险的。"[1] 对于外语以及数、理、化公式、符号的学习来说，记忆是不可少的。

（二）创造力的养育

创造力是人之为人的一种本质力量，是与生俱来的。对于学校教育来说，问题不在于如何培养，而在于不压制，不压制就是培养。我们面临的问题是，往往教师在"好心"、"帮助"的旗号下，压制了学生的创造力；教师在老老实实、辛辛苦苦地做坏事。所谓创造，就是解决对现实的批判中产生的问题（批判的能力和动力都在于人之为人的本质力量）。尽管学校、教师不能直接培养学生的创造能力，但不等于学校、教师就无所作为；相反，学校、教师可以在这方面发挥很大的作用，但是目前最重要的是不压制。

（三）道德教育

理性的方法完全不适用于道德教育，因为理性只能解决"是"与"不是"的问题，而道德面临的是"应该"。在伦理学里面有一个难题，即从"是"到"应该"。我们能够讲的，都属于"是"与"不是"的问题，而道德教育要解决的是"应该"、"不应该"的问题，一万个"是"也得不出一个"应该"。所以在道德教育中，仅仅去用理性的手段，这是错误的，也是难以达到道德教育的目的的。根据马克思的观点，道德是一个利益的问题，因此道德教育要解决如何正确处理利益的问题。道德的产生和发展在于满足人的生存、生活的需要，单纯的"牺牲的道德"是违背道德的特性的，难以持久。所谓道德底线或道德具有层次等说法也是值得讨论的，恐怕有违学校道德教育的宗旨。道德教育的目的是使受教育者有道德而不是更道德。有效的道德教育的方法应该是符合道德的特性的方法。

（四）爱国主义教育

对于爱国主义教育而言，说理的方法是必要的，但也是远远不够的。爱国主义教育是一种爱的教育，是一种情感教育。用理性的方式是完全达不到目的的。有一个可以类比的事实，尽管没有一个家长像学校进行爱国主义教育那样对儿童进行爱家的教育，但几乎所有的孩子都爱自己的父母，爱自己的家庭。这种"不教而爱"

---

[1] 国际 21 世纪教育委员会. 教育——财富蕴藏其中 [R]. 联合国教科文组织总部中文科，译. 北京：教育科学出版社，1996：77-78.

的事实至少说明了知识的教育对情感教育作用是极其有限的。人们做的许多错事，往往并不是因为不知道这个事情是错的才去做的。所以，那种将爱国主义教育演变为知识教育的做法是错误的。这倒不是说，有关爱国主义的知识教育不必要，而是并没有认识到爱国主义教育的本质。事实上，孩子爱家、爱父母，并不需要家庭或家长的经济、政治、健康、外貌等条件。所以，从根本上来说，爱国主义教育与知识教育的性质不同，它需要在知识的教育以外寻求适合的方法。

（本文发表于《基础教育》2011年第3期）

素质教育值得注意的几个问题

针对我国基础教育领域长期存在的所谓"应试教育"的和种弊端,1993年《中国教育改革和发展纲要》明确指出,中小学要由"应试教育"转向全面提高国民素质的轨道。我国现代学校教育制度脱胎于欧美近代工业化国家的教育体制。除此之外,由于1840年鸦片战争以来始终萦怀于中国人民心中的"强国梦",以及普遍存在于"后发型国家"一定发展阶段教育之选拔性功能的突显等因素,我国学校教育仍然存在着若干与时代要求不相适应之处。

一、角色化而不是社会化

所谓社会化,是指人"在一定的社会条件(包括社会环境和社会关系)下逐渐独立地掌握社会规范、正确处理人际关系、妥善自治,从而客观地适应社会生活的心理发展过程"。① 人的社会化,对于社会而言,乃是社会得以延续、发展的必要前提;对于个人而言,乃是个人参与正常社会生活、成为社会成员的必要途径。教育对于社会发展和个体发展的意义,在这一点上是完全统一的。

人的社会化是一个极其复杂的过程,它不仅要受到该社会已经形成的文化、社会规范等因素的深刻影响,还要受制于所处社会各个方面的发展状况。此外,人的社会化本身也是一个与人的一生共始终的过程,不可能在人生的某一阶段"毕其功于一役"。因此,学校这一特定的社会机构,以及接受学校教育这一特定的人生阶段,不可能完成人的社会化的全部过程。然而,这一事实丝毫也不意味着学校在儿童社会化方面就无所作为,学生的发展应该是判断学校教育功能或价值的核心内涵。学生发展的一个重要方面就是社会化。法国社会学家涂尔干(Emile Durkheim)甚至将教育界说为对年轻一代有条不紊地进行社会化的过程。因此,从这个意义来讲,学校教育之于儿童人生的意义,就在于不断促进学生的社会化。

目前我国的学校教育,由于专注于社会价值的传递,而不是学生的发展,在实践上就出现了明显的以"角色化"取代"社会化"的倾向。

诚然,在人的社会化的过程中,确实存在着社会角色学习的问题。因此,角色

---

① 王振宇. 儿童社会化与教育[M]. 北京:人民教育出版社,1992:2.

化与社会化有着内在的联系，或者说，它是社会化的一个重要方面。然而，社会化的目标旨在形成完整的自我，而角色化却以角色的学习、模仿、认同等作为其唯一内涵。角色化区别于社会化的一个极其重要的差别是，角色化是以社会需要为唯一定向的。由于角色化专注于特定社会地位、身份，以及与之相称的被期望的行为，这就极大地局限了社会化的内涵，从而严重地妨碍了学生的发展。

中国儿童几乎从出生起就置身于家长、教师所设定的角色的期待和要求之中。由于中国近代以来特定的境遇和迫切要解决的问题，社会对学生的角色期待也逐渐由学而优则"仕"转变为学而优则"家"。无论小学或中学，每一所学校校园布置的塑像或悬挂的人物图片，几乎无一例外的都是各种类型的"家"。除了革命家、政治家、道德家之外，更多的往往是科学家。而且，教师和家长往往会采取各种手段迫使学生向着他们期待的角色"发展"。这种以角色化取代社会化的做法，造成了许多危害。

（一）不利于学生主动性的发挥

家长、教师所憧憬的各种"角色"无疑都是正当的，因为它们往往体现了社会发展的需要。除此之外，我们也应该实事求是地承认，成人在对儿童进行种种角色设计时，除了社会发展的需要之外，也会考虑到儿童的特长、兴趣、爱好等儿童发展的需要。换言之，成人为儿童所设计的种种角色可能不仅是正当的，而且也是恰当的。然而，无论这些被选定的角色如何正当、恰当，它们都是成人所意识到的社会或个人发展需要。对于学生来说，这些角色要求都是外烁的。为了达到这种"外烁"的目的，学校教育和社会教化往往采用模仿的手段。我国在不同时期推出的各种类型的模范、榜样、英雄，清楚地说明了这一点。

社会化过程应该是一个主动的积极的过程，而在角色化的过程中，预定的角色乃是学生必须刻意模仿、整合或顺应的目标，这样，学生势必处于服从的被动的地位，这将束缚学生的主动性，限制学生的智慧发展，压抑他们的兴趣、爱好、意志、特长乃至正常的需要。这样，学生的主动发展失去了内源性动力。

（二）不利于学生个性的形成

学生个性的形成有赖于认知、情感、意志等各个方面，但这些因素必须在他们社会化的过程中展现出来。上文已经提到，角色学习乃是人的社会化的一个不可或缺的方面。然而，真正社会化意义上的角色学习，旨在使人形成一种角色系统，并能依据环境作适时的转换，成为在社会体系中充分发挥促进社会发展作用的成员，而不是以社会需要为唯一指向的、某一种规定角色的刻意模仿。

以学生个性发展为代价的角色化的负面作用，集中体现在这么一点，即它很可能是马尔库塞（Herbert Marcuse）所谓"单面人"或"单向度人"的温床。马尔库塞曾经对人在工业社会发展过程中所形成的片面性和畸形性("单面人"或"单向度人")进行过深刻的论述。马尔库塞认为,所谓"单面人"或"单向度人"乃是现代工业社会高生产、高消费的产物。这一类人的主要特征是不断追求物质享受,随波逐流,按规定的模式去思想和行事,缺乏自主性和批判性,丧失了个性,实际上成了工业社会的奴隶。尽管马尔库塞提出"单面人"的概念旨在揭露现代资本主义意识形态的"单面性",然而,这对于我们认识学校教育角色化的危害或许也有重要的启示。

(三)不利于学生的心理健康

无论学校或教师,几乎毫无例外地重视评价的导向和控制作用,而且,几乎所有的学校教育工作者都知道,对学生的评价应该全面,必须兼顾学生德、智、体诸方面的发展。然而,在实际的评价工作中,教育工作者往往以它们预先设定的那类理想的角色为标准。在绝大多数情况下,学校教育工作者与家长、乃至社会舆论几乎是完全一致的。这种评价取向不断提高了人们(包括学生在内)的角色期待。于是,角色化就演变成为"过度角色化"。应该强调指出,在所谓"应试教育"的情况下,角色评价所关注的除了顺从、循规蹈矩之外,集中体现为学业成绩优秀。

目前在我国方兴未艾的胎教、早期教育表明,几乎从出生开始,儿童就被迫卷入社会的筛选、淘汰系统之中。伴随着我国学历层级结构化程度的不断提高,学业成绩竞争的程度也愈演愈烈。为了不使自己成为这残酷角斗场过早的出局者,学生或者自觉、或者被迫地限制乃至放弃与提高成绩无直接关系的兴趣、爱好和活动,隔离于社会生活之外。

以特定角色为标准的筛选和淘汰,除了造成一批失败者之外,还严重地损害了学生的心理健康。竞争的压力以及对于失败的恐惧,如果没有适当的渠道加以缓解和释放,将造成严重的心理疾患。

对于过度角色化过程中失败者的种种心理偏差,已经受到人们的关注。需要强调说明的是,即使对于成功者而言,过度角色化的过程固然使他们获得了诸如"高材生"、"优等生"、"好学生"、"好孩子"等赞誉,然而,这是以他们个性发展和心理发展方面的许多隐患为代价的。一旦在学习、生活或工作中出现问题或遇到挫折,他们有时会做出一些令人意想不到的行为。作为角色化过程的成功者、普遍受人羡慕的天之骄子,"哈佛大学学生"精神失常率居全美之冠,学生到附近杂货店买酒,必须说明是为了煮菜用,否则老板会怀疑是"沮丧酗酒";他们人人似乎都有苦恼,"因此报摊、杂货店、酒吧就变成他们闲聊、吐苦水的集体心理治疗场所"[①]。在我

---

① 吴咏慧.哈佛琐记[M].北京:三联书店,1997:1-5.

国，大学生自杀的事件也时有耳闻；一贯顺从母亲的名牌大学的学生居然做出伤害动物的事情。我国违法乱纪甚至犯罪乃至杀害自己亲生母亲的青少年，不一定都是"问题学生"或"差生"，其中有许多人恰恰是长期被人们称誉的"优等生"和"好孩子"。此外，由于学业成绩未能达到家长、教师或自己预定的前几名而做出异常举动的，因为不小心而弄坏自己手机而因此离家出走的"好学生"也决非绝无仅有；至于在学业竞争中为了保持上等名次而在考试中作弊的更是大有人在。所有这些现象，都是发人深省并需要引起人们足够重视的。

二、竞争而不是合作

为了激发社会发展的活力，克服我国长期存在的平均主义、"吃大锅饭"的现象，20世纪80年代以来，我国几乎所有的社会生活的领域都引入了竞争机制。这极大地改变了社会风气，人们的精神面貌焕然一新。一时间，人们似乎普遍地接受了章炳麟关于人的智慧自竞争而后发生的说法，似乎竞争是解决一切社会问题的万灵之药。这种认识上的偏差深刻地影响了学校教育和儿童的学校生活。除了学校的管理普遍采纳竞争机制之外，在培养目标方面，中小学校乃至幼儿园都不同程度地强调"竞争意识"的培养。所谓"不仅要从小就培养儿童的竞争精神，而且要使他们从小就具有竞争的能力"的说法，几乎成为一种口头禅。与此同时，合作被置于竞争的对立面，合作精神和合作能力的培养便受到忽视。这样，中国儿童便过早地卷入人生的角斗场，其中为数众多的失败者所遭遇到的挫折，使他们甚至在童年时起便丧失自尊心和自信心。这种童年时代的经历，甚至可能使他们今后一生都笼罩在沮丧的阴影之中。

不可否认，引进竞争机制对于促进我国的发展的确曾经发挥过巨大的作用。问题在于，对于学校教育来说，究竟是应该培养和发展学生的竞争精神和能力还是合作的精神和能力，答案应该是后者。

学校教育应该注重培养和发展学生合作精神和能力的必要性，主要是由当代社会生产分工日益精细化的特点决定的。从一定的意义上说，人类社会发展史就是社会分工史。从最早的按年龄、性别的分工，经历畜牧业和农业的分工、手工业和农业的分工、脑力劳动和体力劳动的分工、城市和乡村的分工，直到目前社会生产分工越来越精细化、专业化的事实深刻地表明，社会分工不仅是生产力发展的结果，而且也是生产力发展的杠杆。人们可以预期，随着科学技术和生产力的不断发展，社会生产的精细化和专业化的过程还将继续下去。一个基本的事实是人是在一定的社会关系下从事生产活动的，如果社会成员缺乏相互协调、合作的精神和能力，势必引起社会生产和社会生活的失衡、瘫痪乃至解体。

除了社会分工的发展趋势之外，培养、发展学生合作精神和能力的必要性还源于这么一个事实：生态系统乃是由互相依赖、而不是相互争斗的各个部分（生命系统、环境系统）组成的整体。在生物界，即使是茹毛饮血的猛兽，除了在饮食和交配这两个方面发生争夺、冲突的情况下，它们之间一般都能相安无事。对于人来说，合作的意义就显得更为重要。人与自然是一个整体，事实上，人类是在与自然协调、"合作"的过程中才得以生存和发展的。除此之外，人类社会和人类自身的发展也离不开人与人之间的合作，这几乎已经是一个不争的事实。因此，无论对于儿童的发展或社会的发展来说，把竞争置于合作之上的做法都是有害的。

（一）离开人与人之间的合作，儿童将失去道德发生、发展的内在动力

合作不仅是人类道德的最初形态，而且也是道德发展的依据。由血缘关系的亲属组成的氏族公社，区别于从古猿到人进化过程中的群（horde）或原始群的一个极其重要因素，就在于它的成员之间具有分工和合作。就这个意义来讲，合作乃是人类社会，从而也是人类脱离动物界的标志。作为社会一员的任何个人的活动，都与他人有着直接或间接的联系，都承载着某种人际关系。离群索居的孤独的个人无所谓道德。换言之，正是人与人之间合作的活动，才使道德得以发生。对于汉字"德"的词源学的研究，形象而深刻地说明了这一点。

道德具有历史性。道德产生的根源在于人的合作活动的需要，但道德一旦发生，便成为合作活动得以顺利进行的必要条件。随着人的活动的拓展和深入，人类的道德规范也将不断发展。

以上叙述旨在说明：无论对于人类或个人来说，离开了人与人之间的合作活动，道德就无以发生和发展。只有在合作和交往的活动中，通过对人与人之间关系的体验、感悟、理解，并自觉地调整自己的行为，儿童才获得道德发展的内在动力。如果这些陈述能够成立，至少部分地解释了目前我国学校德育工作普遍"低效"的一个原因。

（二）缺乏合作精神和能力将阻碍社会的发展

社会分工是社会生产力发展的结果，更是社会生产力发展的条件。然而，社会分工与社会合作互为前提。甚至可以说，人类的文明史就是从冲突、争斗走向合作的历史，就是合作不断发展的历史。

长期以来，由于我国特定的历史条件、境遇和认识的偏差，强调一切工作都要以阶级斗争为纲。在这种思想的指导下，学校教育注重的是诸如"毫不动摇"、"寸步不让"、"针锋相对"、"毫不妥协"等"斗争性"。为了改变这种状况，包括教材、教学、课外活动等学校教育工作的所有方面，都应以培养学生合作精神、发展合作能力为导向，使学生在人际交往和合作的活动中体验、领会、理解相互尊重、爱护、支持，学会宽容，学会"谈判"，学会退让，学会妥协，学会"双赢"。总之，学会

在与自然、与社会、与他人的合作中生存和发展。

三、学生学校生活的若干非道德因素

德育是我国教育领域中最受重视的一项工作。从20世纪80年代至今,以中共中央或教育部(国家教委)名义颁发的有关加强德育工作的文件达十多份,学校的德育工作也发生了很大的改观。然而,学校德育工作的低效,依然是我国教育理论和实践工作者普遍关注的一个重要问题。

学生"德"的方面的发展,不是孤立的事情。"德"的发展除了与"智"、"体"的发展相互联系、制约之外,还涉及社会发展、社会生活的方方面面,以及学生对自己全部生活经验的领会、感悟和理解。因此,学生"德"的方面的发展,不完全由学校教育决定。然而,这丝毫不意味学校教育只能是无所作为,更不是说,学校教育可以无需反思自己的工作。

学校教育的根本目标在于学生的发展。学生的发展不是以知识或技能的增加或熟练为形式的"量"的增加,而是表现为健全人格之养成的"质"的变化。其中,"德"的发展就是一个不可或缺的内涵。学生"德"的发展是包括学生学校生活在内的全部生活的结果。当前,对于学生的家庭生活和社会生活与学校教育的一致性,教育理论和实践工作者都给予了足够的重视,并努力做到像卢梭(J. J. Rousseau)主张的那样"把儿童在学校里的东西同家里及在本地社会中将要经历的东西结合起来"[①]。然而,对于学生学校生活对于学生发展的意义,却没有引起必要的重视。

学生的学校生活乃是学校教育的一个有机组成部分,必须受制于教育目的。换言之,学生的学校生活必须具有教育性。在《民主主义与教育》(*Democracy and Education*)一书中,杜威(John Dewey)把学校界定为"特殊的环境",而这种特殊环境的设置,乃是为了实现教育目的。要发挥学校这种特殊环境的教育作用,与实际的社会生活相比较,学校生活应该具有其特殊性,即它应该是"简化的环境"、"净化的活动环境",其"职责在于平衡社会环境中的各种成分"[②]。此外,杜威还强调,儿童具有巨大的潜力和可塑性,要使儿童能够健康地发展,就要控制他们在其中行动、感受和思考的环境。

要发挥学校这种"特殊环境"的作用,学校生活对于学生的发展必须具有正确的导向性;换言之,必须改变目前我国学生学校生活普遍存在的违背教育目的,甚至与学校的说教不一致的地方。

(一)"集体荣誉"和"集体利益"名义下的荒谬

诚实、公正乃是历来人们普遍认同的优秀品质。然而,在实际的学校生活中,

[①] 陈友松. 当代西方教育哲学[M]. 北京:教育科学出版社,1982:80.
[②] 〔美〕杜威. 民主主义与教育[M]. 王承绪,译. 北京:人民教育出版社,1984:21-23.

"集体荣誉"、"集体利益"往往使它们遭到蔑视和亵渎,成为毒害学生心灵的合法的借口。下面是一个比较典型的例子:西安市某小学一名 7 岁的小学生因为没有完成作业,上课时被班主任老师叫到教室外罚站 3 节课,致使该学生溜出学校玩耍,结果在邻近的人工湖中被淹死。事故发生后,该校的校长、班主任和该生班上的一些同学,都异口同声地撒谎,说出事的那天该生根本没去上学,且众口一词、信誓旦旦、咬得死死的。其中一位女孩子是该生的同桌,也斩钉截铁地说那天没见那个同学来上课。原来,学校和老师为了推卸责任公然撒谎,而且"教育"小学生,为了学校的"名誉",就有必要撒谎。小学生们照办了。就这样,全校上下便对媒体、社会、法律撒谎——什么诚实、正义、良心、道德全被老师的教唆扭曲了。(最后终于有一位孩子说出了真相。他说:"老师说过诚实才是好孩子,我要做一个诚实的孩子。")①

在学校或班级组织的校际、班际的统考、体育、文艺、纪律、卫生以及其他各种各样的竞赛、评比活动中,"集体荣誉"或"集体利益"的名义往往使欺骗、作弊、弄虚作假等非道德、不道德的行为获得合法的地位,甚至受到鼓励和表彰。需要特别指出的是,这些行为有时是在学校管理人员、班主任、教师的默认、鼓励、支持、暗示、明示甚至组织下做出的。这种放大的自私自利是对集体主义的严重歪曲。教育者的这种"身教",不仅使他们在课堂、会议和其他场合教诲、说教的功效荡然无存,还毒害了儿童的心灵。

(二) 不民主的氛围

"学会民主"应该是学生发展的"题中应有之意"。然而,在学生的学校生活中,却存在着许多不民主的现象。这里只想讨论其中的一个很容易被忽视或被误解的现象:被冷落的弱者。

不同的评价标准产生不同的"弱者"。在以掌握书本知识为基本内容、以学业成绩和升学率的高低为主要评价标准的学校里,所谓弱者主要指学业成绩不良的学生。老百姓中普遍流行的"成则为王败则寇"的说法,反映了我国鄙视弱者的不良文化传统。因此,同学和教师的轻视、冷落、歧视、鄙视造成了"弱者"儿童学校生活的孤独和寂寞。应该指出,学校生活中的这种不民主的氛围有违于历史发展的潮流,不利于包括强者和弱者在内的全体学生民主意识、态度和能力的培养。民主绝不仅仅是少数服从多数,它必须同时表现为多数对少数的理解、宽容和保护。如果没有后者,所谓"民主",也很容易蜕变为另一种形态的专制或暴政。这种现象必须引起人们的高度重视。今天的学生就是明天的公民,我国社会主义民主制度的不断

---

① 老师说过诚实才是好孩子,我要做诚实的孩子 [N]. 报刊文摘. 2002-9-11 (14).

完善和发展，有赖于全体在校学生民主意识、民主态度、民主能力的提高。为了使学生"学会民主"，学生的学校生活应该充满着爱，学校应该成为每一个学生的家园。

(本文发表于《北京大学教育评论》2003年第3期)

实施素质教育必须转变教育观念

要实现从目前人们所说的"应试教育"向素质教育的转变,我们必须首先转变教育观念。下面谈谈关于几个比较重要的教育观念的看法。

一、培养目标

《关于基础教育改革与发展的决定》明确指出,要使学生具有爱国主义、集体主义精神,热爱社会主义,继承和发扬中华民族的优秀传统和革命传统;具有社会主义民主法制意识,遵守国家法律和社会公德;逐步形成正确的世界观、人生观和价值观;具有社会责任感,努力为人民服务;具有初步的创新精神、实践能力、科学和人文素养以及环境意识;具有适应终身学习的基础知识、基本技能和方法;具有健全的体魄和良好的心理素质,养成健康的审美情趣和生活方式,成为有理想、有道德、有文化、有纪律的一代新人。然而,目前我国的学校教育制度脱胎于欧、美现代工业化国家的教育制度,是工业经济时代的产物。从一定的意义上讲,这种教育模式培养目标可以概括为一句话,即把学生培养成为适合工业经济时代需要的生产者和消费者,成为生产和消费的工具。于是,从事物质生产所必需的知识和技能便占据了学校教育的核心地位。这种以知识技能为本、把人当做工具的教育,在历史上的确发挥过巨大的作用。然而,在当前知识经济初现端倪,以经济实力、国防实力、民族凝聚力为主要内涵的综合国力竞争空前激烈,生态、资源、人口等"全球问题"日益严重的态势下,它的弊端也越来越明显。毫无疑问,上述几个方面问题的解决,只依靠"工具"的发展是无济于事的,它们已经聚焦到国民的整体素质上面。所以,既往的那种把人单纯作为工具的培养目标必须加以改变。

二、学生观

实施素质教育必须有一个正确的关于学生的观点。虽然任何人都会在口头上承认学生是人,然而,在实际的教育、教学工作中,人们往往把学生当做任人摆布的物,把他们看做装载知识的容器。除了接受、储存各种现成的知识、技能之外,学生的体验、情感、需要等都会受到不同程度的忽视或压抑。素质教育要求把学生当做人而不是物看待。作为人,学生生活在一定的社会条件之下、一定的社会关系之中,这使学生具有被决定的一面。然而,作为有生命形式的人,与无生命形式的物和有生命形式的植物、动物都有着本质的区别。这种本质区别就在于人具有主动性。正是这种主动性，使人能够不仅仅是适应环境，而且能够改变环境；正是这种主动性，使人能够不断地更新自我、超越自我，造成物质文明和精神文明无止境的发展。除此之外，我们还应该看到，学生还具有"未完成性"。所谓未完成性，固然含有不成熟、不完善的意思；但更重要的是，它表示学生具有各种难以预测的可能性。换言之，在我们的学生身上，蕴藏着丰富的潜能，存在着广阔的发展空间，这些就是中华民族取之不尽、用之不竭的宝贵财富。

在这种学生观的指导下，素质教育的一个重要使命就是，促进每一个学生的充分发展。这里所说的发展，绝不是指知识、技能的增加或熟练，而是使学生潜在的种种可能性转变为现实性。所以，实施素质教育绝不能像过去那样，用一个预设的、固定的模式去"塑造"（实际上是限制）学生。换言之，实施素质教育必须改造过去那种"复制型"的教育模式，使之成为"生产型"的模式；学校的教育、教学工作必须从过去以知识、书本为中心，转变为以学生的发展为中心。只有这样，学生才能主动地、生动活泼地发展，才能形成各具特色的健全的个性；只有这样，才能把我国沉重的人口负担转化为巨大的人力资源优势，从而使我国的持续发展获得最可靠的动力和资源。

三、教学观

从人类的"学"与"教"这两类活动的发生来讲，"学"的活动无疑发生得更早；就两者的关系来讲，"教"的活动决定于"学"的活动，或者说是为学而教。然而，自从学校教育出现以后，无论从这两类活动的发生或是关系来讲，都颠倒了过来。在学校里的教学活动中，无论学生"学"活动的发生，或是诸如学习内容、过程、时间、要求、方法等一切与学生"学"的活动有关的因素，都取决于教师的"教"。学生是因为教师的"教"才去"学"的。

工业经济时代人们对于效率的追求和崇拜，深刻地影响了学校的教学活动。就教师"教"的内容来讲，仅限于未来的生产者和消费者所必需的知识和技能，从而远离了学生的实际生活。为了提高教学活动的效率，让学生在更短的时间内更好地学到更多的知识，教师呈现给学生的知识和技能必须采用简约的、规范的形式，于是，教科书便在学校教育中获得了至高无上的尊严，并占据了中心的地位，成为制约教师"教"和学生"学"的活动的依据。此外，由于种种错综复杂的原因所造成的我国教育之选拔功能的凸显，更是造成了目前我国学校中普遍存在的教师为考试而教，学生为考试而学的现象。

为了使素质教育落到实处，教育工作者应该确立正确的教学观。首先，必须把被颠倒了的"教"与"学"的关系再颠倒过来，"教"是为了"学"。其次，衡量教与学效果的唯一标准不是考试成绩,而是学生的发展。我们必须认识到,使学生学会学习比获得知识更重要,因为知识经济改变了"文盲"概念的内涵。在知识经济时代,不会学习、不能继续学习的人就是文盲。最后,对于知识的学习,要有正确的理解。应该强调指出,素质教育决不否认知识在学校教育中的地位和作用,它要改变的是传授什么知识和怎样传授知识。关于传授什么知识,要克服以往过分强调学科知识的系统性和完整的情况,强调根据学生发展的需要,重新加以审定。关于知识的学习,关键在于如何看待知识。知识属于人的认识范畴,是人在实践中形成并得到检验的。所以,知识意指"探究的活动",而不是绝对不变的"结论"。因此,学生掌握知识的过程,实质上是一种探究的过程、创造的过程,也是学生科学精神、创新精神、乃至正确世界观逐渐形成的过程。因此,要改变过去那种教师讲、学生听,死记硬背、机械照搬的教学方法。教师要引导学生质疑、调查、探究,在实践中学习,并促进他们主动地、富有个性地学习。

(本文发表于《探索与争鸣》2002年第5期)

学校教育的新使命

我国的现代学校教育制度脱胎于欧、美、日等现代工业化国家的教育体制。这种教育体制孕育、发展、完善于工业经济时代,因而表现出诸如"知识本位"、"学科本位"、"教师中心"、"书本中心"等适应工业经济时代需要的普遍的特征。不可否认,这种教育体制对于工业经济时代各国政治、经济、文化、社会等各方面的发展曾经发挥过重要的作用,然而,由于其根本使命是把学生培养成为生产者和消费者、成为促进经济增长的工具,所以,受教育者作为人的种种需要便在学校教育中丧失了应有的地位,所谓"人的发展"便成了学校教育的奢侈品。

当前,人类社会发展的各个方面正在经历着深刻的变化,表现出一系列的新的特征。首先,在经济领域,知识经济加速到来,以至有人把 21 世纪称为知识经济时代。其次,国际竞争空前激烈,而且,国际竞争往往表现为以经济实力、国防实力和民族凝聚力为主要内容的综合国力的竞争。再次,人类的生存和发展面临着诸如环境、资源、人口、贫困等所谓"全球问题"困扰。如果说,过去时代的社会发展主要依赖于自然资源或物质力量,那么,对于 21 世纪的社会发展来说,关键的因素是具有高度科学文化素养和人文素养的人。为了适应时代的需要,学校教育必须肩负新的使命,把学生的发展作为自己工作的中心。为此,学校的教育、教学、管理的各个方面的工作,必须作根本的转变。

一、使学生学会学习,奠定终身学习的坚实基础

中国一句古老的谚语"活到老,学到老",生动地说明了学习之于个人一生生活的意义。从教学活动最初的发生来说,"教"的活动决定于"学"的活动,或者说是为"学"才进行"教"的活动的,而人们之所以"学",乃是出于生活的需要。然而,自从正规的教育活动、尤其是学校教育出现以后,人们逐渐颠倒了"学"与"教"的关系。换言之,人们从原先的为学而教,转变成为教而学。

这种转变造成了一系列的后果。首先,学习的原因发生了变化。在学校中,学生学习活动发生的主要原因,不再是出于生活的需要,而是由于教师的"教"。于是,"教",而不是"学",便成为教学活动的中心,而学习倒成了由教所决定的事情。其次,学习的目标发生了变化。由于学习与学习者的生活产生了隔离,学生的

学习便专注于教师传授给他的书本知识；学习就是接受和理解教师教给他的知识。除了这些之外，学习之于人生的意义也随之发生了变化，学习成为人生某一阶段的事情。这样，蕴含在"活到老，学到老"之中古老的终身学习思想也就逐渐淡化。

在科学技术和社会发展迅速变化的时代，上述关于教与学的意义的理解，受到越来越普遍的质疑，学习之于社会和个人发展的意义越来越受到重视。人们认为，教育的重点应该从"教"转移到"学"上来。这种认识上的变化经历了一个较长的过程。20世纪以来，尤其是第二次世界大战以后，随着成人教育实践的发展和人们对教育意义理解的不断加深，孕育了终身教育思想。自保罗·朗格朗最早于1965年系统地提出终身教育理论以后，人们扭转了对于教育与人生关系的一些偏见，从而认识到教育之于人的终生发展的意义。不过，朗格朗论述的主要是以"教"而不是以"学"为主的终身教育的教学原则。此外，联合国教科文组织于1972年发布的《学会生存》，虽然提出了"终身学习"这一概念，但该报告主要阐述的，仍然是从"教"出发的终身教育实施原则。

从20世纪80年代起，由战后新技术革命引发的"知识爆炸"、发达国家产业结构的变化等特征使蕴含于终身教育思想中的"终身学习"的观念逐渐突显了出来。1983年，美国国家教育优异委员会发表的《国家在危急之中：教育改革势在必行》，引发了美国又一次教育改革。这次旨在克服"平庸"达到"优异"的改革要实现的一个目标，就是为学生的终身学习打下必要的基础。与此同时，日本的教育改革也提出了终身学习的概念；1987年，日本内阁会议通过的《关于当前教育改革的具体方略》第一条就是"完善终身学习体系"。1989年联合国教科文组织在北京召开了"面向21世纪国际研讨会"。这次会议的一个文件提出，21世纪的教育哲学需要包括"学会怎样学习"。该文件第三部分的标题为"发展一种21世纪的新的学习观"，其中明确提出，学习将成为一个终生的过程；学校再也不是一个为学生一生准备一切的地方。①

随着知识经济的特征越来越明显，"终身学习"也越来越成为各国政府、国际组织、教育工作者乃至企业家普遍关注的议题。1990年，由联合国教科文组织、儿童基金会等国际组织发起，在泰国举行的"宗滴恩大会"上通过的《世界全民教育宣言》中指出，基础本身不是目的；它是终身学习和人类发展的基础。1994年西方七国首脑会议在"对人力增加投资"的若干建议中，提出了要发展终身学习的文化。同年，在联合国教科文组织和一些大企业的支持下，欧洲终身学习促进会等组织在罗马举行了"首届终身学习会议"，包括我国在内的50个国家和地区的470名代表

---

① 学会关心：21世纪的教育[J]. 教育研究. 1990（7）.

出席了这次会议。会议强调，如果没有终身学习的意识和能力，就难以在21世纪生存。1995年召开的社会发展问题世界首脑会议通过的《哥本哈根社会发展问题宣言》"承诺"在国家一级将重视终身学习。会议期间，包括我国领导人在内的9个人口大国代表团团长的联合公报重申提供基础教育和终身学习机会是社会发展和国家进步的基石。

学习的问题之所以引起普遍的关注，是由于知识经济自身的性质及其主要特征所致。知识经济不仅要求员工掌握适应高科技产业所需要的一系列技能，而且要求他们能够通过学习来不断适应技能的更新。正是在这个意义上，知识经济有时也被人们称之为"学习经济"。1996年经济合作与发展组织发布的《以知识为基础的经济》始终强调学习对于知识经济的意义，并把"学习"作为五项知识经济指标中的一项。毫无疑问，这里所说的学习，乃是指终身学习，而且，"在干中学"是最重要的。由于知识、技能在实践中不断发展，学习的过程也就永无止境。学习不再是一劳永逸的事情。显然，知识经济改变了传统的关于文盲的概念。可以毫不夸张地说，在知识经济时代，不会学习或不能不断更新知识的人就相当于现在的文盲或功能性文盲。由此可知，是否会学习，是否善于学习，是否终身学习，不仅关系到个人的发展、成长乃至生存，而且关系到国家和民族的前途和命运。因此，学校教育必须把被颠倒了的学与教的关系再颠倒过来，从使学生"学会知识"转变为"学会学习"。

二、学生创新精神和创新能力的养育是时代对学校教育的根本要求

据说，一家世界著名的计算机公司用以告诫员工居安思危、激励不断进取的口号是：要记住，我们离破产永远只有十八个月。这句话生动地描绘了当前知识创新、技术创新的意义。无论知识经济的发展、综合国力的增强，或是"全球问题"的解决，都严重依赖于不断地创新和创造。因此，国际具有创新精神和能力的人才以及新知识的竞争将日趋激烈。无论国家或企业，只有不断地进行知识创新、技术创新、制度创新，并不断地把这些创新转化为现实的生产力和劳动产品，才能够走在时代的前列。因此，激发和养育学生的创新精神和创新能力，乃是当前学校教育必须面对的一个问题。在这个方面，最关键的是要扭转既往旨在使学生"接受"的教学模式，以及给学生提供宽松的发展空间。

目前我国中、小学普遍采用的教学基本形式是班级授课制。它始创于16世纪的欧洲，17世纪捷克教育家夸美纽斯所著《大教学论》为其奠定了理论基础。该书的宗旨是"阐述把一切事物教给人类的全部艺术"。夸美纽斯在这本书阐述的五项教学原则，几乎都与学生从教师那儿获得教师教给他的知识有关。换言之，传统的班级授课制主要追求的是如何使学生更好地"接受"教师传授的知识。第二次世界大战

以后波及范围甚广的课程和教学改革，对此几乎发挥到了极致。无论美国的布鲁纳、斯金纳，或是苏联的赞可夫，他们追求的都是让学生在更短的时间内更好地掌握更多的知识。毋庸置疑，班级授课制在历史上曾经作出过巨大的贡献，即使在今天仍然有其存在的价值，然而，其弊端也显而易见，这就是压抑了人的主动性和创造性——对教师来说，他唯一能够做的就是按既定的程序把既定的知识、技能教给学生，不能越雷池半步；对学生来说，他只能接受教师教给的那些现成东西。

这种压抑人的自主精神和创造能力的教学模式越来越多地受到了人们的质疑，"人们不断要求教育把所有人类意识的一切创造潜能都解放出来。但是千百万人们今天却正在发现，他们创造活动的两个组成要素（思想和行动）都瘫痪了"。为此，人们呼吁，要"保持一个人的首创精神和创造力量"，要"传递文化而不用现成的模式去压抑他"，要"鼓励他发挥他的天才、能力和个人的表达方式"。[1] 显然，这种以接受现成知识为主要取向的教学将严重阻碍国家的发展。"为了迎接下一个世纪的挑战，必须给教育确定新的目标，必须改变人们对教育作用的看法。扩大了的教育新概念应该使每一个人都能发现、发挥和加强自己的创造潜力，也应有助于挖掘出隐藏在我们每一个人身上的财富。"[2]

创新精神、创新能力的激发和养育，对于我国的学校教育来说，显得尤其重要。自1840年鸦片战争以来，始终萦怀于中国人民心中的"强国梦"，第二次世界大战以后日益明显的"知识爆炸"，普遍存在于后发型国家一定发展阶段教育之选拔功能的突显，加上我国千百年来形成的文化传统，严重地压抑了学生和教师创新精神和能力。"1996年，我国国民生产总值排世界第七位，而科技国际竞争力却排第27位"，"据国际管理开放研究所1997年度国际竞争力报告统计结果，我国科学教育状况在46个对比国中排名第34位。"[3] 要改变这种状况，必须改变既往"以知识为本"的学校教育、教学模式。为此，教育工作者就应该转变教育观念。

首先，要有一种关于学生的正确的看法。学生究竟是人还是物，至少在口头上，几乎没有任何人认为学生是物，然而，在"以知识为本"的学校教育模式中，学生实际上被看做是有待装填知识的容器，学生成了任人摆布的物。不可否认，作为生活在一定社会条件下的人，学生有其被决定的一面，然而，学生作为具有主动性生命的人，他具有丰富的潜能，存在着广阔的发展空间。因此，学生与植物、动物有着本质的区别。正是这种主动性，使人能够不断地创造，不断地超越自我。

其次，要有一种关于知识的正确看法。学校之所以把传授知识列为教育教学的

---

[1] 联合国教科文组织国际教育委员会. 学会生存 [M]. 上海：上海译文出版社，1979：204-205.
[2] 国际21世纪教育委员会. 教育—财富蕴藏其中 [R]. 北京：教育科学出版社，1997：76.
[3] 陈至立. 学习党的十五大精神，深化对教育战略地位的认识 [J]. 教育研究. 1998（7）.

中心任务，是因为人们给知识赋予了一些"神圣"的特征：知识不仅是绝对的，而且也是客观的。这样，知识便成了外在于人的、与人毫无关系的、类似于地下的矿物那样的客观存在物。对于知识，人们唯一能够做的事情就是"发现"。对于学校里的学生而言，他们的任务乃是接受、存储前人已经"发现"了的知识。在这种知识观的指导下，学校教育必然会出现书本中心、教师中心、死记硬背的现象。事实上，知识属于人的认识范畴，是人在社会实践中形成并得到检验的。就这个意义来说，"知识"更像动词（即知识乃是一种"探究的活动"），而不是名词（即知识是绝对的、不变的"结论"）。学生掌握知识的过程，实质上是一种探究的过程、选择的过程、创造的过程，也是学生科学精神、创新精神、乃至正确世界观逐渐形成的过程。因此，在教学过程中，教师要引导学生质疑、调查、探究，在实践中学习，富有个性地学习。

三、培育学生的人文精神是新时代教育无可推诿的责任

20世纪教育理论和实践的发展，始终贯穿的一条主线就是科学和人文主义的争辩和力量的消长。知识经济时代不但不能消弭两者之间的争辩，而且，对学生人文精神的培育的重要性提到了前所未有的高度。

第二次世界大战以后，科学技术不但逐渐成为经济发展的决定性因素，而且与人类社会和人的生活的各个方面也发生着日益密切的联系。人类诸多问题的解决，在愈来愈大的程度上将依靠科学技术的进步。然而，科学技术是一把"双刃剑"，它既可能造福于人，也可能给人带来灾难。所谓"全球问题"以及目前仍然存在并日益严重的以生态危机、资源危机为主要表现形式的人与自然和谐关系的破坏，就是一个最好的证明。需要强调指出的是，人与自然的和谐关系之破坏，其根源并非完全出于人的利己主义和贪婪的物欲，即使出于善良的愿望，科学技术的滥用也可能会造成负面的影响。事实上，"全球问题"的出现，乃是人在善良动机下滥用科技的"副产品"。此外，虽然科学技术本身不会直接导致道德的堕落，但是，由于科学技术在物质领域取得的巨大成功，使人产生对科学技术的盲目崇拜，这种崇拜有时甚至达到迷信的程度。科学技术只承认经验的实证和逻辑的确认，从而拒斥情感、拒斥价值。这样，人的精神的力量、道德的价值便必然要遭到忽视。20世纪五六十年代发达国家"道德教育的荒凉时期"的出现，决非毫无根据之事。

对于上述问题的解决，科学、技术、知识等难以有所作为。虽然日益发达的高科技产业将改造既往农业经济、工业经济的生产、管理模式，这些对于保持和促进人与自然的协调发展，无疑有巨大的积极意义，然而，任何科学技术都无法解决人和社会发展方向、价值追求等问题，这已经是一个不争的事实。长期以来，人往往被看做是生产者和消费者，生产量和消费量的增加乃是其追求的最高目的。如果不

注重人之为人的文化精神,即人文精神的培育,物质文明和精神文明的反差将愈益强烈;在教育活动中,经济的利益将取代人的发展需要;学校教育有可能蜕变为各种职业教育的拼盘,学校也将沦为职业技术的养习所。这样,教育将实际上偏离"培养人"的宗旨,最终将导致全社会精神和文化的堕落。

正是由于对人类面临的上述问题或危机的清醒认识,人们对工业化以来人类社会发展模式进行了深刻的反思。从20世纪70年代起,人们提出了诸如协调发展模式、文化价值重构模式等各种新的发展模式。1972年在斯德哥尔摩召开了联合国人类环境大会。1980年,联合国大会首次提出了"可持续发展"的概念。1992年8月,在里约热内卢召开了联合国环境与发展大会,180多个国家的代表团和70多个国际组织的代表出席了大会,并提出了人类可持续发展的新战略和新观念。

与此同时,在教育领域,人文精神培育的问题也日益受到重视。1972年,联合国教科文组织公布了《学会生存》的报告。所谓"学会生存",其含义是:在全球自然环境、社会经济都发生着前所未有的急剧变化的时代,人类自身的生存受到了威胁;为了人类的生存和继续发展,我们必须对既往的所作所为进行批判性的评价,并找出应变措施,其中,就教育而言,该报告提出了科学的人文主义的教育目的。1996年,教科文组织公布了《教育——财富蕴藏其中》的报告。该报告在逐一分析了21世纪"需要消除的紧张关系"之后,明确指出,21世纪还要消除精神和物质之间的紧张关系这一永恒存在的问题。提交这份报告的"国际21世纪教育委员会"提出,要通过教育"促使每个人将其思想和精神境界提高到普通行为模式和在某种程度上超越自我的高度",而且,委员会还"字斟句酌"地认为,"这关系到人类的生存问题"。

人文精神是一个历史的范畴,不同历史时期人文精神的内涵是有区别的。在知识经济时代,教育对于学生人文精神的养育,旨在更好地协调人与自然的关系,能够热爱大自然、探索大自然、保护大自然,增强环境意识;协调人与社会的关系,增强社会责任感,很好地应答信息社会的各种挑战;协调人与人的关系,增强团队精神和合作意识。

首先,应该强调的是培养学生的科学精神。无论就其内涵或其产生、发展而言,科学精神都是人文精神的一个重要的组成部分。人类在认识自然、协调与自然关系过程中所表现出来的造福人类的愿望,实事求是的探索、研究态度,百折不挠的坚强意志,为真理而献身的勇气等,都是人文精神的具体表现。

培养学生科学精神的目的,并不仅仅局限于在物质生产和社会生活中"解决问题"。科学精神所体现出来的客观性,可能矫正我们的态度和行为,克服偏见,使人们在现实和事实的基础上同心协力追求真理。科学精神不承认任何终极性的结论,这是人类赖以发展的内源性动力，这同形而上学的思想方法和墨守成规的行为方式是背道而驰的。就人的社会生活而言，科学精神蕴含的相对性和辩证思想可以培养人的民主思想。所以，科学是培养学生个性的各个方面和满足学生个性发展各种需要的具有决定意义的因素。

其次，增强学生的社会责任感是人文精神养育的又一个重要方面。在全球性的互相依赖、人与自然关系不断恶化、"全球化"倾向日渐明显、"地球村"概念逐渐被普遍接受的时代，所谓社会责任感不仅意味着要对人类自身命运负责，还要对环境负责。然而，在实现大同世界之前，所谓社会责任感，应该主要指作为国家公民的社会责任感。

瑞典著名教育学家胡森曾经说过，教育作为一个实践的领域，其真正的本质在于地方性和民族性。因此，在增强学生社会责任感方面，爱国主义精神的培养无疑是至关重要的。知识经济的全球化并不能抹杀国家之间的差异，更不能消除国家之间的在政治、经济、文化等社会生活各个领域内的矛盾和斗争，这是一个铁的事实。在信息社会时代，未来的一代不仅要捍卫国家的领土、领海、领空，而且还要抵制西方的文化霸权，捍卫并拓展国家的信息疆域，这同样是关系到国家、民族兴衰存亡的大事。

总而言之，适合时代需要的教育，必须要在思想、知识、能力、情感、意志诸方面为学生未来丰富多彩的生活、富有成效的工作做好准备，为接受他们面临的国际竞争、社会变革、环境保护、科技发展等方面的严峻挑战做好准备，真正把握好人类自身的命运。

（本文发表于《当代教育科学》2003年第13期）

时代呼唤研究型教师

自20世纪80年代以来,世界各国纷纷开展了又一轮教育改革。由于教师之于教育质量的提高和教育改革成败的意义几乎是不言而喻的事情,所以,随着各国教育改革的不断深入,人们逐渐把目光投向教师。与此密切相关的是,如何提高教师的素质,成了教育理论和实践工作者共同关注的重要问题。

教师不仅是人类的一种古老的职业,而且也是世界各国都有的一种职业,就这个意义来说,"教师"这个概念具有普遍性。然而,如果纵向地考察从其产生到当前的发展,或横向地比较一下世界各国关于其内涵,我们就会发现,不同时代和不同地域的人们对于"教师"的理解可谓千差万别,几乎没有什么共同性。因此,在我们今天讨论"教师"这一概念的内涵,或谈论诸如对于教师的期望、要求,以及教师专业水平提高等问题时,就必须深入研究当前我们所处时代的特征、我国的社会需求和我国教育、尤其是我国教师的现状。

我国目前正在进行的基础教育课程改革是一项复杂而细致的系统工程,它涉及教育观念、人才培养目标、思想品德教育、课程结构、课程内容、学科体系、课程评价、课程管理等整个教育的全过程。既然基础教育课程改革是一项系统工程,影响这次课程改革成败的因素必然是多方面的。如果我们把这些因素全部都罗列出来,那无疑是一份很长的清单。然而,有一点可以肯定,在这份清单中,"教师"乃是一个极其重要的因素。综观20世纪世界各国教育改革的历程,考察其成败得失,因为教师的原因而影响教改进程的,可谓不乏其例。因此,在中华民族复兴的伟大事业中,为使教育发挥其应有的作用,为使我国基础教育改革达到其预定目的,除了对于教师的作用和地位应有足够的认识之外,教师本人必须明确自己肩负的历史使命,努力转变教育观念、工作重点和工作方法。

一、教师的工作应该实现由"教书"向"育人"的转变

根据辩证唯物主义的观点,历史中的决定性因素是直接生活的生产和再生产,生产又分为生活资料及为此所必需的工具的生产,以及人类自身生产。这一论断不仅为我们提供了研究教育起源的根本指导思想,而且也说明了教育的本质属性。在原始社会,尽管教育尚未完全从人类的生产、生活活动中分化出来,带有非常强烈

的原始性，但原始人群的教育活动却比较完整地体现了"教育"这个概念的内涵。中、外教育史的研究都表明，原始社会的教育内容不外乎生产活动的经验和社会生活中的行为规范等，这种教育兼顾了受教育者作为社会之一员的个体生活的需要，以及种族生存、繁衍的需要。然而，自从原始社会解体以后，随着社会性质的变化，教育的性质和内容也随之发生了变化。虽然在不同的历史时期，所发生的变化不尽相同，但种种改变都表明，教育越来越远离学生完整的、现实的生活。与此相对应的是，教师作为教育者的职能也日趋简约。

18 世纪的启蒙运动，尤其是肇始于 60 年代的英国工业革命，使人们在知识的道德价值之外，更发现了知识的经济价值。通过知识的传授，教育可以产生额外的"利润"，教育可以产生金钱。这一"发现"极其深刻地影响了教育的进程。此后，教育事业得到了蓬勃的发展，并很快地形成现代学校教育的体制。然而，由于刺激教育事业发展的内在动力是"经济发展"，所以学校所传授的就应该是与工业时代"经济发展"有直接联系的知识。于是，"什么知识最有价值"的问题便成为影响学校教育实践和理论发展的一个关键问题。事实上，自工业革命以来，围绕着知识和知识传授问题所展开的种种教育教学实践的改革和理论探讨，便形成了工业时代学校教育的基本模式。迄今为止，这种模式始终影响着包括我国在内的世界各国学校教育的理论和实践。在一定的意义上，这种模式可以用一句话加以概括：学校教育和教师的主要任务是传授知识。于是，教育工作和教师工作的全部内涵便简约为传授知识。

在工业时代学校教育体制形成的过程中，对于学校应该传授什么知识的问题有过争论。毫无疑问，决定工业时代经济繁荣与否最具有直接意义的，是产品的生产和流通，它对于学校教育和教师的主要要求是，把受教育者培养成为未来工业社会中的生产者和消费者。一方面，工业生产的需要无可更易地决定了学校传授知识的主要内容；另一方面，工业经济对于"效率"的崇拜又决定了学校教育传授知识简约、规范的形式。这样，教科书在学校教育的过程中就获得了至高无上的地位，教师唯一能够做的，只是原原本本地把教科书中规定的知识不越雷池一步地教给学生。换言之，教师的主要任务只能是教书。在我国老百姓的日常口语中，"教书先生"几乎是"教师"的同义词，或许这也是这种状况的最好概括。

无可否认，教育和教师通过其传递知识的无可比拟的功效，为现代工业文明作出了巨大的贡献，而且我们可以断言，不管今后各国的基础教育将如何改革，将发生怎样的变化，向年青一代传授知识和技能仍然是基础教育必须承担的一项不可推卸的职责。然而，这丝毫也不意味着这就是基础教育和教师所应该承担的唯一职责或任务。对于知识的无上崇拜，已经使人类付出了巨大的代价。工业经济所需要的主要是能够得到经验证实或逻辑确认的知识,从而拒斥情感、拒斥价值,精神的力量、道德的意义便遭到忽视。

第二次世界大战以后,在生态、资源、人口等方面出现并日益严重的所谓"全球问题"迫使人们对工业化或现代化以来人类社会发展模式进行深刻的反思。从20世纪70年代起,人们提出了诸如协调发展模式、文化价值重构模式等各种发展模式,以及可持续发展的新战略和新观念。在教育领域,人们对工业化以来把人逐渐简约为仅仅是"生产者和消费者",把学校教育简约为职业技术养成所的观念进行了深刻的反思。1972年,联合国教科文组织公布了题为"学会生存"的报告。该报告发出了"培养完人"的呼吁,提出教育的基本目的应该是,把一个人在体力、智力、情绪、伦理各方面的因素综合起来,使他成为一个完善的人。

1990年3月在泰国宗迪恩召开了"世界全民教育大会",大会通过的"宣言"的副标题是"满足基本学习需要"。从该宣言第一条第一款关于"基本学习需要"的定义中,我们可以清楚地看到基础教育概念的内涵有了新的变化。"基本学习需要包括基本的学习手段(如读、写、口头表达、演算和问题解决)和基本的学习内容(如知识、技能、价值观念和态度)。这些内容和手段是人们为能生存下去、充分发展自己的能力、有尊严地生活和工作、充分参与发展、改善自己的生活质量、作出有见识的决策并能继续学习所需要的。"[①] 1996年,联合国教科文组织公布了题为《教育——财富蕴藏其中》的报告,该报告强调,教育应该"旨在促进人的发展",而且,国际21世纪教育委员会对于这一问题的立场与1990年在宗迪恩(泰国)举行的世界全民教育会议的工作结果和决议完全一致。它希望尽可能扩大基础教育概念的含义,方法是把从人的发展的角度看必不可少的知识和技能包括进去。[②] 该报告在逐一分析了21世纪"需要消除的紧张关系"之后明确提出,21世纪还要消除精神和物质之间的紧张关系这一永恒存在的问题,要通过教育"促进每一个人将其思想和精神境界提高到普通行为模式和在某种程度上超越自我的高度"。提交这份报告的国际21世纪教育委员会还"字斟句酌"地提出告诫,"这关系到人类生存问题"。概言之,即便是从人类生存和国家发展的需要而言,那种以传授知识为己任的学校教育也必须加以改革,从而,教师工作的宗旨也必须实现由"教书"向"育人"的转变。

二、教师的工作要从"教会知识"转变为使学生"学会学习"

有感于"学校中培育学生优良思维习惯"的忽视,杜威早在20世纪初就尖锐地

---

① 赵中建. 教育的使命——面向二十一世纪的教育宣言和行动纲领[Z]. 北京:教育科学出版社,1996:15-16.
② 国际21世纪教育委员会. 教育——财富蕴藏其中[R]. 北京:教育科学出版社,1997:69.

指出:"学校中过分重视学生积累和获得知识资料,以便在课堂问答和考试时照搬。……知识常视为目的本身,于是,学生的目的就是堆积知识,需要时炫耀一番。"① 然而,这种状况并未因为杜威的批评而消失。长期以来,我国对中小学教师工作最为耳熟能详的要求或教诲是,教学工作必须紧扣基础知识的传授和基本技能的训练。这也就是基础教育中的所谓"双基"。这里的所谓基础知识和基本技能乃是依据关于未来工业社会中生产者和消费者需要的设想,由教育者规定的。在教学的过程中,学生始终处于被动的地位。更有甚者,为了保证这些知识和技能的传授和掌握,教育者往往会采用一些强制的手段或措施,这样,对于学生来说,学习就不仅是被动的,而且也是被迫的。在这种以知识为本位的教育模式中,对于教师来说,衡量他工作成败的一个重要标准就是学生是否学会了所规定的知识;对于学生来说,在整个的教学过程中,他所能学会的,充其量不过是一堆知识。

如果说,以知识为本的教育模式成功地培养了工业社会中的生产者和消费者、有效地促进了工业经济发展的话,那么,在知识经济时代,这种模式无论如何也不能适应时代的需要了。《学会生存》在叙述"教育体系受着内部和外部两方面的压力"时,已经谈到了"知识正以惊人的速度向前跃进"和"科学发现与大规模地应用这种发现之间的时间间距也正在逐渐缩短"的事实,这就是众所周知的"知识爆炸"。对于正向我们扑面而来的知识经济而言,"知识爆炸"的现象将更趋明显。知识经济是以知识的生产、分配和使用为基础的经济,是人类生产发展史上又一次重大的转变。它不仅给人类的生产、生活带来巨大甚至根本性的变化,而且,也改变了传统的关于"文盲"的概念。在知识经济时代,所谓"文盲",不再是没有掌握一定文化科学知识的人,而是不会学习、不能不断更新知识的人。换言之,在现代社会,任何人都不能把学习看成是一劳永逸的事。

上述变化引起了不少有识之士的关注。由于工业社会以来以"教"为主或者以"传授知识"为主的教育模式的长期影响,人们对"学习"之于学习者个人和社会发展意义的认识经历了一个逐步深化的过程。

第二次世界大战以后,随着成人教育实践的不断发展和人们对成人教育意义理解的不断加深,孕育了终身教育思想。保罗·朗格朗最早于1965年提出了系统的终身教育理论,扭转了人们关于教育与人生关系的一些偏见,认识到教育对于人的终身发展的意义。然而,朗格朗阐述的主要是"以教为主"或以传授知识和技能为主的终身教育的教育原则。此后,1972年公布的《学会生存》虽然明确地提出了"终身学习"这一名词,但就该报告在这方面论述的内容来看,依然是从"教"出发的

---

① 〔美〕约翰·杜威.民主主义与教育[M].王承绪,译.北京:人民教育出版社,1990:168.

终身教育的实施原则。

始于第二次世界大战后期的新技术革命使世界各国、尤其是发达国家的产业结构发生了根本性变化,知识经济渐现端倪。为了迎接知识经济的挑战,从20世纪80年代起,许多国家又纷纷开始了新一轮的教育改革。这次教育改革有一个普遍的、显著的特点,那就是蕴含在终身教育思想中的"终身学习"的观念逐渐凸显了出来。1983年,美国国家教育优异委员会发表的《国家在危机之中:教育改革势在必行》的报告引发了美国的又一次教育改革。这次旨在克服"平庸"而达到教育"优异"改革的一个重要目标,就是为学生的"终身学习"打下必要的基础。与此同时,80年代日本的教育改革也提出了"终身学习"的概念。1987年日本内阁会议通过的《关于当前教育改革的具体方略》第一条就是"完善终身学习体系"。1989年11月,联合国教科文组织在北京召开了"面向21世纪国际研讨会"。这次会议的一个文件提出,在21世纪的教育哲学中需要包括"学会怎样学习"。该文件第三部分的标题为"发展一种21世纪的新的学习观",其中明确提出,学习将成为一个终身的过程;学校再也不是一个为学生一生准备一切的地方。

值得注意的是,随着知识经济的特征越来越明显,除了教育工作者之外,"终身学习"也正逐渐成为企业家、国际组织和政府普遍关心的议题。

1990年由联合国教科文组织儿童基金会、开发计划署、世界银行发起,在泰国举行的"宗迪恩大会"上通过《世界全民教育宣言:满足基本学习需要》中指出:基础本身不仅仅是目的,它是终身学习和人类发展的基础。1994年8月,西方七国首脑会议在"对人力增加投资"的若干建议中,提出了要发展终身学习的文化。同年11月,在联合国教科文组织和一些大企业的支持下,欧洲终身学习促进会等组织在罗马举行了"首届世界终身学习会议",包括我国代表在内的50个国家和地区的470名代表出席了这次会议。会议强调,如果没有终身学习的意识和能力,就难以在21世纪生存。根据联合国大会决议,1995年3月在哥本哈根召开社会发展问题世界首脑会议。会议通过的《哥本哈根社会发展问题宣言》"承诺",要在国家一级重视终身学习。会议期间,包括中国领导人在内的9个人口大国的领导人通过了《九个人口大国代表团团长的联合公报》。该公报重申了各国政府过去的"承诺",即提供基础教育和"终身学习"机会是社会发展和国家进步的基石。

由于知识经济自身的性质及其主要特征,人们对于"终身学习"在知识经济时代的作用和意义的认识也在不断加深。知识经济不仅要求员工掌握适应高科技产业的一系列技能,而且要求他们能够通过学习来不断适应这些技能的更新。正是在这个意义上,知识经济优势也被人们称作为"学习经济"。"经济合作与发展组织"发布的《以知识为基础的经济》的报告始终强调"学习"对于知识经济的意义,并把

"知识与学习"作为知识经济 5 项指标中的一项。毫无疑问,这份报告中所说的"学习",乃是指终身学习,因为对于知识经济来说,"在干中学"是最重要的。由于知识、技能在实践中不断发展,学习的过程也就永无终结。

显而易见,是否愿意学习、是否能够学习、是否善于学习、是否终身学习不仅关系到受教育者个人未来的发展、成长乃至生存,而且关系到国家和民族的前途和命运。此外,现代信息科学技术的发展,大大地丰富了人们获取知识、信息的资源、途径和手段。这些信息可谓鱼龙混杂、良莠不齐,因此,如何有效地获得、辨别、评价、选择和使用这些大量的、唾手可得的资料和信息,乃是社会各界、尤其是教育工作者必须解决的一个重要问题。这种现实使基础教育及教师面临着新的、严峻的挑战:在教育教学的全部过程中,教师工作的一个极其重要的任务是使学生"学会学习"。

三、教师的工作要使学生"接受"转变为"创造"

班级授课制始创于 16 世纪的欧洲,17 世纪捷克著名教育家夸美纽斯所著《大教学论》对这种新的教学组织形式第一次进行了系统的论述,从而奠定了它的理论基础。班级授课制乃是适应当时资本主义兴起、工商业发展、科学知识丰富、受教育人群扩大等一系列新情况的需要应运而生的。相对于此前的个别教学方法,它对于普及教育和大面积提高教学效率的意义是不言而喻的;而且,即使在 21 世纪的今天,依然有其存在的价值。在迎接知识经济挑战的时代,学校教育必须改变的不是班级授课制的教学组织形式,而是其追求的价值取向。然而,班级授课制的种种优越性(这显然也是它很快地得以流行的最重要的原因),乃是由其教学以传授知识为己任为条件的。这种教学模式对于学生和教师各具有什么意义呢?

夸美纽斯在《大教学论》的开篇就点出了他写该书的宗旨——阐述把一切事物教给人类的全部艺术。我们可以从他提出的教学五项原则(延长生命的原则;精简科目,使知识能够更快地获得的原则;抓住机会,使知识一定能被获得的原则;开发心智,使知识容易获得的原则;使判断力变锐利,使知识能够彻底地被获得的原则)中清楚地看到,几乎所有这些原则都与学生从教师那儿"获得"教师教给他的知识有关。班级授课制的"效率"主要体现在学生对于知识的"接受"上。对于学生来说,他在教学过程中唯一需要、能够做的就是"接受"来自教师的现成的知识。

在学校教育发展的历史过程中,班级授课制曾受到过怀疑甚至否定(如 20 世纪初在美国出现的"道尔顿实验室制",20 世纪 20 年代在苏联出现的"分组实验室教学法"等),但其总的发展趋势是这种形式逐渐精致化和程式化。19 世纪德国教育家赫尔巴特把班级授课的教学过程划分为明了、联想、系统、方法 4 个阶段(后来他的学生对此又进一步加以细化,分为预备、提示、比较、总结、应用,即所谓

"五段教学法"），无论什么课程和教材，教师都必须按此程序进行。对于培养教学工作的新手来说，这固然有其价值，但必然也将把应该是丰富多彩、生动活泼的课堂教学规范成为一种机械、刻板、枯燥的程式。虽然在几个世纪的发展过程中，为了提高教学质量，人们从教育学、心理学、社会学等多种学科对它进行了研究，并出现了难以计数的学说、流派，然而，人们可以在很大的程度上说，万变不离其宗，都是出于对"效率"的追求。而且，它们越"精致"、越"完善"、越"规范"，也就越容易（能够）限制教师自主性和创造性。对于教师来说，他在教学过程中唯一需要、唯一能够做的只是，按照既定的程序，把既定的内容原原本本地教给学生。这样，教师便成为执行一定操作系统的匠人。在日常生活中，人们之所以有时把教师称作"教书匠"，其原因盖出于此。

这种压抑人的创新精神和创造力量的教育、教学模式早就受到过许多有识之士的质疑。第二次世界大战以后，更是引起了人们的重视。"人们不断要求教育把所有人类意识的一切创造潜能都解放出来。但是千百万人们今天却正在发现，他们创造活动的两个组成要素（思想和行动）都已瘫痪了"。为此，联合国教科文组织国际教育发展委员会在其报告中呼吁教育要培养创造精神，要"保持一个人的首创精神和创造力量"，"传递文化而不用现成的模式去压抑他"，"鼓励他发挥他的天才、能力和个人的表达方式"。①

在迎接知识经济挑战的时代，这种以"接受"为价值定向的课堂教学模式必须转变为"创新"。在知识经济时代，知识之于经济发展的意义将取代农业经济时代的土地和劳动力，工业经济时代的原材料、工具和资本，而成为经济发展和资本积累的直接资源。应该强调指出，知识经济所需要的是不断创新的知识和技术。就这个意义来讲，知识经济乃是"创新经济"。据说，一家世界著名的计算机公司用以告诫员工居安思危、激励不断进取的口号是：要记住，我们离破产永远只有18个月。这非常形象地描绘了当前知识创新、技术创新的速度，及其对于经济发展的意义。在知识经济时代，无论对一个企业或一个国家来说，缺乏在知识、技术方面的创新精神和能力，就难以有立足之地。换言之，具有创新精神和知识创新能力的人才乃是国家最具意义的战略资源。

应该看到，在创新能力方面，目前我国的水平同国际先进水平的差距较大。如果我们不能正视这一现实，那么，这种差距只会进一步拉大。尽管一个国家知识创新、技术创新、制度创新的能力主要体现在高等学校、科研机构和企业等方面，然而，由于创新的主体是人，所以同中小学教育也必然有着直接或间接的联系。"为了

---

① 联合国教科文组织国际教育委员会. 学会生存 [M]. 上海：上海译文出版社，1979：204-205.

迎接下一个世纪的挑战，必须给教育确定新的目标，必须改变人们对教育的作用的看法。扩大了的教育新概念应该使每一个人都能发现、发挥和加强自己的创造潜力，也应有助于挖掘出隐藏在我们每个人身上的财富。"[1] 为了提高我国的创新能力，基础教育要有利于学生创新精神、创新能力的激发和培养。这也是我国教师工作面对的又一个挑战。

四、时代呼唤研究型教师

本文开始部分已经提到，"教师"这个概念的内涵是随着时代的发展而不断变化的。如果稍微仔细地留心一下，我们就会发现，其变化与"教育"、尤其是"培养目标"、"学生"等观念的变化几乎是同步的，显示出高度的内在的一致性。自人们发现了知识的道德价值、经济价值以后，政府和各种社会机构对教育表现出越来越大的兴趣，对年轻一代的教育权也逐步从他们家长转移到政府手中，成为其实现自己目的的一个重要工具。换言之，教育已经成为一项社会事业，从而教育的内涵就不可避免地同社会需求绑到了一起。自制度化的教育出现以来，为满足不同时期的社会需求，学校教育大体上表现出了"以知识为本"和"以能力为本"的阶段性特征。如果说这些特征曾经适应并促进了社会发展的话，那么，诚如上文所说，在21世纪的今天，教育需要有新的特征，这个特征或许可以概括为"以人为本"。

"以人为本"的教育需要的是研究型教师，或者说，只有研究型教师才能实现教师工作的上述转变，才能真正落实"以人为本"的教育。关于什么是"研究型教师"，目前尚难给以一个完整的准确的界说，但这并不妨碍对其若干特征的描述。

（一）研究型教师既是教育工作的实践者，又是教育理论的探索者

既往匠人式的教师最关心的是，对于提高自己工作效率有直接意义的具体方法或操作程序。这样，"教师们本身对理论的态度是既尊重又怀疑：之所以尊重，是因为他们认为理论难学；之所以怀疑，是因为理论并不能明确地作出具体的决策，告诉他们下星期一早上该干什么"[2]。

不可否认，教育理论有着强烈的实践性，也有人曾经"试图把教育理论描绘成一种实践性理论（practical theory），即有关阐述和论证一系列实践活动的行动准则的理论。"[3] 此外，随着教育、尤其是教学工作的程式化的倾向日趋明显，教育理论也成为一堆枯燥的知识和操作技术。这样，教育理论和教育实践的关系，无论在教

---

[1] 国际21世纪教育委员会. 教育——财富蕴藏其中[R]. 北京：教育科学出版社，1997：76.
[2] 〔英〕迪尔登. 教育领域中的理论与实践[A].//瞿葆奎，沈剑平. 教育学文集 教育与教育学[C]. 北京：人民教育出版社，1993：534.
[3] 〔美〕赫斯特. 教育理论[A].//瞿葆奎，沈剑平. 教育学文集·教育与教育学[C]. 北京：人民教育出版社，1993：441.

育理论工作者或实践工作者那里，都受到了扭曲；教师最关心或最希望得到的是，类似于《电工手册》、《木工手册》那样的东西，教育理论往往因为"无用"而受到排斥。教育理论成了与教师不相干的东西；教育理论的学习也成了累赘。

由于人具有主体性，人不同于物，所以，无论从哪个角度来讲，对于人的教育与对于物的操作在任何意义上都无任何共同之处；教师不同于匠人。如果说，指导行为、动作具有价值的各种《手册》对于匠人尚具有意义的话，那么，作为教育工作的实践者，教师最需要的乃是教育理论。

教育理论乃是人们对于诸如教育目的、课程、教学、师生关系等重要教育问题进行系统、深入考察、思考的基础之上所提出的论断，它的价值仅仅在于，为教育理论工作者思考、判断、抉择、行动提供基本的价值标准和原则。一方面，教师的实践活动中的每一个环节都充满着"以人为本"的价值承担，都需要遵循一定的原则。这就是说，教育的实践需要教育理论的指导。只有通过理论的学习，教师才能够不断加深对于诸如教育本质、教育价值、教育实践背景等重要问题的理解，而这种理论是无法转化为一系列具体操作条例的。另一方面，上文提到的进行理论活动的"人们"，除了理论工作者之外，教师肯定也包括在其中。作为人的思维活动的产物，人们关于教育问题"所提出的论断"的正确性不是绝对的；此外，教育理论的产生、发展及其检验标准乃是教育实践。当前，我们迫切需要建构、完善并发展"以人为本"的教育理论，而这种理论只能产生于这种教育的实践。因此，教师既是这种教育活动的实践者，又是这种教育理论的建构者。

（二）研究型教师是具有创造性的实践者

近代工业化以来，工业生产的模式影响了人类社会生活的各个方面，于是，学校也逐渐演变成为"教育工厂"。之所以把学校称为"教育工厂"，是因为学校表现出了工厂所具备的许多特征：学生从入学到毕业的教育过程程式化，类似工厂对原材料的加工；教师的工作被分解为这个过程中的一系列环节，每人各司其职，只负责"产品"某一部分的加工；对人的培养，采用了"批量化"的方式，人的个别差异不再受到重视；按照统一的规格检验"产品"……在这一系列的特征中，最重要的是教育过程和结果的标准化。应该强调指出，在现代社会，制约教育者和受教育者全部活动的，乃是国家制定的统一标准。

无论对于教师或是学生来说，标准化的教育带来的最大灾难，就是剥夺他们的自主性和创造性。标准化的教育要求教师体现的是国家和政府的意志，要求教师执行的是严格的程序，教师的创造性成了不需要的累赘物。长期以来，不但教师的职前和职后培训都受制于这一点，而且，学校的实际运作也有一种"提防"教师的意味。正像上文已经提到的那样，这种教育不再适应知识经济时代的需要，只有具有创造性的教师才有可能培养学生的创新精神和创造能力。

虽然创造乃是人之为人的一种潜在的能力,是人区别于动物的根本标志之一,但这种潜能的实现和发展,却不是一件自然而然的事情。教师要成为具有创造性的实践者,需要经过一番努力。首先,要敢于探索、善于探索。在这方面,人的主观能动性、百折不挠的坚强意志等无疑是必要的。因为创造意味着对现状辩证的否定,为此,创造的主体必须突破既有的观念和经验,以及现成的传统和习惯。然而,这种"突破"不是一蹴而就的事情,在进行创造或"突破"的过程中,往往要遭遇挫折或失败。其次,要正确理解创造和"守旧"的辩证关系。创造并不意味着彻底的破旧立新,而是要求人们在旧中求新。离开既有的基础,否认已经被实践证实了的科学结论而奢谈所谓创造,其结果不是无意义的重复,就是徒劳无功。因此,教师要善于学习。再次,要把握创造的正确导向。创造固然以突破旧领域、开拓新领域为其主要表征,然而,并不是所有新颖的、前所未有的活动都配称作创造。任何创造性思维、创新性活动都必须有一定的价值承担。换言之,只有对于"育人"具有积极意义的新颖事物才能真正称得上创造。

(三) 研究型教师是具有反思能力的实践者

马克思在《1844年经济学—哲学手稿》中提出,人与动物的根本区别是"自由的自觉的活动",即劳动。显然,人在劳动过程中表现出来的创造性、能动性和社会性乃是人区别于动物的本质特征。正是由于人的这种本质特征,对于人的教育在任何意义上都不可能等同于施加于动物的训练。除此之外,人与作为自然科学研究对象的物的区别更其明显,无须赘述。人区别于动物和物的独特性,要求教师具有对自己工作进行反思的能力。

上述关于人的特性明白无误地说明了教师教育、教学工作的特点和困难:教师施之于学生各种各样的"教"和学生的"学"及其发展变化之间的联系是极其复杂的。因此,对于教育科学的科学性或科学基础的理解不能完全等同于自然科学。人的活动和发展变化绝不可能像动物那样具有严格的规律性、高度的可预测性和可监控性,因而,教育者对于受教育者的种种举措,同后者的发展变化之间的因果联系,往往带有很大的或然性。正因为如此,大多数人都认为,教学是一门艺术而不是科学。甚至连新行为主义者斯金纳都不否认这一点。

这里的所谓"艺术",是相对于技术而言的,在很大的程度上相当于亚里士多德所说的实践理性或实践之知。实践理性的应用既不在于纯粹的理论活动,也不在于制造具体产品的技术活动,而在于帮助人们确定正确的行动目的,找到适当的行动手段。诚如大家所知,迄今为止,人们尚未发现任何一套可以适用于任何学生的教育技术规则。在教育活动中,完美无缺的行为规则是不存在的。因此,教师在自己工作的过程之前、之中、之后，都必须对自己教育实践的目的和种种举措不断地进行反思，因为所谓教育目的，乃是全部教育活动所要实现的质，而不是量。只有这样，教师才能不断加深对自己所追求目标的理解，才能不断提高实践的水平。

（本文发表于《杭州师范学院学报（人文社会科学版）》2002年第1期）

"不做"也是一种教育方法

尽管"教育"是什么,大家有不同的意见,但大家都会同意,教育是教育者对受教育者"施以影响的一种有计划、有目的的活动"。所以,在学校教育领域,一讲到"教育",教育者往往首先想到的是,如何对受教育者施以影响。用一句简单的话来说,教育意味着教育者必须"做(教)"些什么。有关教育的著作或文章,几乎都是讨论教育者应该"如何做(教)"的问题。这种看问题的角度是可以讨论的。我觉得,教育固然需要通过种种"做(教)"的方法以达到目的,但是,"不做(教)"也应该是一种教育方法。关于这一点,我觉得可以通过人与自然的关系得到说明。

在既往的活动中,由于人对自然"做"得太多,造成的环境问题越来越突出,以致世界各国都大声疾呼"保护环境"。我们知道,"环境"是无法表达自己的意愿并发出自己的声音的。但是,我可以大胆地推测一下,如果环境能够发出自己的声音,它一定会说:你们人类不必自作多情,我不需要你们保护,你们只要不做破坏的事情就谢天谢地了。在这里,"保护环境"的真正内涵得到了说明:所谓保护环境,不是要"做"一些保护的事情,而是"不做"破坏的事情。当然,在目前的实际的生活中,我们也正在"做"许多保护环境的事,那只是在环境遭到人破坏以后的一些弥补平衡的行为。归根结底,保护环境只是意味着"不做"所谓保护环境的好事情,而是"不做"破坏环境的坏事情。

"保护环境"的这一内涵,得之于环境自身的特性。这里的"环境",乃是指"自然"或"自然界",它是一个有机整体,而不是孤独的"物"的集合。对于这个整体的任何局部的作为,都会引起其后果难以预料整体的反应。人的作为,哪怕是出于善良意愿的行为,其后果也必须经过时间的考验。

就环境是一个有机整体来说,同"人"具有内在的一致性,因为每个人也都是一个有机整体;人具有内在的"自然",对个人的哪怕是局部的作为,都不可避免地引起作为"有机整体"的人的反应。需要强调指出的是,这种反应截然不同于物在外力作用下的机械运动,而是经由人的主体性作用下的整体反应。

强调人的主体性,一方面说明,教育者的作为要慎之又慎、不可轻举妄动,因为受教育者的反应往往会出乎预料之外;另一方面还想说明,人具有主体性,在有些情况下，除了教育者应该给受教育者主体性的发挥留有充分的空间。对于物来说，"蜡烛不点不亮"。然而，对于人来说，往往会有"此时无声胜有声"的情况。这是人与物的本质区别，也是任何教育工作者必须高度关注的事实。

为了避免引起误解，强调"不做"也是一种教育方法，乃是针对"教育不当"或"过度教育"的现象而发的议论，丝毫也没有主张教师应该消极无为的意思。在实际的教育活动中，"教"的活动是大量的、主要的，教师责无旁贷，但这并不排除"不教"的方法。事实上，"不教"这种教育方法给教师提出了更高的要求。除了要求严于律己、为人师表之外，还要求教师能够正确判断，在什么情况下，"不教"的效果可能会更好。因为教育是一种"艺术"，也是劳动创造性得以发挥的领域。

（本文发表于《教师月刊》2010年第1期）

关于学生人文精神的养育

人文精神是一个古老的话题。自从欧洲文艺复兴运动以来，人文精神一直是人们追求的理想目标。20世纪尤其是第二次世界大战以来，人类社会出现了种种前所未有的问题，而人文精神始终是一个或隐或显的主题，学者们也纷纷把人文精神作为自己重要的研究主题。从一定意义上说，人文精神的研究已经成为一门显学。我国在20世纪90年代左右，也开展了一场关于人文精神的大讨论。这场讨论也很快影响到教育领域，教育理论界为了应对社会对培养具有人文精神的人才的需要，也开始纷纷研究人文精神以及如何养育学生的人文精神。

何谓"人文"？根据冯契主编的《哲学大辞典》的解释，"人文"这个概念见于《周易》"文明以止，人文也。……观乎天文，以察时变；观乎人文，以化成天下"；《后汉书·公孙瓒传论》："舍诸天运，征乎人文。"唐朝李贤对此注曰："人文尤人事也。"笔者对此的理解是，所谓人文就是与人有关的事情，具体而言，人文就是处理人与自然、人与社会以及人与自身之间关系的事情。所谓人文精神就是指人之为人的文化精神。

如果对人文和人文精神作一番历史的考察，我们就会发现，人文精神是一个历史的范畴。换言之，随着社会历史的发展以及人类对自身认识的不断深入，人文精神的内涵也不断地丰富。

诚如大家所知，自从文艺复兴以来，经过宗教改革、启蒙运动和工业革命，人文精神可谓一路凯歌，它逐步渗透到人们日常生活和社会实践的各个方面。然而，在第二次世界大战以后，关于人文精神、人道主义的讨论却又成为社会各界的热门话题，其原因何在？如果考察最近几十年和文艺复兴时期对于人文精神的讨论，我们就可以发现，人文精神的内涵及其对包括学校教育在内的人类社会实践活动各方面的意义，已经有了很大的不同。当前，人们所说的人文精神主要不是指与人的自然性或神性相对的人的社会、文化属性，而是人自身和人的生活的价值属性。它主要针对的是现代科学技术和现代工业文明对于人和人性所造成的物质文明和精神文明的失衡或对立。

一、当前弘扬人文精神的重要意义

当前我们提出弘扬人文精神，既是人类应对生存困境与挑战的需要，也是矫正学校教育目的的需要。

第一，当代社会人类面临的生存困境与挑战。当代人类社会所出现的人与自然、人与社会以及人与自身关系等方面的诸多困境与挑战，归根到底是人类对自身的认识出现了问题。对人自身的认识是人文精神的核心。人与自然、人与社会之间的关系，最终要落脚到人与自身的关系上来，即人是如何认识自身的。新的人文精神对这些问题作出了正确的回答，可以帮助我们更好地解决人类当前所面临的困境与挑战，促进人类生存方式的变革和生存状况的改善。

关于人与自然的关系。近代以来，随着西方科学技术的飞速发展，人类展开了对大自然的征服与改造活动。人类从自然获得了巨大的物质财富，极大地满足了自身的生存需要。然而，在人类向自然进军的过程中，人与自然的冲突也日益暴露。正如恩格斯在《自然辩证法》一书中所深刻指出的："我们不要过分陶醉于我们对自然界的胜利。对于每一次这样的胜利，自然界都报复了我们。每一次胜利，在第一步都确实取得了我们预期的结果，但是在第二步和第三步却有了完全不同的、出乎预料的影响，常常把第一个结果又取消了。"① 人们在利用自然、改造自然，从自然界获得巨大物质利益的同时，却也打破了自然的生态平衡，造成了严重的环境污染和资源困境。

关于人与社会的关系。现代社会的人们在取得巨大物质成就的同时，也极大地释放了人的物欲和权力欲。人们通过一定的组织关系和制度，来实现对自然的占有。这样，人与自然的关系也就表现为人与社会、人与他人之间的关系。然而，人们在向自然索取的过程中，必然会发生利益的冲突，即必然会发生因为占有物质利益不均衡而导致的冲突乃至战争。20世纪爆发的两次世界大战就充分体现出民族、国家之间激烈的利益冲突。

现代化机器大生产的首要目的是最大效率。为了这一目的，所有其他的东西都可以牺牲。一个人的价值就在于他所具有的效率以及由此创造的财富。人的能力、本质与天性在生产过程中的充分发挥，表现为普遍的物化过程，表现为实现某种纯粹外在的目的和牺牲自己的目的本身。现代人一方面享受着利用自然、改造自然的高度文明成果，另一方面却又不得不面对所出现的道德沦丧、酗酒、吸毒、犯罪等各种社会问题。

关于人与自身的关系。现代人迷恋于对自然的大肆掠夺，对社会权力的疯狂追

---

① 〔德〕恩格斯.自然辩证法 [M].北京：人民出版社，1971：158.

求，而唯独忘却了对自我的认识及精神发展问题。人的精神生活并没有因为物质生活资料的丰富而更加充实，相反，现代人却经常体验不到生活的乐趣和生存的意义。今天的人们已经"成为机械、技术、物质的奴隶，缺乏个性而丧失自己。沉湎于享受，饱食终日，拼命赚钱又肆意挥霍，把面包和欲望当做生活的全部目的。"[①] 人类陷入了精神的危机。现代人从自然中、从社会中确立了独立地位，获得了很大的自由。但是，人们在获得自由的同时，却更加感到孤立无援，无所依靠，弗洛姆正是就此发出了"逃避自由"的呼喊。如果说19世纪的问题是"上帝死了"，那么20世纪的问题就是"人死了"。这里并不是说"人"真的死了，而是说，作为主体的现代人出现了自我意识的危机、信仰的危机。

第二，当前学校教育目的的偏颇。目前的学校教育制度形成于近代。欧洲中世纪以后，伴随着近代化、工业化、城市化的进程，学校教育也经历了一系列的变化。近代以来，教育的社会功能越来越被强化，学校越来越被看做是服务于政治、经济的主要工具，是培养各种专业技术人才和提高劳动力素质的主要基地。这样，在维持现有社会的政治体制的目的下，学校除了努力养成受教育者一定的价值观、态度和行为规范之外，还尽可能地传授与生产，尤其是与工业生产有关的各种分门别类的知识和技能。受教育者作为人的发展受到了严重的忽视。

20世纪以来，随着国家之间、国际利益集团之间斗争日益加剧，国家之间在意识形态、军事力量、经济实力等方面的竞争日趋激烈，学校越来越局限为实现国家目的的工具。

这种局限性使学校教育关于人的发展内涵和学校教育的实践都出现了偏颇。

长期以来，学校教育主要强调的是人的工具价值，并使之成为"人的发展"的核心内涵，而人的全面发展却成为现代学校教育的奢侈品。这样，学校教育所培养的只是马尔库塞所谓的"单向度的人"。中国近代以来迫于西方列强的压制和欺凌，以及"保国保种"、"救亡图存"的现实需要，这种表现尤其明显。

在学校教育的实践中，讲授、背诵、练习等对于掌握现成知识和技能有效的课堂教学方法，逐渐成为学校教育的一般方法论。这种以培养各种类型专家为定向的体制虽然也为传统工业社会的发展培养了大量的专业技术人才，但受教育者也仅仅是发展的工具而已。

当今社会的发展，已经不单纯是经济的发展，而涉及作为社会历史活动主体的人的全面发展。教育固然要为经济发展服务，但人不是单纯的经济工具，因为经济的发展并非社会发展的全部内涵，财富的积累也不是人生的最高目的。在当前经济

---

① 〔韩〕赵永植. 重建人类社会 [M]. 清玉，等，译. 北京：东方出版社，1985：82.

大发展的热潮下,教育仍然不能放弃自己的根本目的,而应该把既往所遗忘了的人重新找回来,在新人文精神的统摄下,为他们作为社会活动主体的人的主动性、能动性和创造性等诸方面发展提供充分的条件。新的时代的人文精神要求我们,必须全面、正确地理解学校教育的目的、规范,矫正以往对学校教育功能的片面认识。

二、新人文精神的内涵

如上文所述,人文精神乃是一个历史的范畴,因此,它的内涵必然会随着人类社会实践水平的发展,以及不同历史时期人类需要的变化而不断丰富。从一定的程度上讲,当前人类所面临的前所未有的困难与挑战,同旧的人文精神有很大的关系。显然,对于在既往几百年中,与人类社会实践长足进步和目前困境密切相关的旧人文精神,需要加以深刻的反思。它已经不足以解决人类面临的新问题。因此,人文精神的内涵需要有新的价值取向。

新人文精神,也已经受到世界各国政府和许多研究者的关注。联合国教科文组织早在1972年发表的《学会生存》中就提出"走向科学的人道主义"的重要命题。"科学的人道主义反对任何先验的、主观的或抽象的关于人的观点。""科学人道主义所指的人是指一个具体的人,一个在历史背景中的人,一个生活在一定时代的人。他要依靠客观的知识,而这种客观的知识本质上必定会导致行动,并且主要是为人类服务的。"[①] 乔治·萨顿在其《科学史和新人文主义》中也认为,人类科学发展的历史趋向就是科学与人文的融合,从而提出建立"新人文主义",以此来引导科学技术的发展。

由此可见,新人文精神同样重视科学精神,并且将科学精神的本质就归结为人文精神。从人文精神的起源及发展历程来看,科学精神也是人文精神的当然内涵。人类在科学活动中所坚持的追求真理、坚持真理、实事求是等科学精神从本质上说正是一种人文精神。人文精神为科学精神的发展扫除一切发展的障碍,为科学的发展也指明了发展的方向,使科学技术更好地为人类自身的生存与发展服务。

旧人文精神持主客二元对立的思维方式,将自然、社会以及他人看做是外在于个体的对立存在;此外,它也将作为人文精神重要内涵的科学精神从人文精神剥离出来。新人文精神与旧人文精神有着本质的差别。从根本上说,它是人自身和人的生活的价值属性。具体而言,除了对人与自然、社会以及人自身的关系赋予新的价值属性之外,还要使科学精神与人文精神统一起来。

第一,关于人与自然。上文所说,旧人文精神强调人与自然的关系主要是"征服",而新人文精神则主张人与自然之间应该是"和谐"关系。人只有在自然提供的

---

① 联合国教科文组织. 学会生存[M]. 上海:上海译文出版社,1979:201.

现有条件下才能生存，人自身的发展受自然条件的制约，他本身就是自然的组成部分，一刻也不能离开自然。人的改造自然的社会实践活动，就是以自然为对象，也只有在与自然发生关系的过程中才能体现自身的存在价值。人是自然发展的最终目的，但是只有与自然和谐相处，人才能合理、有效地利用自然为自身服务。

第二，关于人与社会。这里主要是指人与国家、人与他人之间的关系。旧人文精神强调个人奋斗、个人成功，新人文精神则主要强调社会责任感。冷战结束以来，和平与发展仍然是时代的主题。然而在当今世界，冷战时期被掩盖了的地区冲突、民族冲突以及国家冲突等从来就没有真正停止过。当今的世界，单级与多级世界的斗争日趋激烈，目前国家之间的竞争主要体现为以经济实力、国防实力以及民族凝聚力三个因素构成的综合国力的竞争。作为发展中国家，我国的综合国力水平与大国地位还很不相称，需要我们进一步努力。每一个人都要明确这一点，承担起国家繁荣、社会发展的使命。

旧人文精神主要强调人与他人之间的竞争，而这种竞争往往会演变成为了个人的成功而不择手段。这也造成了人与人之间的伦理、道德问题。当前社会分工越来越明显，人与人之间的合作能力与合作精神也显得更为必要。个体的道德发展也正是在与他人的合作过程中实现的。也就是说，离开了人与人之间的合作，个体将失去道德发生、发展的内在动力。

第三，关于人与自身。旧人文精神中的人迷恋于对自然的大肆掠夺，对社会权力的疯狂追求，而唯独忘却了人的自我意识以及对自我精神的反省。而新人文精神是作为人自身及其生活的价值属性，将人与自然、与社会的关系问题最终归结到人自身的问题上来。人越是发展，越会产生精神层面的需求。人是精神的主体，物质功利的追求不应该成为人精神发展的障碍，相反，应该将人类物质功利的追求作为人的精神健康发展的资源。

如果可以用一个较为形象的词——"恨"来概括旧人文精神内涵的话，那么同样我们也可以将新人文精神的内涵概括为"爱"。"恨"已经使人类的生存陷入了困境，而只有"爱"才能使人类走出困境。

三、学校教育与学生人文精神的养育

从上述新人文精神的内涵我们可以看出，人文精神显然包括关于自然、社会以及人自身的知识性因素，但是从本质上来说它并不是一种知识。当前我们弘扬人文精神，其主旨在于彰显人之为人的本质，或者用当前比较流行的话来说，就是使人成为大写的人。

人是对象性的关系存在，他所进行的活动是对象性的活动。在对象性的活动中，人将自己的本质外化于对象物，从而使对象性的现实成为人的本质力量的现实。"一

切对象对他来说也就成为他自身的对象化，成为确证和实现他的个性的对象，成为他的对象，而这就是说，对象成了他自身。"① 因此，新人文精神正体现了当今时代人之为人的对象性本质，它就是要通过人处理与自然、社会以及自身的对象性关系来证明人自己的本质力量。

尽管人文精神归根到底不是一个知识问题，我们不可以像通过传授知识的方法那样传授人文精神，但是这并不等于说学校教育在这方面就无所作为。恰恰相反，对于受教育者人文精神的养育，除了传授必要的知识之外，学校教育还可以在很多方面作出自己应有的贡献。

第一，教育目的、价值观。教育是培养人的社会活动，其根本宗旨在于把学生培养成马克思所说的"社会历史活动的主体"。教育活动固然与政治、经济等活动有着直接或间接的联系，但是无论从目的、过程、手段来看，教育活动与其他活动都有着本质的区别。无论把教育作为政治工具、阶级斗争的工具或是经济发展的工具，都否定了人的"社会历史活动的主体"的地位。换言之，教育若离开了培养人，就无法正确把握它的本质，而弘扬人文精神的主旨也正在于此。

第二，课程。学校教育的内容主要是通过课程来体现的。在课程设置方面，不能因为强调人文精神而拒斥科学技术，削弱科学知识的教学。要在科学课程中渗透科学史，促进学生对科学的人性化的理解。

除了科学知识之外，也应该注重人文学科知识的传授。一般说来，人文学科主要指有关价值和意义的学科，包括哲学、语言学、文学、史学、伦理学等。人文学科的知识在学校教育中究竟应占多大的比例，是一个涉及课程设置的极其复杂的问题，在这里只能一般地说，要克服"重理轻文"的现象，使人文学科的知识在课程中占有适当的比例。此外，即便是人文学科，其价值取向也要符合新人文精神。

第三，教学方法。在国际21世纪教育委员会向联合国提交的报告《教育——财富蕴藏其中》一书中，对此问题有精辟的论述。

在师生关系方面，教师要从"独奏者"的角色过渡到"伴奏者"的角色，从此不再主要是传授知识，而是帮助学生去发现、组织和管理知识，引导他们而非塑造他们。

在组织教学过程方面，教师应在学校和周围环境间绝对保持某种距离，从而使得学生有机会锻炼他们的批判意识。

在教师素质方面，教师要具备情感同化、耐心和谦虚等人文品质。

第四，交往活动。对于人与自然、社会的关系的理解以及人对自我的反省，不

---

① 马克思恩格斯论教育（上卷）[M]．北京：人民教育出版社，1985：19．

是通过教师的直接传授可以实现的。学校应把教育、教学过程延伸到校外，组织一些外部学习实验，并在内容方面建立起所授课程和学生日常生活之间的某种关联。只有在人与环境（自然、社会、他人）交往的活动中，主体才能逐渐体验、感悟和理解。具体而言，要使受教育者从小就热爱自然、观察自然、研究自然、保护自然，树立环境意识；养成受教育者集体主义、爱国主义的情操，使其摆正个体、集体、国家三者之间的关系；养成合作精神和合作能力，使他们具有宽容别人、理解别人的态度，学会让步、妥协、谈判、双赢。最重要的是，要根据上述新人文精神的价值取向，不断地调整并完善自己的行为和活动方式。

（本文发表于《教育学报》2005 年第 6 期）

应重视受教育者人文精神的培养

作为人类一项重要的社会活动，教育的产生、发展、改革与社会的发展是息息相关的。教育既是反映了社会发展的种种要求，同时又是促进社会发展的一个重要因素。20世纪以来，世界的政治、经济、文化等各个方面都发生了前所未有的巨大变化，与此相伴随的是，教育也处在不断地发展和变革的过程之中。在这种形势下，如何使我国普通教育现代化问题就成了教育理论和实践工作者共同关心的问题。本文拟就教育的本质、教育的根本目的以及人文精神的养育等与普教现代化密切相关的问题谈谈自己的看法。

一、教育是培养人的社会活动

"教育是培养人的社会活动"是一个几乎没有任何争论的极其普通的命题。

为了说明这个问题，本文拟从我国教育理论界对于教育本质的认识开始。

1949年以来，对于教育本质、教育的社会属性和职能的探讨，是我国教育理论界着力探讨的问题之一，大致可以分为三个阶段。第一阶段从1949年至"文化大革命"前。由于历史原因，除少数例外，教育理论是深受苏联学者的影响，接受了《苏维埃教育学》编辑部《关于作为社会现象的教育的专门特点和争论总结》中的观点。第二个阶段是"文化大革命"期间，在这一时期，列宁的"教育应当成为无产阶级专政的工具"的原意受到曲解，使人们对教育的社会属性的认识，仅限于上层建筑，对教育社会职能的认识，只囿于极端狭隘的所谓的"阶级斗争"的藩篱。粉碎"四人帮"以后为第三个阶段。这一时期对这个问题探讨文章之多，范围之广泛，争论之激烈都是前所未有的，提出的主要观点有：上层建筑说、生产力说、特殊范畴说、多种属性说、实践说。在此仅就人在教育中的地位谈一些看法。

许多研究只注重从社会政治、经济、社会生产力或多重属性去界定教育的本质，轻视了教育与人自身发展的关系。正像有的学者指出的那样，"近十年间关于'教育本质'问题的争论中，有不少研究只在'社会'视角内寻求这种或那种价值，这些虽都不失为一种价值，但至少表明争论双方都默认自己为'社会本位'论者，并且要在'社会本位'框架中寻求一个更为狭窄的视角"。这些将教育置于服务或工具地位的看法，势必使人也处于同样的地位。

教育作为人的一种活动，与人的政治、经济等其他活动有联系，然而，这种联系都是通过人来实现的。就这个意义来讲，教育对于人类这些活动的作用乃是"培养人的社会活动"作用的派生或延伸。

虽然人的所有社会活动都存在着不同程度的相互联系、相互制约的关系，但"培养人"的活动同其他社会活动有着更为特殊的联系。教育活动自身的目的、过程要受物质生活资料生产以及其他社会活动的制约。此外，通过教育培养的社会化的受教育者将成为社会历史活动的主体，他们社会化的程度将对人的各种社会活动或社会发展起决定作用。因此，教育同人的其他社会活动是统一的，有些甚至可以说是具体同一的。例如马克思认为在生产过程包括生产、交换、分配、消费四个环节，其中"消费"除了生产费用，维持劳动者及其子女生存的费用之外，还"使人获得一定劳动部门的技能和技巧"的教育费。就生产和消费的关系来说，没有生产就没有消费，没有消费也就没有生产。此外，许多教育活动本身就是社会政治、文化、艺术活动的一部分。然而，这种统一性决不能导致把培养人的教育活动归结为物质生产、政治或其他这样那样的活动。教育活动同这些活动固然有直接或间接的联系，但无论从目的、过程、手段来看，教育活动与其他活动都有着本质的区别，教育是一种具有自己个性的相对独立的社会活动，离开了"培养人"，就无法正确把握它的本质。教育在人类社会发展中的重要地位也将由使受教育者成为社会历史活动的主体而确立。

二、教育的根本目的是把学生培养成社会历史活动的主体

人类实践活动与动物本能活动的一个根本差别就在于它具有目的。目的乃是对于客观现实要求的主观反映。

从理解和处理个人与社会之关系的角度出发，历史上曾经有过两种不同的教育观点，它们分别是"个人本位教育"和"社会本文教育"。个人本位教育是主张以个人为本位，根据个人发展的需要确定教育目的和进行教育的一种理论。在个人本位教育论者看来，教育的根本目的在于发展人的个性，而社会的利益和权威，对于教育是没有意义的。与个人本位教育相对的是社会本位教育。社会本位教育强调社会和国家的权威是至高无上的，社会的需要和国家的利益是确定教育培养目标的最后根据；教育的根本目的在于使受教育者适应社会的需要。社会本位教育同样源远流长。古代、近代及至当代许多国家的教育实践，都有这种理论的影响。

上述两种有关培养目标的主要学说，虽然对于教育理论的发展都有其重要的贡献，但都具有很大的片面性和局限性。个人本位教育论者没有看到表现为人的需要的人的本性是由物质生产条件和人的社会关系决定的，他们离开人的社会性、历史性来抽象地谈论"个人发展的需要"，没有看到作为人的人是社会的产物，曲解了人

的本质，因而教育成了与社会发展相对抗的东西；而社会本位教育论者离开人类活动来谈论"社会需要和国家的利益"，如同马克思所说的那样，他们把"社会"当做同个人对应的"抽象的东西"，而不是人的产物，因而牺牲了人的个性发展。由于个人本位教育论和社会本位教育论都没有正确地理解和揭示个人发展和社会发展、个人需要和社会需要之间对立统一的关系，所以，尽管两者都含有一定的合理成分，但从根本上讲是错误的。正如前文所述要实现我国普教的现代化，需要我们准确地界定我国实现"四个现代化"要求教育培养的人的规格，即培养目标，这就需要我们全面而准确地理解人的发展和社会发展的关系。

1949年以后，我们根据马克思主义关于人的全面发展的学说，提出了全面发展的教育目的与培养目标，使我国教育发生了质的变化，也为我国各条战线输送了大量的人才，对我国社会的发展作出了巨大贡献。同时，我们也应看到，随着我国政治、经济形势的变化，在不同时期我们对全面发展的教育目的和培养目标的理解，也有不够全面之处，正像有的研究者指出的那样，不少教育工作者把全面发展理解为"教育计划中规定的各门学科和各类活动的均衡发展，而且一般谈论全面发展时又多是有意无意地把这一概念中'人的'（或个体的、个性的）这个主体抹掉了"；50年代后期反"右派"斗争之后，"我国的教育始终处于紧张政治形势之下，直接为政治斗争服务的地位"；至于"文化大革命"时期，教育更是直接为"四人帮"篡党夺权的目的服务。

党的十一届三中全会彻底否定了"以阶级斗争为纲"的政治路线，提出了以经济建设为中心，坚持四项基本原则，实行改革开放，建设有中国特色社会主义的基本路线。在这种形势下，教育的根本目的是否应该发生变化？答案是否定的。将教育看成是单纯性的政治工具的荒谬性，人所共知。同样的，教育也不是单纯的经济工具，因为经济的发展并非社会发展的全部内涵，财富的积累也不是人生的最高目的。无论把教育作为政治工具、阶级斗争的工具或发展经济的工具，都否定了人的"社会历史活动的主体"地位。在当前经济大发展的热潮下，教育仍然不能放弃自己的根本目的，为人的统摄于"个性"这一概念之下的社会性、创造性、能动性等诸方面发展提供充分的条件，使他们能够在社会实践中进行马克思所说的"自由的自觉的活动"，以充分地表现"人的类特性"。这应该是人的全面发展这一概念最重要的内涵。

三、要重视受教育者人文精神的养育

无论从教育的本质属性或是从教育活动的最高目标来看，教育活动的结果或教育功能的实现，最终都要落实到人身上。就这个意义来讲，教育就是培养和发展人之为人的特性。当然，被称作为"人之为人的特性"从不同的角度可以有多种不同

的界定，但其中一个重要的特性就是人文精神。

随着社会历史的发展以及人类对自身认识的不断深入，人文精神的内涵也不断地丰富。当前，人们所说的人文精神主要不是指与人的自然性或神性相对的人的社会、文化属性，而是指人自身和人的生活的价值。它主要针对的是现代科学技术和现代工业文明对于人和人性压抑所造成的物质文明与精神文明的失衡或对立。教育之所以要重视受教育者人文精神的养育，其主要目的是充分发挥教育在我国物质文明和精神文明建设中的作用。

在我国物质文明建设取得巨大成就，人民的物质生活有了明显改善的同时，我们也越来越感受到，社会的精神文明出现了"滑坡"现象，与物质文明形成了很大的反差。许多有识之士提出，如果不注重精神文明的建设，不但已经取得的物质文明很难得到巩固和发展，"四个现代化"也难以实现。在这种情况下，作为社会主义精神文明建设的一个组成部分，加强对受教育者人文精神的养育，就成了教育不可推卸的责任。

在教育过程中注重受教育者人文精神的养育不能采取拒斥科学技术，削弱科学知识教育的态度和方法，因为由科学技术造成的物质文明乃是人类文明发展的一个标志。人文精神的弘扬并不是也无须远离物质文明，而是与物质文明取得和谐。

在进行上述教育的同时，还要注意避免另一种倾向，即唯科学主义。唯科学主义对科学及其作用的崇拜达到了迷信的程度，将科学置于欧洲中世纪神的地位，并用科学取代了神。重要的是，科学技术的目的不是由它自身，而是由人来规定的。它可以给人带来财富和生活的便利，但这些东西是否就是人生的最高目的呢？科学技术的确可以确定事实，然而，在诸如人生的目的，什么是幸福生活等有关人的社会发展的价值问题的确定方面，它却无能为力。如果不看到这一点，人文学科在教育中的地位势必就要受到排挤，学校教育有可能成为各种职业技术教育的拼盘，学校也将沦为职业技术的养成所。这样，经济的合理性将代替教育的规律，教育也将丧失"培养人"的个性，最终将造成精神和文化的堕落。

对受教育者人文精神的养育，除了在传授科学知识的过程中注重科学精神的挖掘之外，人文学科知识的传授也是一个重要的方面。关于人文学科究竟指什么，目前难有明确的界定。一般来说，人文学科主要指有关价值和意义的学科，包括哲学、语言学、文学、史学、伦理学等。人文学科的知识在普通教育中究竟应占多大的比例，是一个涉及课程设置的极其复杂问题，在这里只能一般地说，要克服"重理轻文"的现象，使人文学科的知识在课程中占有适当的比例。

对受教育者人文精神的养育，并不限于学校课程的设置和教学活动，无论在学校管理、班级管理中，在思想品德教育和道德教育中，或是在学生的课余活动中，都存在这个问题，它应该渗透在学校教育的全部活动过程之中。

　　概括地说，在全国人民为把我国建成"四个现代化"的伟大历史时期，教育要充分地认识自己的历史使命，实现自身的变革。现代化的普通教育要把受教育者的素质和能力提高到与我国"四个现代化"相适应的水平，而要做到这一点，教育理论和实践工作者应该全面而深入地学习和理解马克思列宁主义，更新自己的教育观念。

（本文发表于《基础教育》1995 年第 11 期）

关于爱国主义教育的一点思考

当前世界各国，无论信奉何种意识形态、无论实行哪种政治体制，在教育领域，无一不重视爱国主义的教育，使受教育者成为热爱自己国家的公民。我国也不例外。我国几十年教育实践充分表明，无论政府的教育部门，或是学校的负责人乃至每一位教师，都非常重视对学生进行爱国主义教育。可以说，我们在这方面的花费，无论是时间，或是财力、物力，几乎是不计代价的。然而，其实际效果可能同我们的付出很不成比例。其原因何在？恐怕不能将这简单归咎于不重视、不努力等。

我觉得，我们的爱国主义教育之所以没有取得预期的效果，是因为我们的教育方法存在着需要改进的地方。在这里，只想就现实生活中的一个普遍存在的事实，谈一点想法。我想讲的事实是：每一位家长都希望自己的孩子爱自己的家庭和父母；无论家长的政治、经济地位如何，也不管家长的职业、文化程度怎样，没有一位家长会像我们学校进行爱国主义教育那样对自己的孩子进行"爱家主义"教育。然而，几乎每一个孩子都爱自己的家庭，爱自己的父母。这种"不教而爱"事实，同我们学校的爱国主义教育效果形成了巨大的反差。这个普遍存在的事实说明，我们的学生不是不会爱，也不是不能爱。那么，为什么学校的爱国主义教育难以取得预期的效果？这可能要从我们爱国主义教育方式、方法方面进行反思。

无论"爱家"还是"爱国"，两者有一个共同之处——都是关于"爱"，都是属于感情领域的问题。换言之，爱国主义教育同我们学校大量存在的"知识教育"、"技能教育"相比，在活动对象的性质、活动的目的、实现的手段等许多重要的方面，都有着本质的区别。教育者应该根据活动的内容（对象）来选择适当的活动手段，因为这是决定活动成功与否的关键。在学校实际进行的爱国主义教育活动中，有时会有这样的情况——将爱国主义教育演变为知识教育。教师可能将大量的时间和精力用于讲解我们国家历史上的四大发明、万里长城，目前的地大物博、壮丽河山，此外，还可能讲许多近代以来国家的苦难、志士仁人的悲壮事迹等。我觉得，进行爱国主义教育，教育者向学生讲解这些内容是应该的，也是必要的，但是，仅这么做是远远不够的，因为这类信息不能从根本上解决"爱"的问题。我国历史上出现的许多大卖国贼、大汉奸，不是不懂得上述内容。此外，还有一个需要明确的问题：是教育学生"爱国家"还是爱国家的这些值得自豪的东西？反过来说，如果我们国家没有这些，是否就可以不爱？我们知道，我们有许多家庭中的父母，他们的政治、经济地位、乃至健康状况、甚至外貌，都乏善可陈，甚至一无是处，但绝大多数孩子没有因此而不爱自己的父母，原因何在？

尽管目前我还没有能力系统地谈论学校如何进行爱国主义教育的问题，但有一点我是坚信的：知识教育的方法不适用"爱"的教育。受教育者的"爱"需要教育者的"爱"来培养。事实上，父母从一开始就已经进行爱的教育了，只不过他们进行爱的教育的方式、内容等有别于学校教育。他们是用长期的、无微不至的爱的行为、而不是用知识来教育。如果父母从不将自己的孩子当做家庭的一员，非打即骂，处处怀疑、防范，在这种情况下，要求孩子爱父母只不过是一厢情愿的想法。由此，我觉得，爱国主义教育恐怕要从学生的学校生活做起，使学生真正体会到"主人"的感觉。从小组、班级、学校的主人，不断地扩大到社区、社会、国家的主人，从而不断地增强自己的责任感。其实，学校、教师在这方面可以做许多事情，由于篇幅关系，不再赘述。最后，我还要补充一句：学生爱国主义情感的产生、发展，不能完全依赖学校教育，我们的社会生活也有进一步改善的余地。

（本文发表于《教师月刊》2010年第5期）

创造能力的养育

社会进步的直接动因是人类生产方式的转变。在人类生产方式的转变过程中，创新和创造显得非常重要，因此，人的创新和创造能力的培养越来越成为一个备受关注的问题。江泽民同志早在1995年的全国科学技术大会上就指出："创新是一个民族进步的灵魂，是国家兴旺发达的不竭动力。"

人才培养是学校教育的核心任务，而学校教育与创新人才究竟有什么关系呢？我们可以从学校教育与创造的特点来分析二者之间的关系。创造是什么？就是首创，即创造前所未有的事物。创造不是重复、不是复制已有的事物。创造的特点不是重复，不是模仿，不是复制。然而，学校教育之所以存在至今，是因为学校传授的是可以重复的知识，知识不可复制的话，学校教育就不存在了。由此可以看出，学校教育和"创造"之间有着内在的矛盾。因此，对学校培养创造型人才要有新的理解。在这里我认为学校教育不应该是"培养"而是"养育"创造性人才。就创造能力的养育，我谈四个方面的观点，这四个方面是有内在联系的有机整体。

一、创造能力是人类固有的本质力量，学校教育最重要的不是"教"学生如何创造，而是"让"学生去创造

创造是人固有的本质力量。亚里士多德曾指出：创造是人的活动，是人的力量，和超自然力量并没有实质性关系。我们在探讨创造力的培养的时候，很容易陷入这样一个悖论："世界上第一个人创造第一样东西的时候，是谁教他的呢？"比如小孩子学走路，父母的"教"只是使婴幼儿会走的潜能更好地发挥出来而已，教与不教只是走得早与晚的问题。会走路是人的潜在的能力，而不是教的结果。牛和羊等动物是怎么教也学不会直立行走的。

创造的本质是什么？创造的本质是对现实的批判，是人类解决问题的活动。人类在生产实践中产生了实际问题，解决实际问题的过程就是创造的过程。正如人类发明创造电风扇、空调的过程一样。人在夏季纳凉时，先是发明了扇子，最初几乎每一个人都用扇子扇风纳凉。假定每一个用扇子的人都不批判，那么扇子就会一直使用下去。但肯定是在摇扇子的人当中，对摇扇子进行了批判，"怎样才能手不动也有风出来呢？"对扇子动力的批判提出了一个问题，后来电动机出来，有了电风扇。

电风扇吹出来的风是热的,怎么样吹出来凉飕飕的风呢?于是又有人提出了批判,那么就出现了现在的空调。现在再提出一个批判,即使用空调的房间里空气是循环的,怎么样使室内空气和室外空气相互交换,让空气既保持凉度又保持新鲜度呢?这样就产生了新一代空调。从上面所谈到的不难看出,一部人类发展史,实际上就是一部人类的批判史,是人们不断提出问题、解决问题的历史,即人类创造史。这就看出批判的重要性。从这个角度上来说,发现问题比解决问题更有意义。人类的批判能力也是与生俱来的,是人之本性。如幼儿可以分辨妈妈与非妈妈。当遇到不是妈妈的人抱她,她可能会哭,但一到妈妈怀里,就非常舒服了。所以说人几乎从一出生就开始比较了,比较之后产生批判。这种能力是人类固有的能力。

人类有两个基本的需求:一是个体的生存,二是种的繁衍。并且人类遵循的是有效原则,人对功利的追求也是人的本性,人之所以有创造性是离不开人的本性的。父母可以教会孩子双脚直立行走,而父母却不能教动物比如牛、羊等双脚直立行走,因为动物没有这个本性,人的创造性不是被教出来的,而是与生俱来的,是人类本身固有的能力。创造的本质就是解决问题的能力,是人之为人的本质力量。所以学校只能"让"学生创造,而不是"教"学生如何创造。这里我想通过引用中美家长、教师对孩子的教育方式方法的比较,来看两国之间教育存在的差别。这些差别的形成是与一个国家的社会文化、教育文化等多方面的因素分不开的。

首先从家长方面来看,美国的家长非常重视孩子提出的每一个问题。通常即使是在忙碌中,如果孩子提出了问题,他们都会停下手中的活,耐心地听孩子的问题,并尽最大的努力为孩子解答,和孩子一起讨论,百无禁忌。在这种氛围下,美国孩子的创造性、批判能力得到了养育;相反,中国的家长总是教育孩子,在家要听父母的话,在学校要听老师的话,长大了到单位要听领导的话。当然这本身并没有错,但可能会压制孩子的批判、创造能力。

其次从教师授课方面来看,有些教师在课讲完时通常会问学生:"同学们还有什么问题没有明白?"如果学生问了简单的问题,教师通常会说"这么简单的问题都不明白",学生听了就会为自己问了简单的问题而感到羞愧,感到没面子,久而久之就会害怕提问题,最终导致学生不再提问题,抑制了学生提问题的积极性和能力,从而压制了学生的创造性。所以,当前的教育不是如何培养学生的创造性的问题,而是如何不压制学生提问题,是如何发挥各自的主体性的问题。目前我们的学校教育,从老师备课、批作业等方面都有意无意地在压制着学生的创造性。比如,今天老师教了学生新的公式,作业也是对该公式的熟练运用,如果学生没有按照老师教的去解题,而是采用了自己独创的解题方式,往往老师在评定作业时不会给予学生好的评价,实际上这样做忽视了学生在这一过程中所表现出的创造性。就我所知,美国的老师在评定学生作业的时候，更加重视学生的创造性，而并不是把结果正确作为优秀的唯一标准。如果学生在解题的过程中表现出求异和发散思维，尽管步骤繁琐，结论未必准确，也会给予肯定和表扬。在这种教育理念下，美国学生的批判精神和创造能力就受到了保护，因此往往更具有创造性。

所以说，中国的创造教育问题，不是如何培养，而是如何不压制。在我们学校教育中，从备课到上课，布置作业，老师都存在"好心办坏事"的事情。中国的教育思维往往是"按照今天我安排好的学习内容，顺利完成"。在美国的学业成绩评定中，学习好坏只是一部分，学生关键要能提问题，能想办法解决问题。

总之，创造是人类固有的本质力量，学校教育不是"教"而是"让"学生去创造。创造性是教不来的。目前我们的学校教育只要不压制就是"培养"，和少花钱就等于多挣钱是一个逻辑。

二、创造活动中，非智力因素发挥着很大的作用，学校教育培养学生的健全人格就是培养创造性人才

我看到，华东理工大学的校训是"勤奋求实、励志明德"。这八个字反映的都是非智力因素，这样的校训是充分重视非智力因素的体现。这些因素，正是培养创造性人才所必不可少的。如果做到了，肯定能培育出创新型英才。一个人能否创造是有条件的，关键看两点：一是是否想创造，二是敢不敢创造，是否有胆量创造。这两点都是非智力因素。我认为，敢创造更为重要。因此，学校教育应当注重对学生兴趣、爱好、意志、自信心等非智力因素的培养。

三、学校教育应当能给学生以必要的基础知识和基本技能

创造不是胡思乱想，而是对现实的批判，而且不能乱批判，要批判得准确与深刻。批判的准确性是需要有深厚的知识基础的，创造总是站在前人的肩膀上的。像永动机、水变油等这样的"创新"，是违背科学的。创造不是胡思乱想，要在前人认识和创造的基础上做创造。我们研究生做论文都要做开题报告，开题主要就是看是否在前人的研究基础上有突破、有创新。

四、学校教育应当给学生以正确的价值引导

任何反人类、反社会进步、反科学的创造都必须及时加以制止，创造必须以符合人类社会的共同利益、共同价值观为前提。创造的过程其实就是价值选择的过程。在正确的动机下产生正确的东西，正确的东西在使用过程也要有正确价值的引导。比如"杜冷丁"，它被人类创造出来后，本身是对人类有益的东西，使用正确可以减少人的痛苦；可是如果没有正确的价值观作引导，被滥用的话它就会成为一种害人的毒品。

总之，我们讲学生创造能力的养育，最关键需要我们的学校教育要有所改变，不压制才能养育。

（本文是根据陆先生在上海市第 173 期东方讲坛暨华东理工大学第 47 期"名师讲坛"活动系列的报告整理而成。整理人：马晓娜、胡宝林、陈红蓉、何贤贤）

（本文发表于《化工高等教育》2009 年第 4 期）

社会变革背景下学生创新精神的养育

今天我们讨论的主题是关于学生创新精神的养育，这也是当前的一个热点问题。在开展讨论之前，先要提到教育界经常出现的两个错误的观点，它们与学生创新精神的养育有着密切的关系。许多教育工作者，包括我在内，都曾犯过这样的错误。

第一个观点是：每当学生出现什么问题，或者遇到什么难题，我们的教师往往会说要通过教育的方式来处理，好像什么都需要教，什么问题都可以通过教育的方式来解决。但事实上，现实中有很多问题不需要教，我们也没有办法教，创新精神便是其中之一。

第二个观点是：不管什么内容，我们都要教，而且所使用的都是理性的方法。比如，我们常常用理性的方法来教授爱国主义。仔细考虑，我们就会发现这是有问题的。爱是一个情感问题，它没有理由的，无论我们向学生传授多少关于祖国壮美山河的理性知识也不能解决学生是否爱国的问题。在学习的过程中，也有其他很多内容是不能用理性的方法来教的。我认为，那种凡事都要用理性的方法来开展教育活动的观点是错误的。

第一个观点本身就不成立，就是一个错误的观点。我们作为一个人所掌握的各种技能技巧，有许多东西是不需要教的。比如说两条腿走路，这就不需要教，是人就具备这种能力。有人可能会说我学会用两条腿走路是爸爸妈妈教会的，但是试想一下，如果是一头牛，爸爸妈妈能教会吗？别说爸爸妈妈了，就是加上外公外婆，再加上舅公舅母也教不会。再比如说小孩子生下来几个小时后，他就会吸奶了，这也是不需要教的。吸奶的动作要领和基本技巧还需要我们向小孩子讲清楚吗？答案显然是否定的。

我们的教育对象是人，人有许多先天的、不需要教的、无师自通的东西。如果我们要教，我们能教什么东西呢？如果我们要教，我们会教什么呢？我们教师最能干的事情、最不能干的事情是什么呢？作为教师，这是我们必须考虑的一个问题。在我看来，教育的内容无非是一些知识和技能而已；除了知识和一些技能之外，其他很多东西都是不能教的。而且，我们所传授的知识和技能对于一个人的成长和发展的作用也是有限的。比如，我有吸烟的习惯，其实我每一次拿出烟盒，都会看到烟盒上写着"吸烟有害健康",而且有时候我还会看到墙上贴出的标语就是"禁止吸烟",但我却依然照吸不误。事实上,我自己很清楚吸烟有害健康,说句大言不惭的话,如果要写一篇论文"论吸烟之危害",我敢保证自己比在座很多不吸烟的人写得都好。大家都说知识具有无比重要的价值,但我却想问,知识有什么用呢?知识在这里没有用啊。我每次拿出烟来吸的时候,我都知道吸烟有害健康,我的体会深得很,但却仍然会吸烟。

我们再看看小偷偷东西的例子。每次逮住小偷的时候,如果我们问他:"偷东西对不对?"他肯定会说:"不对。"我是快七十岁的人了,在近七十年的生活经历中,我没有看到有一个小偷会说:"哎呀,我不知道偷东西是不对的。"是不是啊?他不会惊讶地说:"原来我这样做是会被警察抓的啊。"为什么叫小偷呢?就是因为他在偷东西之前就知道偷是不对的,不然就会像儿童一样说我是"小拿",只是拿了别人的东西而已,不算做"偷"。这些事实都说明,知识并不像我们想象的那样有用,它对于改变人的行为并没有我们想象的那样有那么大的价值。无论在生活中还是在工作中,这些事情屡见不鲜,我们经常会做一些自己明明知道不应该做的事情。

比如说我们的党员先进性教育活动。我们上海进行党员先进性教育,报告的主讲人就是上海市的原市委书记陈良宇。他曾在主席台上向我们讲党员应该如何如何,但是现在,陈良宇却被抓起来了——大贪污犯。大家看,作报告的人被抓起来了,我们这些听报告受教育的人却在这里讲课。他讲得对不对呢?讲得都对,但是这些却没用,这些并没有妨碍他危害党纪国法。所以,教育人的手段是多种多样的,教仅仅是一个方面,而且不是主要的方面。从教的角度来说,教是为了引起学生的学,学生是自己学会的,而不是旁人教会的。每个人都是在自己学习,旁人的教只有引起他的学才能起作用。这是第一个错误的观点,我们就先讲到这里。

第二个观点的错误在于,我们教的方法非常单一。无论什么内容,我们都是用理性的方法、讲道理的方法。我们老师最喜欢讲道理。问题在于,我们的老师除了讲道理之外,其他什么都不会。讲道理能解决教育的问题吗?解决不了。在我们的教育内容中,确实有些知识的传授需要使用讲道理的方法,但是对于教育而言,我们的任务是要促进人的全面发展,这就涉及许多非理性的东西,而这些东西是不能使用讲道理的方法的。比如爱的问题,包括爱国家、爱亲人,这些所涉及的都是情感问题,我们却采用了传授知识时常用的理性的方法,还讲出许多道理来。又比如道德教育,比如学生要尊重老师,我们也讲了很多道理,试图通过说理的方法来教学生,但其实这些问题根本没有办法来讲道理。再比如我们在开展爱国主义教育的过程中,我们也会讲出很多道理,包括我们祖国有四大发明,有万里长城,有漫长的海岸线,祖国真美丽啊……这些表面上看起来是在开展爱国主义教育,但我说这其实是卖国主义教育：我们是在教孩子爱国呢，还是在教孩子爱祖国的这些东西呢？假如说我们的国家没有万里长城，没有四大发明，甚至比阿富汗还穷，那么我们的意思是不是让孩子们把这些土地给卖掉呢？我们用这些东西来吸引孩子爱国，但如果将来孩子到世界各地去看一看，发现了一个叫美国的地方，这些玩意比我们还多，于是就爱上了别的国家，爱上了美国，那么我们该怎么办呢？这种想法是谁教的啊？不正是我们的老师教出来的吗？

爱需要有理由吗？英国有句谚语"Love is blind"。意思就是说，爱是盲目的。我想这一点值得我们好好想一想。各位都经历过谈恋爱的过程，如果谈恋爱都要讲出一些理由出来的话，那就会相当危险。在谈恋爱时，可能经常会有一方问："有那么多好的可以选择，我有什么优点啊，你为什么会爱上我啊?!"在这种情况下，我说，千万不要回答，你回答任何一个答案都是错的。你会好意思讲"你爸爸是市长"或者"你爸爸是省委书记，我和你好了之后他会提拔我"吗？你会好意思讲"你爸爸是大款，钱多的是；和你结婚以后，我们家的经济状况也会改善很多"吗？甚至连"你长得漂亮"这种话也不能说。你敢保证她永远在你心目中是最漂亮的吗？等到结婚了以后，看到了别的年轻女孩，怎么看都比自己的老婆漂亮，那该怎么办呢？或者结婚了以后，碰到车祸毁了容，你还会继续爱她吗？这些都是很危险的。简言之，我们教育有很多内容是没有道理的，也是不能用理性的方法来解决问题的。我们的教育只有采用多种教育方法才能促进人的全面发展。

总之，什么东西都要教，什么东西都要用理性的方法来教，这些都是教育的大忌，也是我们常犯的错误。这不仅剥夺了教育的真谛，而且与我们今天所讲的主题即学生创新精神的养育完全是背道而驰的。

所以教育应该采用多种手段。这就要求我们教育工作者必须很好地研究教育对象的性质。比如在日常生活中，我们知道，木匠有木匠的一套工具，有木匠的一套工作程序；铁匠有铁匠的一套工具，有铁匠的一套工作程序，两者之间存在着巨大的差异。这种差异是由什么所决定的呢？这些都是由木匠和铁匠工作对象的性质来决定的，即是木头的性质和铁的性质所决定的，而不是由人的主观意志来决定的。如果我们颠倒一下，就好玩了：拿着铁匠的工具去干木匠的活，拿着木匠的工具去干铁匠的活，两者都达不到目的。这就说明什么呢？这就说明人的活动应该很好地研究活动的对象、活动对象的性质。在座的有语文教师、数学教师、美术教师、外语教师，所要教育的对象就是语文、数学、美术、外语等，这就是对象不同。活动的对象不同，就决定了活动的手段、方法、过程、原则各不相同。所以教师要花大力气研究自己教的内容，然后据此采用适当的手段。千篇一律地拿旁人、拿旁的学科行之有效的方法用于自己的学科，肯定要犯错误。比如说我们反对死记硬背，但学习外语就是要死记硬背。哪个人学习外语不需要重复几十遍才能记住单词啊？联合国教科文组织编写的一本书《教育——财富蕴藏其中》明确地提到，我们不要轻易放弃这些自古以来就有的有效的教育手段。

我们首先要很好地研究创新的性质是什么，然后再找到有效的教育方法。你用教美术的方法来教创新是不行的。就像用木匠的工具来做铁匠的活一样。第一步首先要研究活动的对象是什么。当然，学生是首先需要考虑的一个对象。在这里，当我们讨论创新精神时，我们就必须考虑师生共同活动的对象——创新精神。我们首先要分析创新究竟是什么？然后才能找到如何养育学生创新精神的方法。

我们先来看创新精神的重要性。为什么现在要创新？现在全国范围都在开展课程改革，这次课程改革的指导纲要和基本精神就是"一条主线、两个重点"。一条主线就是人文精神，两个重点就是创新精神和实践能力。现在中小学的综合课程越来越多，其目的就是为了加强学生的实践能力。另一个重点就是创新精神，创新精神已经成为当前非常重要的一种精神，是当前世界各国都非常重视的一种品质。为什么呢？因为人类的生产方式发生了很大的变化。

我们简单回顾一下人类社会的历史。在原始社会，人类生产方式就是打野物、采野果子、打野狼、野猪，从大自然直接获取生活的必需品，其生产工具就是人的体力；然后逐渐过渡到农业社会，当时最重要的生产资料就是土地；地主为什么过得好呢？就是因为他有土地。当然还有河流、生产工具、劳动力等，但最重要的是土地。农业社会经过很长时间的发展进入了工业社会，工业社会最重要的生产资料就是能源。当前世界上最富有的国家不是美国，而是科威特等中东国家。为什么这些国家有钱呢？因为他们拥有石油，往地下随便一挖就冒石油，这是最重要的生产资料。到了二战以后，人类的生产方式逐渐改变，从工业社会向知识经济社会改变；在知识经济社会，知识成为最重要的生产资料。但这种知识并不是我们学校课堂上讲的现成的知识，而是不断创新的知识。它的标志就是微软公司在1999年成为世界第一大公司，超过了所有以工业的生产方式为依托的公司，如洛克菲勒石油公司、卡内基石油公司、卡内基钢铁公司等。微软公司并没有很多土地、矿山、石油，它的赚钱方式就是工作人员的聪明才智，是工作人员用脑袋想出来的。所以，不断创新的知识成为这个时代最重要的东西。

在2001年，美国总统克林顿提出要改革美国的教育体系，发展学生的创造力。这就是我们今天所讲的创新能力。在我国，江泽民同志早在1995年的全国科学技术大会上指出："创新是一个民族进步的灵魂，是国家兴旺发达的不竭动力。"如果大家注意的话就会发现，近些年来中央的许多文件、公报都非常重视创新能力，要构建中华民族的创新体系。而在构建这一创新体系的过程中，其中最重要的环节就是

教育是合作的艺术

教育、青少年的教育。所以我们的教育面临着大的转变，要转变观念，从让学生掌握知识变为让学生学会创造，从过去以传授知识为主要任务转变为培养创新能力为主要任务。这也是一个非常困难的任务。

这种理念到了中小学校，我们的教师就出现问题了。第一是要我们教师来教，要通过教育的方式培养学生的创新能力。第二，怎么来教呢？就是用理性的方法来教。这是完全错误的。那么，创新和教育究竟有什么关系呢？就此我谈四个方面的观点。第一点是最重要的。

第一，创造能力是人类固有的本质力量，是人之为人的本质力量；对于教师和学校教育来说，最重要的不是"教"学生如何创造，而是"让"学生去创造。

创造是人之为人的本质力量。是人就有这个东西，不需要去教。比如找老婆，你说是家长教你的还是老师教你的啊？都不是，是你自己愿意的，是你自己固有的内在倾向。人的本质力量是很大的。学校本身就是人类的发明创造，只有人才会去学习、去创办学校，我们没有看到过狮子去办学校、老虎去办学校。人的本质力量有很多，人的本质力量也很大。创造便是其中之一。创造是天生的，不是人教会的。

过去，关于这个问题，哲学家们有很多争论。直到今天，仍然有人认为创造是某种超自然的力量，寄希望于某种神秘的力量来让自己变得会创造，盼望有一天会在某个地方突然出现一个白胡子的老头，对着自己的脑袋敲三下，自己便掌握了很多本领。但是从亚里士多德提出自己的观点之后，哲学家们的观点便逐渐统一了。亚里士多德指出：创造是人的活动，是人的力量，和超自然力量并没有实质性关系。因为如果创造不是人的本质力量，而是别人教会的，那么就很容易陷入这样一个悖论："世界上第一个人创造第一样东西的时候，是谁教他的呢？"没有人教他！创造是一种与生俱来的能力，每个人都有创造的能力，就像小孩子生下来就会吸奶，就会走路一样。比如小孩子学走路，父母的"教"只是使婴幼儿会走的潜能更好地发挥出来而已，教与不教只是走得早与晚的问题，会走路是人的潜在的能力，而不是教的结果，牛和羊等动物是怎么教也学不会直立行走的。

我们前面讲到过，开展活动必须首先明确活动对象的性质。那么，我们要养育学生的创造能力，就必须回答这个问题：创造的本质是什么？创造就是解决人在对现实的批判过程中所产生出来的问题，创造的本质是对现实的批判，是人类解决问题的活动。也就是说，没有对现实的批判、没有问题，就没有创造。反过来，压制批判、压制提出问题，就是压制创造。比如，诸位都是湖北的老师，你们到上海，无论坐汽车、火车还是飞机，总之不会走路来。火车完全是人类的创造物。那么，人是怎么创造出火车来的呢？假如说人在很久以前发明了牛车，到哪里去都使用牛车，如果没有批判，就不会有改变了，大家今天到上海来可能还会乘坐牛车；但是问题还是产生了：牛车很好，但是很慢；后来发现马跑得快，于是便出现了马车；接下来人们提出的问题是，能不能再快一点、再舒服一点，于是火车就出来了。因而，创造就是对现实的批判，就是解决现实中产生出来的问题。

再比如蒲扇。古代的人们发明了蒲扇。假如所有扇蒲扇的人都对蒲扇歌功颂德，认为扇蒲扇实在是好，那么我们到今天可能还会在使用蒲扇。肯定是在摇扇子的人当中，对摇蒲扇进行了批判，怎样才能手不动也有风出来呢？这样就实现了创造。从上面所谈到的不难看出，一部人类发展史，实际上就是一部人类的批判史，是人们不断提出问题、解决问题的历史，即人类创造史。这就看出批判的重要性。所以，人类在生产实践中产生了实际问题，解决实际问题的过程就是创造的过程。

批判能力是从哪里来的呢？我认为，批判能力是与生俱来的。这一点我们可以进行经验的证明。刚出生几个月的婴儿哭闹了，但是妈妈一抱他，他就不哭了，为什么呢？这说明的是，几个月的婴儿就有批判能力了。什么叫批判啊？批判无非是比较、鉴别、判断。不要把批判看得很神秘，就是比较、鉴别再作出判断。为什么呢？哪怕几个月的小孩，他的生活经验已经知道，本来不舒服的，或者是冷了，或者是热了，只要妈妈这个脸一出现，就会变得舒服了；本来屁股底下是潮湿的、不舒服的，这个脸一出现就会不潮湿了、舒服了。于是，他就把妈妈的脸与其他人的脸加以比较、鉴别，这个脸就意味着他的舒服。这是一种批判主义，是一种最起码的批判能力。

接下来我们考虑的问题就是：人们为什么要创造呢？创造的动力是什么呢？不创造是不是会更好呢？我认为，创造的动力来源于人好吃懒做的本性，来源于人追求功利的本性。大家不要以为好吃懒做是不好的东西，恰恰相反，好吃懒做是创造的动力，是科学发展的动力。大家不要笑，如果人不好吃懒做的话，这个世界就麻烦了，就不会前进了。所有的科学进步都是帮助人好吃懒做的。科学发明就是为了让人更省力一点、更好吃懒做一些。比如蒲扇的例子，正是人们为了让自己不用力也能得到风，所以开始对蒲扇的动力进行批判，后来电动机出来，有了电风扇。然而电风扇吹出来的风是热的，怎么样吹出来凉飕飕的风呢？于是又有人提出了批判，那么就出现了现在的空调。现在再提出一个批判，即使用空调的房间里空气是循环的，怎么样使室内空气和室外空气相互交换，让空气既保持凉度又保持新鲜度呢？如果这是一个真问题的话，我相信，几年、十几年、最多几十年以后会有新一代的空调产生。再比如电视机的遥控，在遥控发明以前，冬天天冷的时候，就不想钻出被窝来换频道。怎么办呢？于是就发明了遥控，不用冒冷出来就可以换电视频道了。所以，所有科学发展的动力都来源于人性的恶，来源于人好吃懒做的本性，来源于人对功利的追求。

因而，就促进社会发展动力的角度而言，与其说人性是善的，不如说人性是恶的。正因为人的好吃懒做，才有科学技术的发展，才有社会的发展。从牛车到飞机，人们的交通工具实现了巨大的改进和飞跃。各位如果坐飞机来，从武汉到这里来是一个小时，吃完了早饭慢慢赶到飞机场照样来得及。这些都源于人对好吃懒做的追求。

这样大家就可以理解了吧，创造是人之为人的本质力量。创造的原因、创造的动力都来源于人，因为人有功利的需求。我们反对功利主义，但是我们不反对对功利的追求，对功利的追求完全是正当的。追求功利的意思就是付出的越来越少，得到的越来越多。

可能有人会问，中国人是人，美国人也是人，为什么进入现代社会以来中国人的创造力却不如美国人呢？比如说诺贝尔奖，虽然获得诺贝尔奖的多少并不能完全等同于创造力水平的高低，但是至少能够反映出一些问题。为什么我们中国人到现在仍然没有获得过诺贝尔奖呢？是不是我们中国人比美国人笨呢？原因在哪里呢？

我觉得，不是中国人比美国人笨，而是我们中国人的文化、中国人的教育不利于创造力的发展。在教育的问题上，在创造力的问题上，不压制就是培养。问题就在于，我们的教育、我们的教师往往是辛辛苦苦、老老实实地在做坏事，在压制学生的创造力。下面我们可以比较一下中美教育方式的不同。

中国人往往把一个人分为三个阶段：第一个阶段是成长教育阶段，从出生到进入幼儿园、学校的阶段，这个阶段主要是家长在劳作；第二个阶段是学校阶段，从幼儿园到大学毕业，这个阶段主要是我们教师在玩人家；第三个阶段是工作以后的阶段，在这个阶段，我们既被人家玩，同时又在玩人家。下面我们来比较一下这三个阶段中美教育的差别。

在学前教育阶段，中国和美国的家长都希望自己的孩子好，成为好孩子，这一点是共通的，差异在于怎样的孩子才算好孩子。中国人看来，孩子健康、漂亮、活泼就是好孩子。美国的家长认为，孩子越多地表现出主体性、越多地提出问题，就越是好孩子。我在美国的时候，就住在美国人的家里，所以我有很深刻的体会。当我看美国的家长对待孩子的态度时，我反思自己对待自己孩子的态度，我觉得自己是一个专制的家长，而不是一个民主的家长，我感到对不起自己的孩子。美国的家庭有着浓厚的民主氛围，孩子在家里面百无禁忌。我们中国家长认为的好孩子，美国家长并不认同；而美国家长认同的好孩子，我们中国家长都不喜欢。

美国的家长非常重视孩子提出的每一个问题。即使是在忙碌中，如果孩子提出了问题，他们都会停下手中的活，耐心地听孩子的问题，并且不论是什么问题，都会尽最大的努力为孩子解答，和孩子一起讨论。在这种氛围下，美国孩子的创造性，批判能力得到了养育；相反，中国的家长总是教育孩子要听话，在家要听父母的话，在学校要听老师的话，长大了到单位要听领导的话，结婚了要听老婆的话，永远都没有自己的主张。所以中国的家长很专制，是不欢迎孩子提出问题的。

中国的孩子事实上也提出了许多非常有价值的问题。比如，中国和美国的孩子都会问到一个问题，就是自己是从哪里来的？中国的家长往往会说，是捡来的，是从石头里出来的，这些都算是好家长了。还有些家长会骂孩子："臭小子从小就关心这些问题干什么？"批评孩子问的问题不对。小孩子可能怎么也想不通：为什么提问题反而会挨骂呢？

如果家里有客人来，美国的家庭会非常支持让孩子一起参与讨论，但是中国的家长却不希望孩子参与，会让孩子出去玩，把他打发走，还会交代一句，不到几点不要回来啊。最好的办法是什么呢？搬个小板凳坐在阴暗的角落里，像傻瓜一样一句话也不说，谁说话看着谁。而且客人往往会说，这孩子怎么教育的啊，几个小时一句话不说，真好。美国的客人就会问，这个孩子是不是听力有问题？怎么几个小时都不说话？是不是需要去医院或者找心理医生检查检查？所以我们中国的小孩子从小就被压制、不让提出问题。所以中国人是在"要听话"的环境中长大的，我们孩子的创造性于是就受到了压制。

到了第二个阶段，在学校中，我们会发现，中国的学生随着年级的增长，提问的积极性不断降低，提出的问题越来越少。到了高中三年级或者大学四年毕业的时候，基本上就没有问题了。小学一、二年级的学生，为了吸引老师的注意，积极地提问。但随着知识的增长问题却越来越少。这是为什么呢？在我看来，这完全是教育的问题。我们的教师基本上都是专制主义者，我们的班主任，这个全国最小的"主任"，也将自己的权力用得是淋漓尽致，也要求自己的管理对象要听话。

一个人长得胖好还是瘦好，这个问题是一个相对的问题，永远也找不到不胖不瘦的人。同样，在课堂提问的过程中，什么样的问题是难度适中的呢？根本没有！学生提出的问题或者会偏难，或者会偏易，但是没有不难不易恰好合适的问题，就好像不存在不胖不瘦的人一样。在美国，学生可以随便提出自己想要知道的问题。我在美国听过研究生的课，有些研究生提出的问题也是很幼稚的问题，老师也无所谓，告诉他在书上哪里可以找到就行了。但中国就不一样了，教师都是专制主义者，有些教师在课讲完时通常会问学生：同学们还有什么问题没有明白？如果学生问了简单的问题，教师通常会说"这么简单的问题都不明白"，而且还常常会问全班同学一遍：这个问题老师有没有讲过啊？全班同学会大声说"讲过"。于是老师就会指责学生没有认真听讲。下课之后同学们也都不体谅，还会嘲笑提问的同学。学生听了就会为自己问了简单的问题而感到羞愧，感到没面子，久而久之就会害怕提问题，最终导致学生不再提问题，抑制了学生提问题的积极性和能力，从而压制了学生的创造性。

如果学生问了比较困难的问题，一下子把老师难住了。结果就和老师结下梁子了，"看来你是不把老师当回事儿"，要么以后就不提问你，要么就告诉你说，你提到的这个问题，两个星期以后会讲到，现在没讲的先不要问。还有的老师会让学生回答相互之间提出的问题，让学生难堪。所以，在我们的课堂上，无论是简单的问题，还是困难的问题，都会受到老师的打击。这就导致学生从小学到大学提出的问题越来越少。最后，学生们都不提问题了，而没有问题就没有创造。教师通过在课堂上压制学生提问题从而导致压制了学生的创造力。

第三个阶段是工作以后。工作以后，中国人仍然要听话。从1949年中华人民共和国成立以后一直到"文革"结束，我们经常会搞一些社会运动，不老实的人往往会被打成罪人。像过去被打成"右派"的人，这些人多是有创造力的人，多是提出问题却被打击的对象。比如有些向校长提意见的教师，向校长提意见这件事本身其实就是提出问题，有了问题才能推动学校不断改进。但是越是提意见的人，越是可能被打成"右派"，不断打击、折磨，让他们不再有意见。很多被打成"右派"的人，当被告知自己是被冤枉的，问还有没有什么话要说的时候，他们都老老实实地说："感谢党、感谢人民，我什么意见也没有。"像这种精神状态的人，哪里还有什么创造力呢？

所以，中国人不是没有创造力，我们的创造力是被我们家庭教育的文化、学校教育的文化、还有整个社会的文化给压抑了。当前的教育不是如何培养学生的创造性的问题，而是如何不压制学生提问题，是如何发挥各自的主体性的问题。目前我们的学校教育，从老师备课、批作业等方面都有意无意地在压制着学生的创造性。比如今天老师教了学生新的公式，作业也是对该公式的熟练运用，如果学生没有按照老师教的去解题，而是采用了自己独创的解题方式，往往老师在评定作业时不会给予学生好的评价，实际上这样做忽视了学生在这一过程中所表现出的创造性。就我所知，美国的老师在评定学生作业的时候，更加重视学生的创造性，而并不是把结果正确作为优秀的唯一标准，如果学生在解题的过程中表现出求异和发散思维，尽管步骤烦琐，结论未必准确，但也会给予肯定和表扬。在这种教育理念下，美国学生的批判精神和创造能力就受到了保护，因此往往更具有创造性。

所以说中国的创造教育问题，不是如何培养，而是如何不压制。在我们学校教育中，从备课到上课，布置作业，老师都存在"好心办坏事"的事情。这个问题就导致谁的创造性越强，就越容易被打击和压制。我们的学校教育需要做的就是不压制。联想到我们有的学校还要开创造课，我就不知道这创造课是怎么教的，我是坚决反对的。至于创造课的老师，你让他自己先创造一样东西出来，要是创造课老师真能创造人才的话，你这个中小学养不起他，早就被大公司挖走了，人家工资给出你的十几倍，二十几倍。开创造课无非教一些创造的过程、创造的方法（比如原型启发的方法），这都没有什么用。

这跟语文课一样，语文老师讲什么小说创造要点、诗歌写作方法等，讲得比鲁迅、茅盾、巴金讲得都好。但你让他自己弄一篇试试看，把这些方法背得滚瓜烂熟又有什么用呢？至于写出好文章的学生，他也不知道，他就这么写出来了，有没有这个情况？什么头脑风暴法、原型启发法，知道这个法又有什么用啊？我们常讲的例子，牛顿看见苹果掉下来，瓦特看见烧开的水把壶盖顶起来，一个掉下来，一个顶起来，于是两个人分别提出了万有引力，发明了蒸汽机。其实这个故事我根本就不相信，我从小就不相信。为什么不相信呢？在老牛、老瓦以前，看到这两个现象的不知道有多少人，为什么就老牛、老瓦看见了就不一样呢？像我这样的笨人，不但看见苹果掉下来，甚至还被掉下来的苹果砸疼了脑袋，结果如何呢？除了脑袋疼几天之外什么也没有。为什么他就行了呢？你去问他本人，他也说不清楚。我们心理学上有个不负责任的话叫做灵感，你问他这个灵感从哪里来的，心理学上说是顿悟，顿悟从哪里来的，没有人说得清楚。这是一个防空洞，我们教育学也有很多防空洞，我们就要炸掉这些防空洞。讲到这里我要附带讲一下，我们引用爱迪生的话：天才是百分之一的灵感加百分之九十九的汗水。好像下苦力就能成为创造人才了，其实后面还有一句：但是这个百分之一比百分之九十九还重要，它的重要性超过了百分之九十九。那么这个百分之一从哪里来呢？它占的分量不重，就好像你烧一锅汤不放盐，盐大概连百分之一还没有，但没有盐就叫做白开水，有了盐就叫做汤了，发生质的变化。总而言之，或许并不能使每一个人都成为有重大贡献的创造性人才，但是我们要期待每一个人这方面的能力都得到成长和发展。教师起码能够做到，即不做什么，不要动不动就去教。我们教师最大的毛病就是好为人师，动不动就说我来教你。其实有时候越教越坏事，我们教师少做点坏事，就等于是做了好事，因为我们做的坏事太多。

很多人都是没本事才当教授的，像我就是没本事才沦落为教授的。你们在座的像我一样，都是好学生，都是听话的人，所以才来当教师的。教师工作的性质是缺乏创造性。教师这项工作和医生一样，它的基本原则都是缺乏创造性的。医生开药方、做手术都是按照教科书上来的，什么症状需要下什么药、需要怎么做手术、怎么切割等等。如果非要说医生是具有创造性的职业，你可以问问他：换个地方切一刀怎么样？很有可能就把人家的命给葬送了，这是不可逆转的。医生、教师都是牵涉人的命运的，所以他是非常谨慎的，这两个职业有很大的保守性。比如我们往往会要求校长、学校领导者开展教育改革，结果弄了半天没有一个学生考上大学，这不是害人嘛，耽误的是一个人一辈子的前途啊！所以教育本身就是保守的，它的主要任务是传递和重复知识。

那么关于创造力的问题，教师究竟应该做什么呢？我们应该认识到，学校中的创造不同于科学家的创造。很多学校中的创造活动，在科学家那里根本算不上是创造。教师应该不断地向学生提出问题，并不断地鼓励他们提出问题。教师应该以平等的身份参与学生提出和解决问题，而不能代替学生提出问题、教学生解决问题。教师应该引导学生，给学生创造必要的条件，让学生自己去解决问题。教师必须意识到，学习是学生自己学会的，创造是学生自己创造的。就像医生看病一样，表面上看是医生看好了病人的病，但事实上，病人的病是病人自己克服的，医生只是帮助病人增强抵抗力，帮助病人自己克服疾病。我们经常可以见到，一个很小的感冒，对于年轻人来说并不算什么，但是对于一个九十多岁的老人来说却可能是致命的。所有的药方都是为了增强病人的抵抗力，帮助病人克服疾病，而不是由医生直接把病治好。

所以教师的工作非常像农民。世界上有两种艺术，一个是操作的艺术，一个是合作的艺术。操作的艺术就像这个杯子，它完全是人造出来的，这个是操作的艺术；但是还有一个，假如全世界的农民都不工作了，我们照样可以找到水稻、麦子、水果，只不过是野水稻、野麦子、野水果而已。最先进的生产力、最好的生产工具是大自然的杰作。农民的工作就是与大自然相配合，把野水稻、野麦子、野水果改造成现在我们所种的水稻、麦子、水果，让它们产量更好、品质更好。是农民和自然的合作才有了农业。

我们教师的工作就是这样，教师的任务无非是帮助学生发展。我们常常会看到，一个农村妇女，一年书也没有读过，学校的门都没进过，但是到关键时候，当家庭出现极度困难时，她却敢于担当，有充足的勇气提出解决办法，而很多受过多年教育的人却不知所措。我们的教师就像农民一样。教师的教永远只是帮助，就像农民在需要的时候灌溉、施肥一样。灌溉、施肥对于植物的成长固然重要，但是也应该审时度势，在需要的时候采取相应的措施，而不是滥用措施。在需要的时候不给施肥，或者施肥太多了，都会导致相反的效果。

第二，在创造的过程中，非智力因素或非理性因素发挥着极其重要的作用（非理性因素主要是指情感、意志等）。

我们前面讲到过，教师在教育的过程中，通常都使用了理性的方法。比如说讲到要尊重老师，为什么要尊重老师呢？我认为，这种感情的东西是非理性的，是不能用理性的道理来讲的。但是我们在教学的过程中却非要使用这种方法，这完全是在欺负学生不会说话，或者不敢说话。比如说老师年龄大，那么我就想问：为什么年龄小要服从年龄大的呢？如果说老师学问大、知识多，那么为什么没有学问的人要尊敬有学问的人呢？有人说，青少年是早上八、九点钟的太阳，老年人是下午四、五点钟或者六、七点钟的太阳，那么为什么"早上的太阳"要尊重"下午的太阳"而不是"下午的太阳"尊重"早上的太阳"呢？这些问题永远都说不清楚，它们都是情感的问题，而不是知识的问题。

所以，我们千万不能把创造看做是一个理性的过程。要想实现创造，首先是"想"创造，其次是"敢"创造，最后才是"能"创造。这里面"想"和"敢"的问题都是非理性因素。所以创造的问题第一位重要的是"想"，第二位重要的是"敢"。我们看到社会上有很多骗子，这些骗子都是坏人，但是我们发现，很多骗子都是具有创造性的人。有一个研究生被一个初中毕业的农民卖掉了，这个农民卖掉研究生的过程也是发挥创造力的过程。这种骗人的手段很多，因为他"想"，他也"敢"。社会上很多骗子大行其道，就是因为他们想骗、敢骗。他连被抓进监狱都不怕。为什么我们没有这种创造性呢？我们发现，有很多劳改出来的人，一无所有，敢于发挥这种创造性，反倒是我们这样的人，顾虑越是多，为名誉、荣誉、金钱等所累，所造成的情况是：有许多教股票的老师，自己教股票，自己却在炒股时输掉了。

我们有些老师，教育理念说得头头是道，可是自己的孩子却教育不好。当然，确实有很多孩子发展得好。那么为什么有些教师的子女却发展不好呢？具体从创造者来说，最重要原因在于，创造不好玩，创造要冒极大的风险。自然科学是这样，在社会科学中同样如此。我们现在是只看到了强盗吃肉，没看到强盗受罪。以为创造能带来巨大的财富，能带来荣耀，但殊不知有很多人为了搞创造弄得家破人亡，创造了一辈子把自己的脑袋创造掉了。我们不要只看到创造会发奖金，创造是要付出代价的。在中世纪，多少富有创造性的人才付出了生命的代价。比如伽利略，这位伟大的科学家驳斥了地球中心论的观点。关于地球围绕太阳转还是太阳围绕地球转，这个问题的答案现在已经成为了常识，但是在伽利略当时发现真理的时候，却要顶着巨大的压力。据说伽利略迫于压力承认地球中心说的时候还不服气，一边签字一边说，地球还在转动着。

自然科学是这样，社会科学更是如此。我们当时创造中华人民共和国，死了多少人、付出了多少代价啊！为什么我们中国的学术界没有学派呢？当然现在好多了，但是从中华人民共和国成立之初一直到"文化大革命"，谁敢提出一个新观点，有人就会质疑说你违反马克思主义。这样一来谁还敢玩啊？不玩了，算了吧。所以要想成为创造性人才，首先要"想创造"，而且还要"敢创造"。创造不一定会成功，即便成功的人也要承担风险。有人一辈子创造，也没有创造成功。林语堂也想搞创造啊，他想发明一个打字机，一个能够直接用中文打字的打字机。事实上，一直到电脑发明以后，才逐渐开始能够直接用中文打字。他耗费了大量精力发明了一种简便易用的中文打字机，但是却没有厂家愿意生产。他曾要求预支稿费，一手包办整个研发费用，但这项发明却最终导致他濒临破产，一辈子的心血最终变成了一堆废铜烂铁。

创造要承担很大的风险。创造不是一创造就成功的，即便成功了，也要承担很大的风险。我们看到的都是成功的创造者，但还有很多被抓进监狱的创造者。老婆和你离婚，你还敢创造吗？你提出一个新观点、搞一个创造，全国人民都反对你，你还敢创造吗？所以，想和敢是非理性的东西。我们只看到了能不能创造的东西，却没有看到想不想创造、敢不敢创造的问题。

创造需要有百折不挠的毅力和勇气。如果一创造就成功了，我敢说，这个创造人才就会比教师还不值钱。很多人用一生的经历也没有能够创造出东西来。就拿爱迪生来说，爱迪生发明了使美国亮起来的灯泡。人家说：哎哟，你真不容易啊，你发明了钨丝做的灯泡。爱迪生说：不，我的成就是在于发现了有一百多种物质不能够做白炽灯泡的灯丝。这实际上从侧面说明他失败了一百多次。用头发、烧焦了的头发等进行试验，最后才发现了钨丝。诺贝尔奖的设立者诺贝尔，他是研究炸药的，有一次就意外把他的实验室全部炸掉，差点连小命都搭进去。后来为了减小损失，把船开到一个没有人的地方进行实验。真正能够登上创造顶峰的，不是个个都行的，他是在大量的群体上逐渐产生的。

所以对创造人才来说，想和敢的问题比能不能的问题更重要。它不完全是一个理性的过程，知识多了反而可能对创造有负面的影响，那就是受文化的改造。有许多创造的过程是稀奇古怪的。做阿司匹林据说是一个很偶然的事情，上帝永远是给时刻准备着的人开绿灯的。光有知识、学问是没有用的，你一肚子学问，但想一想这个事情很麻烦、很危险，算了吧，就不提了。为什么我们国家的创造人才这么少呢？就因为被社会压制住了。真正的创造人才在我们看来都是一些怪人。我一直在呼吁，一个健全的大学要养得住几个闲人，要养得住几个怪人，在这些人身上常常有一些常人所不具备的东西。在创造的过程中，知识不是像我们想象得那么重要，而是想和敢的问题，非理性的因素更强。现在社会上，谁胆子大啊？不怕坐牢的人胆子大，所以就敢创造。一般人往往考虑得太多，包括领导的看法、家人的看法、可能的影响等，于是就会遇到阻力。创造是一个极其具有颠覆性而且充满风险的事业。所以创造不好玩，我们要培养学生健全的人格、要促进学生热爱真理，有百折不挠的毅力和勇气。因此学校教育应当注重对学生兴趣、爱好、意志、自信心等非智力因素的培养。

第三，学校教育应当能给学生以必要的基础知识和基本技能。

创造不是胡思乱想，它往往是在前人的基础上实现的，是站在前人的肩膀上实现的。不了解前人的发展情况，不了解这个领域的发展状况，就不能创造。所以现在的硕士生、博士生要经历开题的过程，其中最重要的价值就在于这项研究的前期基础是什么，前人做到了哪种程度，是否有可能实现创新。如果前人已经做过了，而且你讲的没有人家讲的好，那么就不要研究。美国曾有人研究儿童在出生的时候对颜色的感知和对形状的感知哪种更强烈。结果当研究做好了，却发现有一篇文章，已经写过相关的研究了，而且研究结论差不多。于是只能让自己辛辛苦苦做过的研究从头再来。

创造要是可能实现的事情，而不是不可能实现的东西。违背科学基本常识的东西是不可能实现的。创造是对现实的批判，但是不能乱批判，要批判得准确与深刻。批判的准确性是需要有深厚的知识基础的，创造总是站在前人的肩膀上的。像永动机、水变油等这样的"创新"，是违背科学的。创造不是胡思乱想，而是要在前人认识和创造的基础上做创造。所以教师能做的就是让学生掌握最基本的知识，使学生在掌握基础知识的基础上开展创造。

第四，创造是一个价值产生的过程，在创造的过程中，自始至终必须有正确的价值导向。

学校教育应当给学生以正确的价值引导，任何反人类、反科学、反社会进步的创造都必须及时加以制止。在历史上，有很多坏蛋，像希特勒这样的人，屠杀犹太人，这些反人类的人也很有创造性。但这种发明创造要及时加以制止。现在社会上有很多骗子，他们都是创造性很强的人。现在很多电视节目都在报道如何预防骗子，这些骗子的伎俩层出不穷，他们一个是"想"创造，另一个是"敢"创造。

创造必须以符合人类社会的共同利益、共同价值观为前提。创造的过程其实就是价值选择的过程。在正确的动机下产生正确的东西，正确的东西在使用过程也要有正确价值的引导。比如"杜冷丁"，它被人类创造出来后，本身是对人类有益的东西，使用正确可以减少人的痛苦；可是如果没有正确的价值观作引导，被滥用的话就会成为一种害人的毒品。

总之，我们教师只能教给学生知识，而知识的影响力是有限的。在我们教师教的知识中，有些课程的逻辑性很强，有些课程的逻辑性比较弱，如数学、物理、化学等逻辑性比较强，像体育、艺术、文学等逻辑性比较弱，我们不能用理性的方法来教所有的知识。教育并不能解决一切问题。数学课少一次便会损失很大，但是语文、音乐等少上很多节课影响也不是非常大。教师的教和知识的作用是有限的，不是什么东西都需要教的。对于学生而言,在成为一个真正的人的过程中,教的内容是非常有限的。

(本文由王佳佳、王俏华、董吉贺根据录音整理)

"道德"是道德教育有效性的依据

每一种生物在其生命的活动中，总是表现出区别于其他物种的特性。人类的活动也有某些类似之处。在人类各种各样的实践活动中，都表现出各不相同的特殊本质或特性。不同之处在于，人类以外的各种生物，其活动特性决定于自身独特的本能，而人类则不完全取决于主观意志。人类任何实践活动，如果要取得预期的效果，其目标、手段、过程等都要充分考虑活动的对象。木匠和铁匠的活动表现出各不相同的特征，不是出于两种匠人各自的意愿，而是由各自活动的对象——木头和铁块——的特性所决定的。因此，对于诸如特征、特性、规律等有关实践活动对象的认识和把握，并在此基础之上，审慎地确定活动的目标、规划活动的过程、选择活动的手段，乃是使活动达到预期目标，或落实活动有效性的一个不可或缺的重要因素。事实上，人类实践活动的不断展开和深入，往往是以人们对于活动对象认识的逐步拓展和深刻为前提的。

学校道德教育的活动也不例外。当前，我们经常听到有关学校道德教育工作没有达到预期目标，或学校道德教育工作"低效"甚至"失效"的议论，究其原因，恐怕不能完全归咎于教育工作者的主观努力。事实上，对于受教育者的道德发展，无论教育行政部门或是学校的实际工作者，不仅在思想上非常重视，而且在实际上也付出了大量的人力和物力。在学校道德教育领域，教育者付出的努力和得到的收获不成比例，原因固然很多，其中一个重要原因，可能是教育者对于道德教育活动对象——道德的认识有待于进一步深入。

学校道德教育预期的目标或效果，不管如何具体表述，可以简要地概括为"使受教育者有道德"。这就是说，制约学校道德教育实施的活动对象是"道德"。因此，教育者对于"道德"特征的认识和把握，潜在地决定了学校道德教育特殊的性质以及活动的效果，这也是这篇文章的题目想要表达的意思。本文拟在讨论道德有哪些需要注意的特性（在此只涉及几个特性，并不穷尽所有特性）的基础上，对学校道德教育活动的有效性，谈几点看法。不言而喻，道德是指人的道德，而且，归根到底，人是道德教育活动的终极对象，所以，叙述中不可避免地也要涉及有关人的特性。

一、道德教育要适合个人生存、生活实践的需要

关于道德的发生、发展，不同学说曾经有过多种不同的说法。有的把它归之于神的意志或戒律，有的把它归之于某种天赋的力量或能力，有的把它归之于感觉、欲望等人的自然本性。这些对道德的看法没有顾及人自身生存和生活经验的事实，以及制约人生存和生活的外部环境，同时也没有考虑到"道德"发生、发展的具体历史条件，因而难以充分说明"道德"作为历史范畴的一切。

恩格斯"在马克思墓前的讲话"中说道："马克思发现了人类历史的发展规律，即发现了直到最近还被思想体系的积淀所掩盖的一个简单事实：人们首先必须吃、喝、住、穿，而后才能从事政治、科学、艺术、宗教等等。"① 接着他还明确地指出，包括"国家组织、法律观点以至宗教观念"等必须由人类"直接物质生活资料的生产"所形成的经济基础来加以说明。虽然恩格斯在这篇讲演中没有明确地列举到"道德"，但显然它是包含在"等等"之中的。事实上，同宗教、艺术一样，道德也是人类为满足自己生存、生活共同需要而产生的伟大创造物。事实表明，人们所创造的一切无论从动机或结果来看，都同他们的利益有关。道德之被创造，也不例外。需要强调的是，人是群集的动物，人具有社会性，所以，人的利益并非纯粹是单个自我的事情。"对自己来说，人是不充分的，如果生命不为我以外的目的服务，如果生命对别人没有价值，那么生命就没有意义。"② 不言而喻，这里的"利益"，同个人的自私自利无关。事实上，人类之所以创造出道德，其目的就在于，同时既满足自己的需要，又满足别人的需要。因此，离开了人的生存和社会的需要，就无法理解"道德"，乃至文明世界的一切。

既然学校道德教育目的就是要使人有道德，而道德的产生和发展在于满足人的生存、生活需要，这一基本事实，就决定了道德教育活动的一个基本特征，即不能离开人的生存、生活和发展的需要来谈道德，也不能离开人的生存、生活和发展来进行道德教育。当然，人的需要是多方面的，除了物质的需要（吃、喝、住、穿等）之外，还有社会的需要（归属、角色认可、尊重、爱和被爱等）和精神的需要（审美、探究、创造等）。不言而喻，作为个人物质生活、社会生活、精神生活之总和——生活品质或生活质量的高低，是与道德密切相关的，因为个人往往是在对其他人的道德义务的承担中认识到自我或自我价值的。对这一点必须给予充分肯定。但是，这只是问题的一个方面。在学校的道德教育活动中，存在着一个值得注意的地方，这就是教育者往往专注于"满足别人的需要"，而忽略"同时也满足自己的需要"。这

---

① 〔德〕马克思，恩格斯. 马克思恩格斯全集（第19卷）[M]. 北京：人民出版社，1963：374.
② 〔美〕A·J·赫舍尔. 人是谁 [M]. 魄仁莲，译. 贵州：贵州人民出版社，1994：52.

可能是由于对"道德"本性理解的偏颇。

对于学校的道德教育来说，这一"忽略"所造成的后果是非常严重的。抽去道德"同时也满足自己的需要"这一特性，就会把"道德"同作为道德行为主体的个人隔离乃至对立起来。对于"道德"的倡导者或教育者来说，往往会把"道德"同"付出"、"奉献"、"牺牲"联系起来，甚至还会把后者误解为前者的条件或前提。在学校道德教育的活动中，常常会出现倡导"牺牲的道德"或"为道德而牺牲"的情况。对于受教育者而言，往往会产生对道德的消极情绪，似乎道德就是某种外在的约束或规范。与此同时，教育者为了使这些约束或规范有效，往往会辅之以奖励或惩罚。在这种情况下，即使受教育者接受了它，其行为充其量也只是为"道德"而道德。

不顾个人的需要，倡导"牺牲的道德"、"为道德而牺牲"的道德教育割裂了义务和权利的关系。事实上，没有权利的义务，同没有义务的权利一样，都是难以持久的。因为这不仅违背公正的原则，而且也不符合人的本性，而任何违背人性的教育都不可能取得成功。无根的玫瑰，枯萎只是迟早的事情，这乃是命运的必然。

辩证唯物主义经典作家从需要的角度看人的本性，明确提出"他们的需要即他们的本性"，并且把人的需要看成是支配人的行为的内在动机。① 经验的事实告诉我们，在现实生活中，人努力追求的，既是能满足人的需要的，又是对人有利益的。所以，需要往往具体体现为利益。在《自私的德性》一书的"导言"中，安·兰德说："道德的目的是阐述适合于人类的价值和利益；人关心自己的利益，这是道德生存的本质；人必须受益于自己的道德行为。"② 应该指出，在谈到个人利益和道德的关系时，辩证唯物主义经典作家强调的是，个人利益必须"符合"全人类的利益，而"正确理解的利益是整个道德的基础"③。因此，道德教育的一个目标，就要使受教育者"正确理解"个人的利益。所谓"正确理解"，不是以道德的名义蔑视或"消退"个人的利益，而是使个人利益"符合"全人类的利益。这应该是衡量学校道德教育是否"有效"的一个重要标准。

二、道德教育的目标应该是"道德"

所谓"道德"，是指"不是不道德"，它区别于无休止的"更道德"。这应该是判断学校道德教育是否有效的标准。学校道德教育就其"内容"来讲，乃是使受教育者养成一系列良好的品质；就其"形式"来讲，无疑是促进道德的发展。这就要涉及发展的动力问题。黑格尔、恩格斯、列宁、毛泽东都把矛盾看做是一切运动和生

---

① 〔德〕马克思，恩格斯. 马克思恩格斯全集（第3卷）[M]. 北京：人民出版社，1960：514.
② 〔美〕安·兰德. 自私的德性 [M]. 焦晓菊，译. 北京：华夏出版社，2007：4.
③ 〔德〕马克思，恩格斯. 马克思恩格斯全集（第2卷）[M]. 北京：人民出版社，1957：167.

命的根源或动力。道德的发展也不能例外。

作为道德发展动力的基本矛盾的双方是"道德"和"不道德",还是"道德"和"更道德"?答案应该是前者。在人的道德发展方面,体现于矛盾体系发展全过程的是"道德"和"不道德"的斗争,道德教育或道德发展的目标就是使"道德"成为矛盾的主要方面,而不是"更道德"克服了"道德"。也就是说,道德发展的动力,乃是道德与不道德,而不是"更道德"与道德的矛盾运动。

之所以强调这一点,是因为这与学校道德教育目标的定位和道德教育效果的衡量,有着内在联系。《教育大辞典》对"道德教育"的解释是:"在社会主义中国,学校道德教育以共产主义道德原则为思想基础,其教育内容包括共产主义道德理想、社会主义公民道德规范……"[①] 共产主义道德教育的基本原则是:"集体主义,人民利益高于一切,全心全意为人民服务。"[②] 为了达到这个目标,便要使"德育内容序列化","按由低到高,由浅入深,由个别到一般,由简单到复杂,分层次分阶段、连续有序地排列,呈螺旋式上升趋势",在"要求上略高于学生已有发展水平"。上述解释给人一种强烈的印象:道德是分层次的;道德教育的任务是不断地"更道德"。这些不断"更道德"的要求是否具有可操作性,是否真能落到实处,是需要讨论的。在这方面,宗教的律令对学校道德教育或许有一些启发。不同宗教的律令,除了本教的法规之外,也体现了对教徒生活方式的规范,其中包含了道德的要求。这些要求往往都以"不……"来体现。佛教对沙弥有"十戒";对在家男女教徒则要求守"五戒";基督教有"上帝十诫";伊斯兰教伦理道德所不容的大罪也只有几种。哪一种律令都没有体现"更道德"的要求。宗教的影响之所以如此巨大,这或许是一个原因。

"道德"是否能分层次,是否有比道德还道德的"更道德",以及与此相关的是否有"道德底线"?我觉得,道德没有层次。如果"道德"有层次,那么,区别不同层次的标准是什么?"道德"具有同质性,凡是真正称得上"道德"的,都没有本质的区别。换言之,它们之间没有上下、高低的差别。如果只有一个儿童落水,当然只能救起一个人;如果同时有两个儿童落水,就有可能救起两个人。这两种情况,我们如何判断哪一种"更道德"?类似的情况可以说不胜枚举。我承认,从修辞的角度来说,任何德行都可以用不同的辞藻加以修饰,以表示区别。例如,关于职业道德,我们在汉语词典中可以找到诸如守职、称职、尽职、忠于职守、爱岗、敬业等一系列词汇来表示。我在列举上述词汇时也曾努力使它们序列化,但感到实在难以定夺,不能确定哪一个比另一个更道德。我甚至认为,同样都用这些词汇,同样都

---

① 教育大辞典编撰委员会. 教育大辞典(第1卷)[M]. 上海:上海教育出版社,1990:1135.
② 同上注.

从道德的角度，不同的人，很可能会排出不同的由低到高的"序列"。如果认为这些辞藻分别体现了不同的职业道德的层次，则更不能成立。因为即使说它们之间还有一些差异，那也只是"程度"而不是"层次"上的差别。

不可否认，不同人的不同道德行为，产生的作用各不相同，于是，人们很容易将作用或影响大的行为判断为"更道德"。这其实是一种误解。作用或影响不是判断道德与否的依据。道德行为作用或影响的大小，往往与一个人拥有的资源（社会地位、权力、财富、能力等）有关，甚至由一个人拥有的资源决定，但是，这与道德本身无关。只有"小善"与"大善"之分，没有"低善""低级善"与"高善""高级善"之别。所谓"高尚的道德"就是"平凡的道德"。在道德问题上，"高尚"与"平凡"是统一或同一的。每个学生并不都可能成为专家、学者，因为这受制于各人拥有的资源而不完全取决于自身的愿望；但每个人都可以成为有道德的人，因为这无关乎个人拥有的资源。就算是沦为乞丐，尚有"善丐""恶丐"之别。毛泽东曾诗意地说过"六亿神州尽舜尧""遍地英雄下夕烟"。他树立的榜样，中华人民共和国成立前有愚公、张思德、白求恩，中华人民共和国成立后有王进喜、陈永贵、雷锋、焦裕禄等。这些人除了焦裕禄是县级干部外，其余都是普通的人。这种情况，是值得道德教育工作者思考的。

既然道德具有同质性，没有层次，那么，如何理解"道德发展"？我觉得，道德认知的发展不等于道德的发展。所谓道德发展，不是由道德的低层次向高层次的纵向攀升，而是处理、对待不同领域（物质领域、社会领域、精神领域）道德问题的横向拓展。不管是哪个领域的问题，"道德"都应该具有相同的特性，即同质性。孔子曾经讲过，他是三十而立，四十不惑，五十知天命，六十耳顺，七十从心所欲不逾矩。在孔子看来，他所讲的那些关键词不仅是历时态的，而且是攀升、发展的。我觉得，它们应该是共时态的，是道德的一些特性。

既然道德具有同质性，所谓"道德底线"的说法就需要加以讨论。在我看来，"道德底线"只是道德和不道德的界线。如果将它看做是道德具有的若干层次中最低层次的界限，就会引发一系列难以回答的问题。除了"底线"之外，还有哪些"线"？是不是还有"中线""高线"？至少还应该有一个"上线"或"高线"。接下来的问题是，划分这些线的标准是什么？等等。如果将"小善"误解为"底线"，将"大善"误解为"高线"，把个人拥有的资源作为划分的标准，容易使人产生道德高不可攀，远离普通人平凡生活的感觉，我们通常所讲的"莫以善小而不为""人皆可为尧舜""达则兼济天下，穷则独善其身"等古训，就会成为空话。

三、道德教育要慎用奖励

在我国学校道德教育实践中，奖励是"学校德育方法之一"，经常被教育者加以使用。《教育大辞典》不仅具体列举了奖励的种种方法，而且，为了使这种方法发挥应有的积极作用，还详细说明了这种方法的"实施要求"[①]。应该说，辞典的编纂者对这个词目的解释非常准确，而且，辞典的解释中，明确说明它们乃是一种"德育"方法，这也是正确的。问题在于，"德育"的内涵非常丰富。就行为规范这一个方面来说，除了纪律教育、法制教育之外，道德教育也包含其中。如果说，奖励和惩罚对于遵纪守法的教育是必要的，那么，对于道德教育来说，是不是行之有效的方法，我觉得有讨论的必要。

新行为主义心理学对于动物的大量实验结果表明，外部环境的直接刺激能够有效地改变动物的行为，并努力把"强化耦合"的原理用于人的学习领域，对教育产生了很大影响。我们知道，所有的道德各自都有一套规则体系，而且，人必须通过对规则的尊重和理解，才能把握道德规则体系之灵魂的道德的实质。不可否认，奖励对于习惯和服从规则意识的养成，具有效果，对于学龄前的年幼儿童来说，更是如此。正因为它在这方面的确有"立竿见影"的效果，所以受到普遍重视，甚至常常可以听到"以表扬为主"的说法。应该指出，这种服从规则的行为或许是合乎"道德"，但绝不是"出乎"道德。规则毕竟不能等同于道德，而且，人的行为并不等同于动物的反应。人的行为不是由环境因素直接决定的；人的主体性不仅仅表现在主动规避惩罚、获取奖励方面，真正的道德行为更是如此。

无论奖励或是惩罚，都是控制的手段，都是对受控者的驾驭和支配，都是为了使受控者顺从、驯服，都要以受控者自主性的丧失为代价。为了避免惩罚而甘为奴隶固然可悲，但为了奖励而争做奴隶则更可耻。不管用奖励还是惩罚的手段，充其量只能使受控者谨慎，而不是道德。换言之，控制只能培养谨慎的人，而不能培养道德的人。所谓"谨慎"，是以外部控制为条件的，是不可能做到"慎独"的。这些不能"慎独"的人，往往就是人们深恶痛绝的伪君子。

奖励是人为的强化物，学校道德教育活动中往往巧妙地加以使用，并认为是一种有效的方法，而忽略了它对于道德的销蚀作用。退一步来讲，即使这类强化物不会造成任何负面影响，那也是不可取的。因为人不可能永远生活在"学校"这个在很大程度上是人为设计的环境之中。如果说在学校里我们可以努力做到"好人不吃亏"，但谁敢保证在社会中"好人一生平安"。在现实生活中，道德的行为有时不仅不能得到积极强化，甚至受到惩罚和打击。在这种情况下，指望依靠人为强化维持的"道德"不发生"消退"，是难以想象的。事实上，实际生活中不乏这样的实例。

不慎用奖励，不但不能使学生有道德，还可能会助长不道德，因为它可能演变

[①] 教育大辞典编撰委员会. 教育大辞典（第1卷）[M]. 上海：上海教育出版社，1990：1135.

为"需要",或成为某种交换物。为了得到老师的表扬,或为了表现自己不落后,小学生在捡不到钱的情况下,拿出自己的钱作为捡到的失物交给老师或警察;做了一件好事,唯恐别人不知道,采用种种"巧妙"的手段扩大其影响,恐怕并不是"孤证"。这是不是"以表扬为主"的产物,我觉得是需要深思的。

在我看来,之所以要慎用奖励,根本的原因在于:奖励与道德的本性不相匹配。道德出于人的自觉、自愿。它是基于对他人或公共需要的感受而产生的对于个人责任和义务的认同,是"应该"如何行为的压力感受。这种压力感受是积极的责任感,不同于消极的"羞耻感""耻辱感""犯罪感",其基础是个人对自我、他人、群体的认识和理解。因此,道德的行为是自足的。所谓"自足",它的发生和维持无须外在的控制力量(奖励或惩罚),它就是它发生和维持的力量。任何控制都是道德的大敌,把它作为实现道德教育"有效性"的手段,可能会适得其反。

(本文发表于《中国德育》2008年第10期)

用"道德"的方法养成道德

每一种生物在其生命的活动中,总是表现出区别于其他物种的特性。人类的活动也有某些类似之处。在人类各种各样的实践活动中,都表现出各不相同的特殊本质或特性。不同之处在于,人类以外的各种生物,其活动特性决定于自身独特的本能,而人类则不完全取决于主观意志。人类任何实践活动,如果要取得预期的效果,其目标、手段、过程等都要充分考虑活动的对象。学校道德教育的活动也不例外。当前,我们经常听到有关学校道德教育工作没有达到预期目标,或学校道德教育工作"低效"甚至"失效"的议论,究其原因,恐怕不能完全归咎于教育工作者的主观努力。事实上,对于受教育者的道德发展,无论教育行政部门或是学校的实际工作者,不仅在思想上非常重视,而且在实际上也付出了大量的人力和物力。在学校道德教育领域,教育者付出的努力和得到的收获不成比例,原因固然很多,其中的一个重要原因,可能是教育者对于道德教育活动对象——道德——的认识有待于进一步深入。可以说,制约学校道德教育目标、过程、手段最终的依据是道德的特征。

一、道德教育要适合个人生存、生活实践的需要

关于道德的发生、发展,不同的学说曾经有过多种不同的说法。有的把它归之于神的意志或戒律,有的把它归之于某种天赋的力量或能力,有的把它归之于感觉、欲望等人的自然本性。这些对道德的看法没有顾及人自身生存和生活经验的事实和制约人生存和生活的外部环境,同时也没有考虑到"道德"发生、发展的具体历史条件,因而难以充分说明"道德"作为历史范畴的一切。

恩格斯"在马克思墓前的讲话"中说道:"马克思发现了人类历史的发展规律,即发现了直到最近还被思想体系的积淀所掩盖的一个简单事实:人们首先必须吃、喝、住、穿,而后才能从事政治、科学、艺术、宗教等等。"[①] 接着他还明确地指出,包括"国家组织、法律观点以至宗教观念"等必须由人类"直接物质生活资料的生产"所形成的经济基础来加以说明。虽然恩格斯在这篇讲演中没有明确地列举到"道德",但显然它是包含在"等等"之中的。事实上,同宗教、艺术一样,道德

---

① 〔德〕马克思,恩格斯. 马克思恩格斯全集(第19卷)[M]. 北京:人民出版社,1963:374.

也是人类为满足自己生存、生活共同需要而产生的伟大的创造物。

人的最基本需要有三类：其一，物质需要；其二，社会需要，包括归属的需要、角色认可的需要、被尊重的需要、爱与被爱的需要等；其三，精神需要，包括审美、生活享受、智力探究以及创造的需要等。如果我们的所需和所欲之间永远保持高度的一致，就不会有道德问题产生。但事实并非如此。人类区别于其他动物的最大特点是人是否定性的存在，人的否定性是人主体性的重要内涵。这种否定性的存在是人发展的最根本的动力，建立了高度的物质文明，具有积极的意义。但同时作为这种否定性存在的产物，人的所需与所欲往往是分离的。人的所需与所欲的不匹配正是不道德的根源。由于不能正确理解自己基本的需要和利益，道德就出现了。事实表明，人们所创造的一切无论从动机或结果来看，都同他们的利益有关。道德之被创造，也不例外。需要强调的是，人是群集的动物，人具有社会性，所以，人的利益并非纯粹是单个自我的事情。"对自己来说，人是不充分的，如果生命不为我以外的目的服务，如果生命对别人没有价值，那么生命就没有意义。"① 不言而喻，这里的"利益"，同个人的自私自利无关。事实上，人类之所以创造出道德，其目的就在于，同时既满足自己的需要，又满足别人的需要。

因此，离开了人的生存和社会的需要，就无法理解"道德"，乃至文明世界的一切。学校道德教育实践是人类实践活动。学校道德教育同样要从活动对象的特征出发，而不仅仅依靠教育者主观能动性的发挥。然而，在学校的道德教育活动中，存在着一个值得注意的地方，这就是教育者往往专注于"满足别人的需要"，而忽略"同时也满足自己的需要"。这可能是由于对"道德"本性的理解的偏颇。

辩证唯物主义经典作家从需要的角度看人的本性，明确提出"他们的需要即他们的本性"，并且把人的需要看成是支配人的行为的内在动机。② 经验的事实告诉我们，在现实生活中，人努力追求的，既是能满足人的需要的，又是对人有利益的。所以，需要往往具体体现为利益。在《自私的德性》一书的"导言"中，安·兰德说："道德的目的是阐述适合于人类的价值和利益；人关心自己的利益，这是道德生存的本质；人必须受益于自己的道德行为。"③ 应该指出，在谈到个人利益和道德的关系时，辩证唯物主义经典作家强调的是，个人利益必须"符合"全人类的利益，而"正确理解的利益是整个道德的基础"④。因此，道德教育的一个目标，就要使受教育者"正确理解"个人的利益。所谓"正确理解"，不是以道德的名义蔑视或"消退"个

---

① 〔美〕A·J·赫舍尔. 人是谁 [M]. 魄仁莲, 译. 贵阳：贵州人民出版社，1994：52.
② 〔德〕马克思, 恩格斯. 马克思恩格斯全集（第3卷）[M]. 北京：人民出版社，1960：514.
③ 〔美〕安·兰德. 自私的德性 [M]. 焦晓菊, 译. 北京：华夏出版社，2007：4.
④ 〔德〕马克思, 恩格斯. 马克思恩格斯全集（第2卷）[M]. 北京：人民出版社，1957：167.

人的利益；而是使个人利益"符合"全人类的利益。这应该是衡量学校道德教育是否"有效"的一个重要的标准。

二、学校道德教育目标是使学生"有道德"而不是"更道德"

道德发展的动力是道德与不道德的矛盾而非道德与更道德的矛盾。道德教育的目标在于使道德成为矛盾运动的主要方面，而不是使不道德成为矛盾的主要方面。人有道德是因为克服了不道德，正确处理了利益，而不在于高标准严要求。所以，道德发展的动力在于减少不道德，而非更道德。

"道德"是否能分层次，是否有比道德还道德的"更道德"，以及与此相关的是否有"道德底线"？我觉得，道德没有层次。只有道德与不道德之分，而没有道德和更道德之分。道德处理价值问题有层次，人的道德认知发展也有层次，但这些都不能说明道德自身有层次。一件善行可能影响有大有小，但本身只有善与不善的区别。

不可否认，不同人的不同的道德行为，产生的作用各不相同，于是，人们很容易将作用或影响大的行为判断为"更道德"。这其实是一种误解。作用或影响不是判断道德与否的依据。道德行为作用或影响的大小，往往与一个人拥有的资源（社会地位、权力、财富、能力等）有关，甚至由一个人拥有的资源决定，但是，这与道德本身无关。只有"小善"与"大善"之分；没有"低善""低级善"与"高善""高级善"之别。所谓"高尚的道德"就是"平凡的道德"。在道德的问题上，"高尚"与"平凡"是统一或同一的。每个学生并不都可能成为专家、学者，因为这受制于各人拥有的资源而不完全取决于自身的愿望；但每个人都可以成为有道德的人，因为这无关乎个人拥有的资源。就算是沦为乞丐，尚有"善丐"、"恶丐"之别。毛泽东曾诗意地说过"六亿神州尽舜尧"、"遍地英雄下夕烟"。他树立的榜样，中华人民共和国成立前有愚公、张思德、白求恩，中华人民共和国成立后有王进喜、陈永贵、雷锋、焦裕禄等。在树立时，除了焦裕禄是县级干部外，都是普通的人。可以说，圣人就是不做不道德的事情的人。因此，学校道德教育目标之一就是帮助学生养成良好的生活方式，这就是成为有道德的人的源泉。

三、道德教育的方法要符合道德的特性

学校道德教育预期的目标或效果，不管如何具体表述，可以简要地概括为"使受教育者有道德"。这就是说，制约学校道德教育实施的活动对象是"道德"，而不是学校其他教育活动的对象如"法制"、"纪律"、"知识"等。因此，教育者对于"道德"特征的认识和把握，潜在地决定了学校道德教育特殊的性质以及活动的效果。正如木匠和铁匠的活动表现出各不相同的特征，不是出于两种匠人各自的意愿，而是由各自活动的对象——木头和铁块——的特性所决定的。因此，对于道德特征的认识和把握，是道德教育达到预期目标，或落实其有效性的一个不可或缺的重要

因素，这里仅从以下几个方面加以阐述。

第一，道德教育是道德义务与道德权利的统一。道德的义务不同于法律和社会的义务，它是个人所依守的对他人、对社会、对国家道义上应尽的责任，不具有强制性。道德的权利是指个人享受的利益与可以使用的权力。对于"道德"的倡导者或教育者来说，往往会把"道德"同"付出"、"奉献"、"牺牲"联系起来，甚至还会把后者误解为前者的条件或前提。在学校道德教育的活动中，常常会出现倡导"牺牲的道德"或"为道德而牺牲"的情况。对于受教育者而言，往往会产生对道德的消极情绪，似乎道德就是某种外在的约束或规范。与此同时，教育者为了使这些约束或规范有效，往往会辅之以奖励或惩罚。在这种情况下，即使受教育者接受了它，其行为充其量也只是为"道德"而道德。道德成了学生生活以外的外力附加的东西，有效性根本上被动摇。

不顾个人的需要，倡导"牺牲的道德"、"为道德而牺牲"的道德教育割裂了义务和权利的关系。事实上，没有权利的义务，同没有义务的权利一样，都是难以持久的。因为这不仅违背公正的原则，而且也不符合人的本性，而任何违背人性的教育都不可能取得成功。无论是国家主义牺牲的道德抑或是个人主义的放荡不羁和自私自利，归根结底都是权利和义务相分离。个体想要和需要相脱节。没有权利的义务和没有义务的权利不是有效的道德教育方法。无根的玫瑰，枯萎只是迟早的事情，这乃是命运的必然。

第二，正确的价值观是道德的基础。任何道德教育都不可避免涉及价值观问题。然则，学校道德教育在价值观问题上重"德目"，强调对道德规则的教育，而实际的道德教育实践往往被置于次要。这是学校道德教育的又一误区。因为价值观只能引导，而不能灌输。道德也不是"美德袋"中的宝物，可以取之即用。在价值观引导上，教育者所能做的是告诉学生自己的价值主张，提供经验的事实，帮助学生理解价值观的内涵和对个人的意义，从而实现对道德的"养成"。

第三，道德教育的支柱是道德感的形成，道德感的核心是责任感。责任感是在一定情境下做什么和不做什么的压力感，是"应该"如何行为的压力感受。它是基于对他人或公共需要的感受而产生的对于个人责任和义务的认同，这种压力感受是积极的责任感，区别于东西方道德教育中消极的"羞耻感"、"耻辱感"、"犯罪感"，其基础是个人对自我和他人和群体的认识和理解，其形成发展以个人的需要、利益为前提。

第四，道德行为是自足的。道德出于人的自觉、自愿。[①] 所谓"自足"，它的发

[①] 亚里士多德. 尼各马可伦理学 [M]. 廖申白，译注. 北京：商务印书馆，2006：42. 亚里士多德认为："合乎德性的行为并不因为它们具有某种性质就是，譬如说，公正的或节制的。除了具有某种性质，一个人还必须是出于某种状态的。首先，他必须知道那种行为；其次，他必须是经过选择而那样做，并且是因为那行为自身故而选择它的；第三，他必须是出于一种确定了的、稳定的品质而那样选择的。"该书的译注者在"译注者序"中说："按照亚里士多德的看法，选择对于德性的获得，对于使活动完成得好至关重要。"

生和维持无须外在的控制力量（奖励或惩罚），它就是它发生和维持的力量，它就是它的理由，它就是它的强化物。任何控制都是道德的大敌，把它作为实现道德教育"有效性"的手段，可能会适得其反。只有出于个人意志、符合"我"的意愿和行为的才是道德的。道德教育中对于功能作用等控制措施要极其谨慎，道德无需外在力量，符合自己意愿所想的才是道德。无论是道德行为惩罚或者奖励，都不是道德教育手段。尤其是奖励，作为人为的强化物，往往在学校的道德教育活动中巧妙地加以使用，并认为是一种有效的方法，而忽略了它对于道德的销蚀作用。不慎用奖励，不但不能使学生有道德，还可能会助长不道德，因为它可能演变为"需要"，或成为某种交换物。为了得到老师的表扬，或为了表现自己不落后，小学生在捡不到钱的情况下，拿出自己的钱作为捡到的失物交给老师或警察；做了一件好事，唯恐别人不知道，采用种种"巧妙"的手段扩大其影响，恐怕并不是"孤证"。做权力的奴隶、做金钱的奴隶是不好的，同样，做外在赋予的荣誉的奴隶也没什么可称道的。

真正的道德是使人在选择中获得与他人平等的尊严。道德选择是道德行为重要的前提。道德选择必须是主体自觉、自由的选择。只有自由的人才能谈道德。但自由并非随心所欲。自由选择必须是与心智相通、情感相融、意志相依、行为相合、传统相接、与哲学上的必然性相容。也就是说，自由人不但要作出选择，而且他能对选择负责。具有道德行为的人不但要拥有选择的自由、而且必须具备选择的力量和对结果的睿智预见。

第五，最有效的道德教育资源是学生生活自身。然而这恰恰是学校道德教育所忽视的。只有在自发的活动之中，学生才能最为真切地感受到人与人、人与社会、人与环境的内涵，才能对各种规则有深刻的了解。

（本文发表于《当代青年研究》2008年第8期）

关于纪律教育的一点思考

　　古今中外，关于学校应该具备些什么，意见分歧。事实上，不同时代、不同地区学校的运作、具备的条件，差别也很大，但有一点可以肯定，尽管学校在有些方面可以缺这少那，但没有一所学校没有纪律。

　　纪律是学校教育不可或缺的必备条件。所以，纪律的制定、执行和维护，以及对受教育者进行纪律教育，便成为教育者无可推卸的职责和工作。教育者在这方面往往要花费许多精力，但效果并不理想。其原因何在？造成不守纪律的因素肯定很复杂，但是，学生没有机会充分参与纪律的讨论、制定，可能也是其中的一个重要原因。这一点，可以从学生自发的活动中得到说明。

　　无论在校内或是校外，学生往往会有许多自发的集体活动。这类活动是学生丰富的课余生活的重要内容，它们既有体育方面的，也有文艺或娱乐方面的。尽管这些活动没有教师参与，也没有任何权威的介入，但在活动过程中，参与者都能遵守规则，从而活动总是能够顺利进行。其原因何在？如果我们仔细地回想一下自己学生时代参与过的这类活动，或者对学生自发活动加以观察，我们就会发现：这类活动在开始之前，参与活动的每一个人都要花费或长或短的时间讨论、确定活动的规则，在这些规则得到大家确认之后，活动才开始进行。在讨论、确定规则的过程中，每一个参与者都有权力发表自己的意见，而且，每个人的意见都必须得到大家的认可才能成立。在活动进行的过程中，如果对规则的理解产生歧义、发生争执，仍然需要像确定规则时那样，通过参与者平等讨论、协商解决，以使活动继续进行。

　　在这里，需要说明的是，活动的规则实际上就是我们所说的纪律，而且，这些自觉遵守自发活动规则的学生，往往不一定能够自觉遵守教师规定的纪律。两相对照，很是耐人寻味。我觉得，学生自己讨论、制定规则的活动对于学校的纪律教育、乃至学校教育有许多启示的作用，它至少说明了"自觉纪律"教育的基本要素。

　　首先，自觉纪律需要使每一个相关者明白（明确）纪律对于自己的意义（利益）。在活动之前确定规则（纪律）的过程中，每一条建议的提出，实际上都会关系到建议提出者的利益，是他的利益的诉求。所以，在一定的意义上讲，制定规则的过程，也就是制定者之间利益的博弈过程。这同教师直接宣布（规定）纪律条文有很大的不同，尽管教师宣布的纪律同样也体现了相关者的利益，但接受者很难理解，从而，很难指望他们会自觉遵守。

其次，自觉纪律需要使每一个相关者明白（明确）纪律对于集体活动得以顺利进行的意义。篇幅关系，不再多说。

再次，自觉纪律需要使每一个相关者发挥主观能动性。学生自己制定规则的过程，它不仅表达了自己的意见，也包容其他人的观点，因此，对于他们来说，这样的纪律不仅是"必须"的，更是"应该"的。在学生自发的活动中，每一个参与者，同时也是规则（纪律）的维护者，对于"屡教不改"的故意违规者，往往会受到集体的指责和排斥。

学生自己讨论、制定规则（纪律），实际上是自我纪律教育的过程，更重要的是，这也是学生"学会"民主的过程，因为诸如平等对话、交流、讨论、协商、宽容、让步等乃是成熟的民主生活的基本素养，而这些素养只有通过学生之间的交往活动才能逐步养成。

最后，必须说明，让学生讨论、制定纪律规则是自觉纪律教育的一个手段，同教育行政部门颁布"学生守则"等纪律条文并不矛盾，因为这类条文也需要经过学生"讨论"、理解并具体化。此外，这样做同正确发挥教师的作用也不抵触。因为诸如某类集体活动得以顺利进行所需的条件等事实或知识，需要教师提供；而且，在学生讨论、决定的过程中，教师要承担引导的任务；更为重要的是，确定哪些类型的纪律条文该由学生讨论、确定，也需要教师的睿智。

（本文发表于《教师月刊》2010年第6期）

幼儿园教育活动是幼儿教育的生命

——评《幼儿园教育活动及设计》

实施全面的素质教育，造就一代"有理想、有道德、有文化、有纪律"的德、智、体、美、劳全面和谐发展的社会主义事业的建设者和接班人，是党和人民赋予我们的历史使命，是时代发展的要求，也是教育界诸多有识之士的不懈追求。

学前教育是国家全面发展教育的基础。学前教育如何适应我国世纪知识经济发展的要求，如何为提高全民族的综合素质打下扎实的基础，已经成为学前教育改革的核心课题。河北师范大学教育科学学院肖文娥教授带领的课题组在这方面进行了有益的探索。她们以迎接世纪社会发展和儿童自身发展的需要为契机，以提高幼儿全面素质为目标，开展了幼儿园教学内容改革与素质教育的研究，将幼儿园分科教学改为教育活动，通过教育活动促进幼儿身体、心理和社会化程度等全面素质的和谐发展。这既符合人的认识规律，又适应了幼儿身心发展的特点。她们在实验研究的基础上，编著了学前教育专业所需的教材——《幼儿园教育活动及设计》一书。该书既是她们多年改革成果的结晶，又是一种探索和创新。该课程目前还没有全国统编教材，他们本着务实、求新、开创、有效的原则，坚持用辩证唯物主义、历史唯物主义和教育要"三个面向"的方针为指导，坚持理论联系实际，构建了《幼儿园教育活动及设计》的理论框架，系统地阐述了活动课程的基本理论，概括了幼儿园教育活动设计的原则、方法，分析了幼儿园教育环境对实施教育活动的功能及要求，并从大量的幼儿教育实验中，选取了一些典型的个案，供学生理解、分析和借鉴之用。该书不但突出了科学性、系统性，而且实用性和可读性也较强。《幼儿园教育活动及设计》一书可以说是幼教改革中的一朵瑰丽的奇葩。

幼儿园教育活动不同于一般的"教学"。"教学"这一传统的概念，以单一的"分科教学"作为课程实施的基本模式，以"上课为基本形式"，以传授知识为根本目的，其"三中心"的教育思想把幼儿封闭在狭小的课堂内，将幼儿置于被动地接受教师的说教的地位。教育活动体现着现代教育思想，是各种课程模式的共同组织形式，囊括着一切含有启迪、教育、陶冶的因素的活动。组织教育活动的过程是了解、引导儿童认识客观世界逐步培养能力的过程，是师生共同参与、相互影响、相互感染的过程。离开了幼儿园教育活动，也就谈不上幼儿园的教育。所以在一定意义上说，幼儿园教育活动是幼儿教育的生命。

（本文发表于《河北师范大学学报（教育科学版）》1999年第4期）

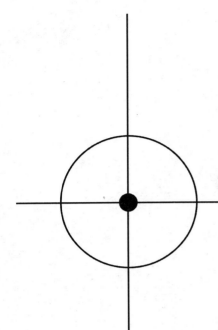

第三编　教育哲学学科建设

我国教育哲学建设的回顾与前瞻

一、历史的回顾

在我国，教育哲学作为一门学科进行研究和讲授是在 20 世纪初。从那时到 1949 年中华人民共和国成立，是我国教育哲学从国外引进和创建的时期。这段时期我国育哲学的研究表现了下列三种趋势。

1. 引进西方的研究成果

教育哲学在西方成为一门独立学科是在教育学成为一门独立学科之后的一两个世纪。1848 年，德国哲学家洛孙克兰兹（Rosenkranz）写了一本名叫《教育学体系》的书，后来此书由美国教育家布莱克特（Brackett）于 1894 年译成英文，改书名为《教育哲学》。一般认为这是第一本教育哲学专著，它标志着教育哲学这门学科的诞生。

随着研究的深入，教育哲学的专著和专论日渐增多，同时也逐渐形成了分别以德国那笃尔普（P, Natorp）和美国杜威为代表的大陆派和美英派。这两派对旧中国的教育界都有影响。1919 年杜威来华讲学之前，国内讲授的教育学科内容，多系经日本传来的德国的教育学说，教育哲学也不例外。我国最早出版的范寿康著《教育哲学大纲》（1923 年）就是从德国康德"三个批判"哲学体系演绎而来的，是我国从哲学体系出发论述教育问题的代表作。自杜威来华讲学之后，我国教育哲学方面的著、译作日渐增多，同时也反映了实用主义教育思想的较大影响。在译著方面，影响较大的是杜威的《民主主义与教育》；在论著方面，相继出现了肖恩承、姜琦、瞿世英、范琦、吴俊升、邱椿等学者的十多部教育哲学专著。这些论著相当广泛地介绍了国外各种教育哲学思潮。其中占主导地位的，则不外乎德国古典主义、特别是美国的实用主义。尤以吴俊升的《教育哲学大纲》最为充实和完整。

2. 注意解决中国的教育问题

虽然这个时期的教育哲学研究反映了国外各种教育思想的影响，然而，国内的学者并不局限于简单的介绍，而是表现了当时国内学术界的一般倾向，即借助西方的思想武器来解决中国的现实问题。一般说来，这个时期对于外国教育思想的传播，不是生吞活剥，简单罗列，而是经过自己的咀嚼消化，在融会国外各种思潮的基础上加以创造，变成自己的东西，并力图形成具有中国特色的教育哲学。由于各人的见解和学术背景的差异，在论述教育哲学的问题方面也各树一帜，但从总体上看，这个期间的教育哲学研究已初步形成了以本质论、目的论、价值论、方法论等为基本内容的教育哲学体系。有的教育哲学著作还设专门的章、节，论述中国教育发展的历史，历代中国教育的思想背景，现在支配中国教育思想的几个思潮，以及建立中国教育哲学的方向等问题。应该指出，尽管当时对于如何解决中国教育问题的论述并不十分精当，而且许多用以解决问题的指导思想也不完全正确（例如，有的希望用黑格尔的客观唯心论来指示中国的教育方向，有的主张采用杜威的实验主义和涂尔干的社会学说来阐明中国教育的方向，等等），但这种注重解决我国当时现实问题的努力是应该加以肯定的。

3. 传播马克思主义教育理论

在这一阶段的后期，出现了一些传播马克思主义观点的教育哲学论著，其中有钱亦石的《现代教育原理》，林砺儒的《教育哲学》，张栗原的《教育哲学》，李浩吾的《新教育大纲》等。在这些著作中，有的全书以马克思主义观点为指导思想，对教育学与哲学的关系，教育的本质、效能、目的和方法等基本问题作哲学的概括；有的则将辩证唯物主义教育理论、苏联教育理论的介绍置于突出的地位。这个时期，虽然马克思主义教育哲学在我国尚处于发轫阶段，不能说已臻完善，但其中有些问题的论述，至今还有研究的价值。在那茫茫的黑夜里，敢于明确用辩证唯物主义的宇宙观来分析教育问题，明确指出作为一种意识形态的教育是上层建筑，随着经济基础的变化而变化，分析了教育的历史性和阶级性，无异于偷火予人间。有的论著指出："我们在尚未完全摆脱半封建、半殖民地的命运之前，应该集中力量与帝国主义争斗、与封建势力争斗。反帝国主义，反封建势力，这就是新教育原理的两大'基石'。"① 这些铿然有声的论述，犹如一声春雷，对人们起着振聋发聩的作用，是极其难能可贵的。

自1949年建国以后至党的十一届三中全会，是我国教育哲学学科发展的第二个时期，在这段时期内，教育哲学经历了一个被否定的过程。

建国以后，我国全面学习苏联，在许多方面都以苏联的经验和做法为依据。由于苏联师范学院的教学计划中没有教育哲学，所以我国的师范院校也不设这门学科。然而，由于教育哲学本身有着教育学无法完全取代或包容的特定的研究对象和论题，所以，无论是在苏联还是在中国，对于教育理论问题的哲学研究实际上并未中止，尽管这些研究不是在"教育哲学"的名义下进行的。例如，苏联"教育原理"一科

---

① 钱亦石. 现代教育原理 [M]. 福州：福建教育出版社，2006：16.

的内容同"教育哲学"就有着许多雷同之处。我国在60年代初也曾出现过一些介绍当代教育哲学流派的译著。可惜的是，这个时期刚刚萌动的对于教育哲学的研究，被"文化大革命"完全扼杀了。这样，在中华人民共和国成立后长达30年的这段时期内，对于教育哲学的研究和教学虽不能说是完全空白，但这方面的工作却几乎没有开展，甚至对于国外当代教育哲学思想的发展也鲜有了解。这是我国教育科学发展中的一大损失。

党的十一届三中全会以后，全国各条战线都进行了拨乱反正的工作，教育界召开了第一次全国教育科学规划会议。这次会议审议了我国师范院校教育系的教学计划，大多数同志认为，我国应该着手进行教育哲学的研究，教育系也要重新开设教育哲学课。当时考虑重开的理由，大致有以下几点。

第一，30年来，我国的教育工作几经反复，使教育理论和实践遭到严重破坏。为了拨乱反正，澄清是非，有必要把教育理论和实际中一些根本问题，提到哲学的高度，进行方法论的探讨，作出合乎规律的结论。正确的教育理论对于教育实践的指导意义为越来越多的同志所认识，教育哲学在教育理论研究方面的地位便突出起来。在这种情况下，开展对于教育哲学的研究和教学便成为当务之急。

第二，我国的高等师范院校教育系设科太狭，学生所学的知识面较窄。为了开阔学生的眼界，拓宽学生的知识面，提高学生的专业水平，应该增设一些课程，教育哲学当然应在其内。

第三，科学的发展，走着一条既分析、又综合的道路，教育哲学在教育科学的发展中，也将起着理论上的综合和批判的作用。现代生产和科技的发展，在教育理论和实践中提出了许多新的课题，对于这些问题的研究，不能就事论事，应从方法论的高度，进行综合的研究，并从中找出一般的规律，这就需要理论思维，而研究教育哲学显然是提高教育科研理论思维的重要措施。

从20世纪初至党的十一届三中全会，教育哲学学科在我国的发展经历了一条创建—停止—重建的曲折道路。其所以如此，是同国际、国内的政治形势有一定关系的。教育哲学之所以能在十一届三中全会之后重新受到重视，显然是三中全会所造成的全国人民思想解放的结果，同时，它也反映了教育实践的客观要求，以及教育科学深入发展的必然趋势。

二、新形势下的新建树

党的十一届三中全会以来，在新的形势下，教育哲学这门学科的建设也进入了一个新的阶段，有了新的建树。

首先，我国初步形成了一支教育哲学研究和教学的队伍。以前曾长期从事教育哲学研究和教学的老学者率先进行曾一度中止的研究，积极开展我国教育哲学的重建工作。尤其令人可喜的是，在他们的带领和帮助下，一部分青年同志和哲学工作者也参加进来，这不仅给我们的队伍注入了新的血液，而且也使教育与哲学的结合向前跨出了一大步。

其次，从1980年起，我国高等师范院校教育系陆续重开教育哲学课。到目前为止，全国绝大部分教育系都配有专职教师开设此课，并具备了培养教育哲学硕士、博士生的能力。

再次，自三中全会以来的这一段不算太长的时期内，我国已经获得了许多教育哲学方面的科研成果，撰写出一批教育哲学专著和论文。

下面拟就我们所涉猎的材料，对这门学科十年来的成绩作几点概括。

1. 马克思主义指导下的百花齐放

三中全会以来我国教育哲学的研究和教学工作，就其指导思想来说，一个最突出的特点是马克思主义占主导地位。在1949年以前我国教育哲学初创阶段，虽然有少数同志也曾作过非常有意义的尝试，但由于当时主、客观条件的限制，他们的努力也不能不受到局限。

以马克思主义作为指导思想，并不排斥学术领域内的百家争鸣和百花齐放。就我们所看到的几本教育哲学专著而言，无论在论述问题的出发点和体例，还是在解决问题的重点方面，都各具特色。有的从教育的根本问题出发，对教育本质和目的，以及人性论、知识论、道德论、审美等与教育的关系进行了比较全面的考察，并注意结合1949年以来的教育实践，对历史上和当前教育中有争议的问题加以分析和评论。有的则以价值论为主线，对价值与教育各个方面的关系，如人的本质与教育本质，人生价值与教育目的，以及伦理学与道德教育、认识论与教学、美学与美育等方面的价值问题作了系统的论述。还有的以马克思主义关于自然、社会、思维的辩证法为纵轴，从"自然发展与教育"、"社会发展与教育"、"思维发展与教育"几个方面论述教育上的一些基本问题，并涉及当前教育理论方面的一些"热点"，如智力开发问题、个体社会化问题、创造力的价值和教育的最终目标问题。

就我国教育科学发展的历史来说，在马克思主义思想指导下对教育问题从如此多的侧面进行探讨的情况，是前所未有的。没有三中全会给人们带来的思想解放，就不可能出现这种局面。

2. 解决了一些重大的理论和实际问题

三中全会以来，无论在教育哲学的研究还是教学工作中，都注重从教育哲学的任务出发，贯彻理论与实际相结合的原则，并在解决理论和实际问题方面取得了一定的成果。

教育哲学研究的任务和范围是什么？它与教育学或其他教育学科的区别在哪里？

这是一个有争议的问题。美国的奈勒规定的教育哲学的范围是，从总体上理解教育，并协调各个教育学科的研究成果。① 中国台湾出版的《云五大辞典》提出，"教育哲学的含义是：①探讨教育的基本概念和原理；②解释教育的意义和价值；③解决教育理论和实施中的困难和矛盾。"如果将关于这个问题的各种意见加以综合，我们认为，教育哲学的任务和研究的范围可以规定为以下三个方面：①对教育中一些根本问题，从哲学的高度，即从方法论的高度给以理论上的阐明；②对教育史上和当前教育实际中有争议的重大问题，作出科学的分析和说明；③根据教育发展的趋势和技术革命的要求，对教育中提出的新课题作出科学的预测和设计。如果这些任务是恰当和可行的话，下面我们就来回顾一下这些年来教育哲学的研究对于解决这些问题作出了哪些贡献。

三中全会以来，对于诸如教育本质、人的发展、教育目的、教育价值等根本问题，都有比较深入的探讨。

对于教育本质问题的论述，有的论著不局限于教育是上层建筑，还是生产力的争论，而是从生产力和生产关系的矛盾及其在教育上的具体反映，多方面进行了具体分析。克服了只从生产关系或生产力一个方面看教育的片面性，这对于纠正过去"左"的思想和克服简单化都有现实意义。有的论著还从社会结构的五个层次，即生产力、经济关系、政治制度、社会心理、思想体系来分析教育与社会的关系，这就使对于这个问题的探讨更加深入和具体了。

对于教育目的问题，在坚持德、智、体、美、劳几个方面全面发展这一基本原则的同时，也反映了时代的要求，将个性的发展、能力的培养、创造精神、开放思想、未来理想等也列为人的培养目标。这不仅体现了现代教育的基本特点，也丰富了马克思主义关于人的全面发展的学说。

关于人的本质和人的价值问题。教育的对象是人，不可否认，作为社会实体，人的本质具有客观的社会规定性；然而，人还具有自己的意志、愿望、情感，这些也是理解人性的不可忽视的方面。在极"左"路线的干扰下，对于教育往往只从其满足社会客观需要的角度加以阐述，因而忽略了教育满足人自身需要的作用，忽视对人的价值的全面研究。对于价值的问题，过去虽不能说讳莫如深，也鲜有涉及。三中全会以来，许多教育哲学理论工作者突破这一局限，从价值论的角度，对人生的价值、认识的价值、伦理的价值、创造力的价值等与教育的关系进行比较全面的探讨，并论述了"教育中的价值和教育的价值"的区别和意义。有的同志还对西方价值论方面的主观论、客观论、内在价值、外在价值等不同的价值论观点进行了比

---

① 陈友松. 当代西方教育哲学 [M]. 北京：教育科学出版社，1982：27-28.

较和评论，在此基础上提出马克思主义的价值观，并把人的全面发展作为人的价值的最高体现，还据此对教育目的、教学论、道德教育等基本问题进行了论述。虽然这些同志的观点未必完全精当，但这些努力至少使我们对于教育问题的研究开辟了一个新的视野，从另一个维度对教育问题加以考察。这对于丰富马克思主义教育理论显然是有积极意义的。

此外，在道德教育、审美教育、教学论等方面，都有了新的进展，如不少著述比较全面而详细地考察了道德的阶级性和继承性的关系，并进而论述了生产和科技的发展对道德发展和道德教育的影响。同时，还对当前道德教育中面临的几个方法论问题，如当前与未来、道德认识与道德实践、教育与自我教育等，都理论结合实际地作了阐明。这些对于全面地认识道德的实质和科学地实施道德教育，无疑会有所启示。

3. 注重学科本身的建设

在重建教育哲学学科的过程中，理论工作者们对于诸如教育哲学的对象、体系、研究方法等学科建设方面的一些根本性问题进行了探讨，这是教育哲学学科健康发展的一个重要条件。

关于教育哲学的对象和归属，由于教育理论家们所持的哲学观和教育观的不同，对这个问题的理解也各异，近年来我国也曾对这些问题有过争论。

关于教育哲学的对象，目前有不同的主张。比较普遍的看法是，教育哲学是用哲学的观点和方法来研究教育中的根本问题，或者说是用哲学观来研究教育观的问题。至于"归属"问题，把教育哲学看做是教育与哲学相结合的边缘学科，作为教育科学的分支或作为哲学的分支，都无不可。但教育哲学从其产生的时候起，就是作为教育科学的一个分支学科出现的，它要回答的问题是教育问题，而不是哲学问题。为此，与其把教育哲学列为边缘学科或哲学的分支学科，还不如把它称之为教育科学中的基础学科更为切合实际和名副其实一些。布鲁巴切尔（J. S. Brubacher）在《现代教育哲学》一书的"序言"中曾经提到，过去在他自己的书中，曾经把叙述的重点放在哲学问题方面，但在再次修订他的著作时，他批评了这种做法，认为这种情况应当改变，教育哲学的兴趣主要应当在教育问题而不是在哲学问题上，不能以哲学范畴或问题为主，不能把教育问题作为附在哲学骨骼上的皮肉。[①] 他的这一段话，同目前我国教育哲学界比较普遍的看法可谓不谋而合。

关于教育哲学的体系和范围，这是一个较之对象更为复杂而困难的问题。从西方和旧中国的《教育哲学》的体系来看，讲教育问题者有之，讲教育流派者有之，

---

① 〔美〕布鲁巴切尔. 现代教育哲学. 台北：正中书局，1975.

兼顾二者的亦有之。在讲法上，有从教育问题出发提高为哲学分析的，也有从哲学体系出发论述教育问题的。邱椿在为姜琦的《教育哲学》所作的"序言"中，列举了十种不同的讲法。① 目前我国新出版的几本教育哲学著作也表现出上述两种主要趋势，有些是从教育问题出发提到哲学的高度作理论分析，有些则以哲学体系作为框架来论述教育问题。采用前者的好处，是对教育问题的论述比较突出，但可能出现的问题是易与教育学重复。如何做到使教育哲学所讲授的问题，来自教育学，又高于教育学，是一个难题，关键在于提高教育哲学的理论性。采用后者，体系比较完整，但缺点是对教育问题的论述要迁就哲学体系，因而使有的问题的论述显得不够集中和系统。两种模式各有优劣，这个问题的最终解决，除了作进一步的理论探讨外，还需要通过教学的实践加以检验。

至于研究方法，大家一般公认，应当在以马克思主义为指导的前提下，吸取当代科学研究方法的新成果。方法应当分出层次，如马克思主义哲学、新的科学方法和具体的研究方法等。

4. 评介国外教育哲学的发展动态

三中全会以前的"闭关锁国"政策，使我们对西方教育思想的了解不够全面和深入，这个问题如不解决，将在一定的程度上妨碍我国教育哲学思想的发展。三中全会以来，我国教育哲学理论工作者在努力研究马克思主义教育哲学的同时，还注意到国外、尤其是西方教育哲学流派的评介。有的《教育哲学》著作还设专编全面介绍目前西方主要的教育哲学流派的现状和发展趋势。尽管对于西方教育哲学流派目前尚处于介绍和评论的状况，有待于作深入细致的研究，但应当看到，这些年来我国对于西方教育哲学流派的评介，一般都能抱实事求是的态度，做到有分析、有肯定、有批判，这同极"左"路线的做法已大不相同了。

三、面临的任务

三中全会以来，在马克思主义思想的指导下，我国教育哲学重建工作取得了可喜的成绩。然而，这仅仅是开始，它距我们的目标，即建立具有中国特色的教育哲学学科还相去甚远。如何使正在重建中的中国教育哲学既具有时代气息，又反映我国的文化传统，既熔古今中外的优秀成果于一炉，又能指导解决我国教育实践中不断出现的新问题，这是我国教育理论工作者面临的一项艰巨的任务。这一任务的完成，或许需要几代人的努力，但在目前，我们不妨从下列几个方面着手。

（一）发掘和整理我国古代教育哲学思想

我国是一个有悠久文化传统的国家，在教育哲学方面，虽然作为学科的建立，

---

① 姜琦. 教育哲学 [M]. 上海：群众图书公司，1933.

时间较晚，但作为教育哲学思想的存在，却历史悠久，因此挖掘和整理我国的教育哲学思想，是建立具有中国特色的教育哲学学科，所必不可少的一项工作。

中国是一个幅员广大、地域文化和民族文化相互渗透和不断融合的大国。在历史上，从春秋战国时起，就有齐、鲁、秦、晋、燕、赵、吴、楚等多种区域文化的融合，在教育哲学上形成了百家争鸣的繁荣局面。嗣后，又多次地发生过民族的分化和融合，在文化思想上也必然发生多次大规模碰撞、竞争、渗透和融合，形成了中国教育思想发展史中多地域、多民族、多层次的多元立体网络。即以儒家的教育思想而言，在春秋战国时期，就有孔、孟、荀的某些不同主张。其后经过汉代的神学，魏、晋的玄学，隋、唐的佛学，宋、明的理学，明末清初的实学，以至近代的西学的冲击和影响，使儒学思想也处在不断的变化发展之中。其中固然有消极的因素，但也包含有许多积极的方面。无论是在哲学思想方面关于天人关系、人我关系、物我关系、生死关系、苦乐关系等方面的论述，还是在教育思想方面对于教育本质、教育方针目的、人性论、道德观、教学论等问题的见解，都是我们教育哲学建设的有益资料。即以教育方针目的而言，几乎所有教育家都有所论述，他们除重视教育的社会作用外，也不忽视教育与人的发展的关系。《学记》提出"建国君民，教学为先"，把教育的社会作用，提高到应有的地位上。《大学》提出"大学之道，在明明德，在亲（新）民，在止于至善"，并把格、致、正、诚、修、齐、治、平八目作了有次序的安排，成为教育的大纲。"修己治人"，"修己以安百姓"，一直是儒家教育思想中的一个重要问题。在教育目的和人的发展问题上，对德才兼顾、德智体美的要求不乏论述，其最终目的还是要培养治国安民的人才。在孔子对"成人"的要求中，显然已经包括智、德、体、美多方面的内容（子路问"成人"，孔子曾答复作为一个成人，应有"臧武仲之智，公绰之不欲，卞庄子之勇，冉求之艺"，还要"文之以礼乐"，这样就可以算作一个"成人"了）。在今天看起来，还不失为一个全面的教育目的，后世儒者在教育方针目的问题上，论"反情治性、尽材成德"者有之（王充），论"经世致用"者有之（颜之推），论"明晓事物，义利兼顾"者有之（叶适），论"博学、知耻"者有之（顾炎武），以至要求养成"有节气、通政事、尚事功"者亦有之（黄宗羲）。也就是说，在人的培养上，既有社会的要求，也有个人发展的要求；既讲修己，也讲经世；既讲义，也讲利。这些思想，经批判改造，对于我们今天制定教育方针目的，还有一定的参考价值。对于其他方面，则不一一论述了。

至于近代教育哲学学科建立后的成果，前面已经讲到，不再赘述。总之，一部中国的教育哲学思想史，为教育哲学学科的建立提供了极为丰富的历史遗产，我们必须认真地进行学习和总结，做到古为今用。

(二) 研究当前我国教育实践中出现的新课题

离开了实践，理论不仅成为无源之水，无本之木，而且也失去了其对实践的指导作用。中国教育哲学的建立和发展，绝不能脱离我国当前的教育实践活动。社会主义初级阶段的理论以及目前震撼世界的科学技术革命，使我国教育哲学的研究面临一些新的课题，对于这些课题，教育哲学应该从理论上作出恰当的回答。所要解答的问题如下。

1. 关于我国社会主义初级阶段教育的特点和社会职能问题

根据党中央"十三大"提出的社会主义初级阶段理论，分析我国经济、政治、文化、思想等方面的复杂性，正确认识我国当前教育的性质和任务，以确定实施的原则和方法，应是当务之急。我国是一个生产力比较落后、不发达的社会主义国家，又处于科学技术革命挑战的世界范围之中，如何在我国教育工作中贯彻"一个中心"（发展生产力）、"两个基本点"（坚持改革开放，坚持"四项基本原则"），使教育为发展社会主义商品经济服务，如何以动态的观点来看待教育问题，既从当前的现实出发，又面向未来；既从我国的实际出发，又面向世界，也就是说既做到实事求是，又不失前进的方向，这些都是我们需要认真研讨的问题。

2. 关于学校的地位和学校教育的作用问题

从古至今，学校在整个教育工作中一直占主导地位。今天，由于科技的发展，信息传播的加强，交往活动的增多，社会对学校的影响日益加深，学校社会化成了当代教育发展的一种趋势。在这种形势下，学校是走向消亡还是更为加强？如果要加强，那么学校应当办成什么样子？这些问题，在西方早已出现，对于我们来说，也已经成为一个现实问题。如何以系统的观点来看待学校与社会的关系，以综合治理的办法来解决学校教育中面临的新问题，以及学校的体制结构应当作哪些改革以适应社会和经济的发展，都是值得讨论和思考的问题。

3. 关于人的价值和人的主体作用问题

恩格斯在《家庭、私有制和国家的起源》第一版序言中，提出了两种生产，即生活资抖生产和人类自身生产的问题。这两种生产都与教育有着直接或间接的关系，其中人类自身的生产，同教育的关系更为直接。根据两种生产的理论，如来看待教育的价值和人的价值？对人的主体地位应当如何理解？现代化的人应当具备哪些素质才能在现代社会发展中发挥主体作用？教育与社会和人三者的关系应如何摆正？这些都是时代向教育提出的重要课题。

4. 关于文化科学知识的价值问题

过去我们曾经存在过重政治、轻业务的思想，这是不符合时代要求的。目前我们面临着新的科学技术革命的挑战，知识的更新和知识陈旧率日益加速，在这种形势下，科学知识教育如何反映时代的要求？作为基础教育应当给青少年哪些最基本的知识？怎样传授这些知识？知识与智力发展和非智力因素发展的关系如何？以及现代文化与传统文化的关系应当如何处理？这些都是当前文化知识教育中所面临的现实问题。

5. 道德教育和审美教育的价值问题

目前在国际上，在一些工业比较发达的国家里，生产日益发展，人民的生活也在相应的提高，但精神空虚的现象也越发严重，诸如吸毒、酗酒、斗殴、凶杀等社会问题层出不穷，青少年的犯罪率日益上升，表现出物质文明与精神文明发展的严重不平衡。在社会主义国家里，虽然问题的性质不尽相同，但发展不平衡的问题同样存在着。在我国，商品经济的发展，对外开放方针的实行，同时带来了积极和消极的影响。如何加强道德教育和审美教育，发扬积极因素，克服消极因素，是当前思想品德教育中的一个重要课题。青少年的思想品德教育如何反映出时代的特点？已有的思想品德教育的内容和方法如何改善？正确的审美观如何确立？未来理想教育如何进行？这些都是当前思想品德教育和审美教育中急需解决的问题。

6. 关于教育科学的研究方法问题

在教育科学的研究方法上，坚持以马克思主义辩证唯物主义和历史唯物主义为指导，这是我们的特点，也是科学性所在，对于这一点不能动摇。但是目前面临的问题是既要坚持，又要发展，为此就必须不断吸收新的科学方法，来丰富和发展马克思主义哲学思想。根据自然科学与社会科学相互渗透的趋势，要不断地移植一些自然科学的研究方法到教育科学研究中来，并把质的分析与量的分析有机地结合起来。科学的发展，必然要求在研究方法上有所突破；反转来，由于科研方法的突破，又必然会促使科学发生长足的进展。因此，对于教育科学研究方法的研究，也应当成为教育哲学的一个重要的研究课题。

目前我国教育哲学需要研究的问题还有许多，不可能一一论及。如科研队伍的建设，与其他学科（如心理学、社会学、人类学以及有关的自然科学等）的科学工作者和教育实际工作者的广泛协作等问题，也是发展教育哲学学科不可缺少的条件，需要加以重视。

（三）借鉴外国教育哲学研究成果

教育作为一切社会之继承和延续所必需的手段，是人类社会的永恒范畴。在人类教育实践活动中，必然存在某些一般的规律，因此，有分析、有批判地借鉴外国教育哲学的研究成果，对于丰富和发展我国教育哲学，也是一个不可缺少的方面。

目前我国属于发展中国家，但又正在向着现代化目标前进，因此，西方教育哲学学科在建设和发展过程中所走过的道路，所遇到的问题，很值得我们研究和重视。

对于西方教育哲学思想，我们要从目前的介绍、评论的状况提高到研究的水平。不仅要研究其现状，而且还要研究其发展的历史轨迹。例如，在西方，曾经有过20世纪初的"教育科学"（主要是实验教育学）与教育哲学之争；30年代以后，美国围绕着教育之社会功能所展开的各流派之间的辩论，其中主要的是新保守主义与进步主义两种教育思想之争；50年代分析教育哲学兴起，又出现分析教育哲学与规范教育哲学之争；80年代以来，又有由专业教育哲学向公共教育哲学的转变等。对于西方教育哲学的发展过程及其所提出的课题，我们应当仔细地研究其历史、社会、文化诸方面的原因，吸取他们的成功经验，借鉴他们的挫折和教训，以发挥其对于我国教育哲学建设中的参考作用。

要建立既具有中国特色、又有时代精神的教育哲学，需要研究的问题，绝不仅限于以上所提。上述问题，也仅是一得之见，只作为引玉之砖，希望能有更多的同志来参与这一学科的建设和研讨，使其在社会主义教育事业发展中发挥理论作用。

（本文与黄济先生合作完成，发表于《教育研究》1988年第11期）

中国教育哲学的世纪回顾与展望

一、教育哲学思想的引进与传播

20世纪初,随着军国民教育、国民教育和实用主义教育思潮的产生①,杜威的教育哲学思想在一定程度上满足了当时中国社会发展的需要,很快传播开来。鉴于当时国人对杜威思想的理解和表达②,我们取用"实验主义教育",并与当时黄炎培等倡导的"实用主义教育"相区别。

(一)杜威实验主义教育思想的引进与研究

1. 学校即社会——发挥教育的社会功能

杜威教育哲学的重心之一,是围绕着教育与社会的关系,阐发了教育的社会作用。他认为,教育就其最广泛的意义来说,是人类社会的生活得以延续的手段,它能使年轻人分享社会的共同生活。社会是存在于人与人之间的关系,它是在交往中存在的。每一种社会机构都在促进人类共同生活的程度,而学校正是实现这一目的的社会机构。学校是为年青一代审慎地控制社会环境而设立的,以确保青年人能够接触到使他们成为有创造力的人的各种社会经验。杜威的如上思想深为其学生胡适所认同。胡适概括说:"杜威主张民治主义的教育须有两大条件:(甲)须养成智能的个性(Intellectual individuality),(乙)须养成共同活动的观念和习惯(Cooperation)。"③"智能的个性"就是独立思考、独立观察和独立判断的能力;是对经验得来的意思和观念实地的验证,是对一切制度习俗存疑的态度;"共同活动"就是对于社会事业和群众关系的兴趣,"共同活动的观念和习惯"就是使人人都有一种通力合作的天性,对于社会生活和社会的主张都有浓厚的兴趣。而要实现这两个条件,就不能只是过去的"文字教育"、"记诵教育",学校自身须是一种社会的生活,须有社会生活所应有的种种条件,学校里的学业要和校外的生活相联系。

杜威实验主义教育思想的传播,促进了中国平民教育思想的发展。陶行知指出:

---

① 陈青之. 中国教育史[M]. 上海:商务印书馆,1935:645.
② 舒新城. 近代中国教育思想史[M]. 上海:中华书局,1939:237.
③ 舒新城. 近代中国教育思想史[M]. 上海:中华书局,1939:239.

"杜威先生素来所主张的,是要拿平民主义做教育目的。"① 他认为中国的教育目的就是要培养"自立"、"自主"和"自动"的共和国民。为此,要把民主共和的精神渗透到学校的课程、教法和其他活动之中。到了 20 世纪 40 年代,陶行知进一步认识到民主教育的实现离不开民主政治,主张民主教育是要力求农工劳苦阶级有机会受教育,他创造性地运用和发挥了杜威的民主主义教育思想,推进了中国教育的民主化进程。

2. 教育即生活——增强教育的实用性

杜威坚信:"教育是生活的过程,而不是将来生活的预备。"② 也就是说,教育即民主社会的生活过程。他提出的"教育即生活",是与"教育即生长"、"学校即社会"、"教育即经验的改组和改造"联系在一起的,是为了维护美国的民主主义社会的需要而提出的。其目的是要通过学校这一雏形的社会,来培养美国青年一代具有符合民主主义社会要求的素质,即其全体成员都能以同等条件共同分享彼此的更多利益,能通过不同形式的联合生活以相互影响,具有解决问题、身体力行的实践能力,并能不断改进和调整社会制度。

杜威关于教育的社会功能的见解成为中国学者批判旧教育的思想武器。胡适 1917 年回国后,对教育进行了考察,痛感教育脱离实际,叹之为"亡国的教育",强调要注意课程的实用性,而不应是去教学生做圣贤。陶行知则引申为"要学生有共和的精神,先要使他有共同的生活",③ 并建构出符合中国实际需要的生活教育理论。

3. 实验方法——学习和运用科学的方法

杜威认为实验的方法是最科学的方法。他所说的实验方法是指:实验是行动,有观念的指导,产生新的实验情境和结果,实验具有创新精神。

杜威以疑问为起点的"问题法"深深影响了胡适等中国学者的治学方法。胡适对科学方法与传统治学方法进行了卓有成效的沟通,在一定意义上开启了学术研究的新范式。具体包括,治学首先要存疑,然后辨伪考证的实验方法,以及"勤、谨、和、缓"的良好治学态度和习惯。胡适提出的"十字真言"——"大胆的假设,小心的求证",便是其治学方法集中的体现,也是对杜威思想的进一步概括。

实验方法广泛地被引入教育领域。陶行知认为实验是一种创造性的方法。他创办晓庄师范学校、山海工学团、生活教育社、育才学校、社会大学等都是教育实验,他以教育实验作为发展新教育的有效途径和方法。广大的教育实践工作者,在 20 世

---

① 陶行知. 陶行知全集 [M]. 长沙:湖南教育出版社,1985:102.
② 陶行知. 陶行知全集 [M]. 长沙:湖南教育出版社,1985:124.
③ 杜威. 杜威教育论著选 [M]. 赵祥麟,等,编译. 上海:华东师范大学出版社,1981:4.

纪二三十年代，在学制、课程与教学方面掀起了一场学习美国的教育实验和改革运动。①

20世纪20—40年代，中国学者以杜威"学校即社会"为思想资源，强调发挥教育的社会功能，培养民治精神；以"教育即生活"为武器解决中国教育脱离实际的弊端；以实验方法为科学的方法，进行教育改革和探索，从而促进了中国教育的发展和社会进步。许多教育工作者在吸收"新教育"和美国进步教育思想的同时，能密切结合中国的国情和实际，进行一系列长期而艰苦的实验探索，表现出教育中国化的创新精神。

（二）马克思主义教育思想在中国的传播

1. 早期马克思主义教育思想的传播

作为中国早期马克思主义者的杰出代表，李大钊反对胡适等以教育为手段的社会改良论，宣传马克思主义的社会革命论，展开了一场"问题"与"主义"之争。这场争论，是中国早期马克思主义者用马克思主义关于经济基础和上层建筑关系的理论、阶级斗争的理论来解释教育与经济、政治关系问题的开始。

早期马克思主义者还努力运用马克思主义的观点来阐明平民教育的意义，把平民教育视为无产阶级革命斗争和解放事业的一部分，主张平民教育必须符合劳动人民求得自身解放的根本利益。根据平民教育理想，早期马克思主义者十分重视普及工农教育。他们认识到改革中国教育现状的核心问题是为劳苦大众争取教育权。他们分析了资本主义制度民主的虚伪性，主张教育上应该人人机会均等，劳动者必须有受教育的权力。

这一时期马克思主义教育思想的传播，虽然只是一个开始，却对中国教育产生了深刻影响。

2. 杨贤江对中国马克思主义教育理论的建设

在马克思主义教育思想的传播与研究中，最主要的代表是杨贤江。他的《教育史ABC》（1929）是我国第一本用历史唯物主义观点和方法撰写的教育史著作；他的《新教育大纲》（1930）是我国第一本以马克思主义基本原理阐述教育基本问题的著作，可以说是一本马克思主义的教育哲学著作。其主要教育思想如下。

其一，论教育的本质和效能。杨贤江根据历史唯物主义关于经济基础和上层建筑的关系原理，论述了教育的本质和效能。他认为教育是社会上层建筑之一，属观念形态的劳动领域；教育以现实的社会经济生活和政治为基础，并随其改变而改变。但是，教育也具有对政治和经济的反作用。

---

① 瞿葆奎. 教育学文集·教学（上）[C]. 上海：上海教育出版社，1988.

其二，论教育的发生与发展。杨贤江从唯物史观出发，认为教育是由于生活和生产劳动的需要而产生的，并在劳动过程中发生和发展。在《教育史 ABC》一书中，他详细论述了这一观点，还论述了原始社会、奴隶社会、封建社会、资本主义社会、社会主义社会等不同历史时期的教育。这是我国最早根据社会发展形态来分析教育发展的论述。

其三，对各种教育思潮的分析和批判。针对当时种种曲解教育本质的观点，如"教育神圣说"、"教育清高说"、"教育独立说"、"教育万能说"、"教育救国论"、"先革命后教育说"等，杨贤江用历史唯物主义观点，论述教育与政治、经济的关系和教育的效能，指出忽视教育的作用是错误的，过分夸大教育的效能更是危险的。

杨贤江的教育思想标志着马克思主义教育理论在中国的形成。

二、中国教育哲学学科的创建与发展

（一）旧中国教育哲学学科的创建

中国有着丰富的教育哲学思想，但中国把教育哲学作为一门学科，是在西方教育哲学的影响下而发展起来的。留学归来的王国维是较早阐述哲学的作用以及哲学与教育的关系的学者。在他看来，哲学是与教育学有相互关系之学。他说："不通哲学，则不能通教育学。"[①]

在 20 世纪 20 年代，我国一些学者就发表了有关介绍和论述教育哲学的论文，同时开始译介西方的教育哲学著作，如 B. H. Bode 著、孟宪承译述的《教育哲学大意》（商务印书馆 1924 年版）。在教育哲学的学科建设上经过了模仿美国时期后，20年代就有了自己编写的教育哲学著作，到了 30 年代，我国教育哲学学科已经形成。

1. 教育哲学学科的形成

教育哲学作为一门学科的形成，是与 19 世纪自然科学方法应用于教育研究、形成了"教育科学"密切相关的，也可以说是在与"教育科学"的纷争中产生和形成的。20 世纪初的"教育科学"尚不完全具有我们今天所使用的意义——诸多教育学学科群、教育的知识体系的总称。当时的"教育科学"主要指运用自然科学方法研究教育，而产生了教育心理学、教育测验、教育统计、教育社会学等新的学科。自然科学方法在教育研究中的应用极大地促进了教育的发展，但同时也使一些学者形成了在思考"教育科学"时的局限性。对教育哲学存在根据的思考，是源于对哲学和教育学性质的理解。我国最早的教育哲学专著《教育哲学大纲》一书的作者范寿康基于对康德哲学的认识和理解，把哲学理解为批评的哲学，而教育学是一门独立的科学。他认为："凡百科学都有共通的假定及固有的假定，而所谓哲学实乃研究这

[①] 王国维.教育偶感.中国教育史资料汇编（1）教育思想［C］.上海：上海教育出版社，1997：562.

种假定的科学,所以我们也叫它做科学的科学。科学的教育学既是一种科学,当然也有根本的假定,而这种假定的研究,就非依赖这种哲学不可。"① 显然,范寿康对教育哲学功能的认识是深刻的,教育哲学"是检察教育科学的根本原理及根本观念"②,是对教育中的假定这种前提性问题的认识和反省。到了20世纪30年代,在与"教育科学"的分庭抗礼中,人们认识到,有一类问题,教育科学与教育史都不能满意地解答,这便是教育目的和理想的问题。这一根本和永久的问题需要教育哲学启发人们去思考。也就是说,"科学给我们以事实,事实本身是很重要的;可是科学不能给我们以理想,亦不能教我们如何选择理想。理想的选择不是科学家的事,而是哲学家的事,所以,除教育科学外,应有教育哲学和它并行。"③ 正是意识到了教育哲学具有"教育科学"所不可替代的价值,吸引着一些学者思考和研究教育哲学的问题,教育哲学作为一门学科便逐渐地形成了。

2. 教育哲学学科体系的建设

在《教育哲学大纲》中,范寿康说明了教育哲学的两种研究方式,另一种是"将教育学的根本观念或根本原则来应用于哲学的研究",另一种是"将哲学的规范来应用于教育学上面"。④ 范寿康的《教育哲学大纲》采取了德国那托尔普的《哲学的教育学》体系,是因为论理学、美学及伦理学的三部分的分类对于教育哲学的问题的排列似乎比较便利的缘故。所以,他把教育哲学分为教育论理学、教育美学和教育伦理学三个部分。

20世纪30年代以后,我国学者独自撰写的教育哲学著作逐渐增多。从研究方法、体系内容上大体上可以分为四种。一种是认为教育哲学是以哲学的理论和体例研究教育,主要代表有范锜编著的《教育哲学》、陆人骥著《教育哲学》等。范锜认为:"教育哲学,为应用哲学理法,以阐明全教育之根据,而欲确立陶冶统一之原理也。"⑤ 并进一步指出教育哲学与科学考察事实、提供资料不同,"教育哲学,既以阐明教育理论与事实存在之根据,而确立全教育之基础为任务,则科学之考察,所以供给事实与方法之资料;哲学之研究,所以说明其意义与价值,而统一经验也"⑥。作者以广阔的视野,在第一编的"绪论"中,说明了教育哲学的意义、教育与各学科之间的关系、教育与环境之间的关系;在第二编"教育学说之批判"中,探讨了教育者之本性的研究、教育之理论的研究、教育之现实的研究;在第三编

---

① 范寿康. 教育哲学大纲 [M]. 上海:商务印书馆,1923:9.
② 范寿康. 教育哲学大纲 [M]. 上海:商务印书馆,1923:10-11.
③ B·H·Bode. 教育哲学大意 [M]. 孟宪承,译. 上海:商务印书馆,1924:1.
④ 范寿康. 教育哲学大纲 [M]. 上海:商务印书馆,1923:18.
⑤ 范锜. 教育哲学 [M]. 上海:世界书局印行,1933:1.
⑥ 范锜. 教育哲学 [M]. 上海:世界书局印行,1933:1.

"教育哲学本论"中,阐述了教育之目的论、教育之价值论、教育之方法论。这部著作材料丰富、体系严谨。

第二种是研究与教育有关的哲学问题,并对教育哲学流派予以评述,以吴俊升著《教育哲学大纲》为代表。吴俊升在渝版自序中对不作改动的原因解释说:原著的性质原在评述与教育有关的几个哲学根本问题,以及几家重要教育哲学学派的主张。吴俊升通过教育科学与教育哲学的关系的辨析,来把握教育哲学,并划分两者的研究范围和关系:"教育科学的范围,在于分析和叙述教育事实,并根据实证的知识供给达到教育理想的实行原则;而教育哲学的范围欲在从综合的观点,以教育的整个历程解释教育的各种因素,复以全部的人生经验来解释整个教育历程,并根据哲学的根本原则来决定教育历程的归宿和批判教育结果的价值。教育科学赖着教育哲学而调整,因而获得更深切的意义,也因教育哲学而得着努力的目标;而教育哲学欲赖教育科学得着事实的根据,和现实理想的凭借。教育科学,没有教育哲学是盲目的;教育哲学,没有教育科学是空虚的。两种学问的园地,虽然相异,但必须相辅相成。"①

第三种是公教教育哲学,以张怀编译的《教育哲学》为代表。公教即为天主教。《教育哲学》的作者认为:"公教有它的教育哲学,……教育目的应根据人生观而确定,施教育要注意精神与身体整个的人生。"② 作者对教育哲学的功能有独到的认识:启导和陶养青年。作者批驳了自然主义、个人主义、国家主义与政治主义等在人生哲学上的片面性,认为它们都是部分真理,是对人类本性和生活零星破碎之说明,因而现代的人失掉了人生的目的。公教的人生哲学是普遍主义的,是实有的、生活的、完人的科学。作者探讨了公教教育学的基础,即以"超性为组织基础"③说明了公教教育以神为中心、以耶稣为中心、以教会为中心来施教。这部著作代表着一种宗教的教育哲学,尽管有着浓厚的有神论色彩,但书中强调的"精神的教育"、"精神的修养"等问题,④ 却很值得人们深思。

第四种是以马克思主义的观点和方法研究教育哲学。除了李浩吾的《新教育大纲》外,还有张栗原的《教育哲学》、林砺儒的《教育哲学》。张栗原力图用马克思和恩格斯的辩证唯物论来分析各派教育哲学。在"唯物论的教育哲学"一章中,首先叙述了马克思的教育理论,介绍了观念论教育哲学和以杜威为代表的唯用论教育哲学,指出三者代表了不同的社会制度和教育理论,并用马克思、恩格斯的思想分

---

① 吴俊升.教育哲学大纲[M].上海:商务印书馆,1935:31
② 张怀.教育哲学[M].上海:传信书局,1934:2.
③ 张怀.教育哲学[M].上海:传信书局,1934:75.
④ 张怀.教育哲学[M].上海:传信书局,1934:77.

别对教育本质论、教育目的论和教育价值论进行了论述。在 20 世纪 30 年代，围绕"中国教育哲学之方向"，学术界展开了辩论。1934 年，姜琦针对吴俊升发表的《中国教育需要一种哲学》一文，发表《中国教育需要哪一种哲学》，提出美国的实用主义、德国的国家主义、苏俄的共产主义哲学都是其国家民族的产物，都不能作为有特殊的民族的中国的哲学和教育之基础。姜琦批评吴俊升在这个问题上含糊其辞，明确提出"中国是一个三民主义的社会，因此，三民主义就是我们中国的哲学和教育之基础"[①]。1937 年，姜琦对张君劢发表《中国教育哲学之方向》提出商榷，批评张君劢把教育与哲学混为一谈，虽同意张君劢提出的各派哲学和各时代文化大综合的意见，但要明确什么是综合、怎样综合，综合不是调和或折中。[②]

20 世纪 20—30 年代，是我国教育哲学研究和发展的第一次高峰。在中国教育哲学的思想基础上，就有杜威的实验主义、三民主义、天主教思想和马克思主义等不同主张，表现出一定的思想自由。

（二）新中国教育哲学的重建

1949 年以后，教育哲学作为一门课程在高校停开，中国学者中断了教育哲学的研究和教学。20 世纪 60 年代初，开始有一些介绍当代西方教育哲学流派的翻译和选编的书籍出版，但"文革"十年又中断了。80 年代以后，中国教育学者又重新开始研究和讲授教育哲学，并为建立马克思主义教育哲学而努力，重新建设中国教育哲学体系而且发展很快，取得很多的研究成果和重大进展。教育哲学研究和发展进入了 20 世纪的第二个高峰期，表现为以下特征和动态。

1. 以马克思主义为指导，从研究对象上重建教育哲学学科体系

从教育哲学学科性质和研究对象上看，大体可分为三种。

第一种是对教育问题予以哲学的思考，把教育哲学视为教育学科的理论基础，而不是一般的边缘学科。黄济在《教育哲学初稿》[③] 中提出，"马克思主义教育哲学的研究对象，应当是以辩证唯物主义和历史唯物主义作为指导思想，对教育中的一些根本问题，从哲学的高度作一些根本的研究和探讨，从中找出一般的规律，作为教育理论和实际的指导"；他还明确提出教育哲学应当成为独立的一门学科，它是教育学与哲学有机结合的边缘学科，教育哲学研究的问题，虽然来自教育学，但又高于教育学，教育哲学对其他教育学科来说，"就如同哲学对其他学科一样，具有方法论的性质，它应当成为教育学科的理论基础"；在教育哲学研究的范围和体系上，黄济主张"从教育的基本问题出发，提到哲学的高度，从方法论上去作一些根本的探

---

① 姜琦. 中国教育哲学之方向的商榷 [J]. 教育杂志, 25 (1): 24.
② 同上注.
③ 黄济. 教育哲学初稿 [M]. 北京: 北京师范大学出版社, 1982: 15, 14, 16.

讨"，具体包括：教育的社会职能、人的发展与教育、教育目的论、知识论与教学、道德论和道德教育、美和美育、教育哲学与教育科学的发展。

黄济著《教育哲学初稿》是中华人民共和国成立后第一部教育哲学专著，体系严谨，对恢复和建设马克思主义教育哲学学科，具有开创意义和作用。

第二种是从哲学的角度思考教育问题，把教育哲学视为哲学的一个分支学科。以傅统先、张文郁著《教育哲学》、张家祥著《教育哲学研究》为代表。"教育哲学是一门用哲学来探讨教育的理论和实践诸方面问题的学科。它是根据一定的哲学观点，并用历史的、逻辑的和比较的方法来进行研究的。"①

主张教育哲学是用哲学观点和方法研究教育基本问题的一门学科，并有理论体系创新的，是刁培萼、丁沅编著的《马克思主义教育哲学》，认为"教育哲学是用哲学观点和方法研究教育基本问题的一门学科"②。该书以辩证法为主线，探讨自然、社会、思维的发展与教育相互作用的规律性，力图从总体上把握教育运动、发展的一般规律，并为教育实践提供理论依据。这部著作体系严谨，为马克思主义教育哲学的学科建设作出了贡献。

田玉敏主编的《当代教育哲学》和桑新民著《呼唤新世纪的教育哲学——人类自身生产探秘》，是以哲学的体系演绎出教育哲学的体系，探讨了教育哲学本体论、教育哲学价值论和教育哲学方法论，以及教育实践论。他们专门研究了教育价值的前提——教育本体论，这在教育哲学体系建设上是一个贡献。

第三种是在教育哲学的研究对象上，主张教育哲学是研究教育价值的，如王坤庆著《现代教育哲学》。作者全面地说明了教育哲学的学科性质：第一，教育哲学是运用一般哲学原理去探讨教育基本问题或将教育基本问题上升到哲学的高度进行分析的一门理论学科；第二，"从根本上来说，教育哲学是研究教育领域中的'价值'问题的一门学科"③；第三，教育哲学是教育理论学科结构中的基础学科，是人们从事教育工作的世界观和方法论。作者分析了价值和教育价值的特征、教育价值的分类，阐述了教育价值观，具体分析了教育职能价值观、教育目的价值观和知识教育价值观，对教育哲学的研究对象有独到的认识。

2. 研究方法的创新带来教育哲学体系和观点的创新

这主要是借鉴现代西方哲学方法，理解和研究教育哲学。如金生鈜著《理解与教育——走向哲学解释学的教育哲学导论》。在这部著作里，作者对科学技术统治下的教育进行了反思，深刻地指出传统教育培养的是工业社会所需要的标准化人才，

---

① 傅统先，张文郁. 教育哲学[M]. 济南：山东教育出版社，1986：2.
② 刁培萼，丁沅. 马克思主义教育哲学[M]. 上海：华东师范大学出版社，1987：3..
③ 王坤庆. 现代教育哲学[M]. 武汉：华中师范大学出版社，1996：46.

而忽视了人的心灵的育化和人格的培养，忽视了人的精神和价值的实现。他主张从存在论意义上借鉴哲学解释学，教育就是要从"生活世界"所要求的独特方式——理解出发，去理解和教育人，使教育真正地指导人生，真正地培育人的精神。"理解人生的价值与意义，回到人的感性的具体的现实的流动的生活中，使教育真正地指导人生，真正地培育人的精神。这正是哲学解释学的'理解'奉献给教育及教育研究的启示。"[①] 周浩波著《教育哲学》，借鉴西方哲学的意义理论，运用了现象学和解释学等综合方法。在对历史的解读中，周浩波探寻了教育作为工具、教育作为生活、教育作为事实等意义；阐明了在不同意义的教育语境中，教育话语的规则和问题逻辑，以及研究者的心向和所反映出的教育思维。周浩波通过两个角度阐明了教育价值观。第一是把教育作为认识过程，说明在教育知识选择中功利主义与博雅教育的冲突，阐述了知识的效用与掌握知识的标准；第二是将教育过程作为道德生活过程，提出并论证了民主、自由、平等等价值观。周浩波还探索了教育理论与实践结合的问题，分析了理论影响决策的途径，研究了理论通往实践所必须面对的教师，探讨了理论主体与教师主体之间的影响方式；探讨了教育理论的重构策略，一方面对理论研究主体自身的生活方式的营造提出了要求，另一方面提出了理论自身研究模式的重构。

教育哲学的研究由于方法的突破，引发了思想和观点的创新，给人以深刻的启发。

在中国教育哲学学科建设的过程中，还有许多学者进行了深入的研究和探索，发表了许多有价值的文章，受篇幅所限，在这里未能给以介绍和说明。已出版的有关教育哲学的著作，或有体例和研究框架上的突破，或有新方法的借鉴，这些都表现出我国教育哲学研究繁荣发展的局面。

3. 拓展了教育哲学的研究领域

首先，展开了对中国教育哲学史的研究。

20世纪90年代之后，我国学者从哲学的高度对中国教育思想的发展演变进行了理论总结，在中国教育哲学史的研究方面取得了丰富的研究成果。先后出版了黄济主编的《中国传统教育哲学概论》，崔宜明等著《中国传统哲学与教育》，于述胜、于建福著《中国传统教育哲学》，张瑞主编的《中国教育哲学史》（四卷），刘复兴、刘长城著《传统教育哲学新释》。

学者们探讨了中国古代教育思想的理论基础——人性论，指出儒学作为中国古代文化的主流，先秦时代就确立了重义轻利的价值取向和以德育为特点的教育哲学

---

① 金生鈜. 理解与教育——走向哲学解释学的教育哲学导论[M]. 北京：教育科学出版社，1997：30.

思想。中国古代的教育家都把理想人格作为教育思想的终极归宿,它规定了教育的目的和方向,是中国古代教育思想的核心。

具有代表性的是儒家的"圣人"之理想人格。儒家的圣人人格论,含有强烈的治国平天下的色彩,并经过孟子和荀子的努力,提倡"人皆可以至圣"和"学为圣人",说明了成就圣人人格的现实可能性,使儒家的圣人人格论深深地浸入了文人士大夫的意识中,并通过教化使民众也感悟了其价值,为人们所普遍接受,成为中国传统教育的最高教育目标。

在理想人格的养成上,由于中国传统教育哲学是以道德教育为重点,很重视"修身"。而且,把"修身"与"仁政"结合起来,表现出强烈的现实践履精神。在儒家教育思想中,"学"被看成是实现理想人格的根本手段,倡导"尊德性而道问学"。

中国是一个有着悠久历史文化传统的国家,并有多种区域文化的融合。在教育哲学思想方面无论是关于天人关系、人性论、义利观、知行关系等主张,还是在教育作用、理想人格、道德教化、教学等问题上的见解,有许多是我们今天教育哲学建设中有益的思想资源。

其次,进行了现代西方教育哲学的系统研究。

在建设中国的教育哲学体系过程中,一些学者致力于西方教育哲学流派的研究。有陈友松主编的《当代西方教育哲学》,崔相录著《二十世纪西方教育哲学》,陆有铨著《现代西方教育哲学》,季平著《西方现代教育流派史论》,陆有铨著《躁动的百年——20世纪教育的历程》等研究成果。研究者分析指出西方20世纪教育哲学的发展经历了萌芽形成时期(20世纪前20年)、教育哲学学派林立时期(20世纪上半叶)、分析教育哲学时期(20世纪六七十年代)和教育哲学自身的反思时期(20世纪80年代后)。

三、教育哲学的发展趋势与教育哲学的功能

站在新世纪的起点,展望教育哲学的发展趋势,明确教育哲学的功能,是很有意义的。但限于笔者的水平,在这里我们只能谈一点粗浅的认识。

1. 教育哲学的研究向具体研究领域深入

20世纪90年代以来,教育哲学的研究已显露出向具体研究领域发展的态势。教育哲学自身分化出教育美学和教育伦理学等领域的研究。在纵向的教育系统上,出现了高等教育哲学和基础教育哲学的研究;在横向的教育学各领域中,出现了文化教育哲学、教学哲学、道德教育哲学等领域的研究,这些研究领域随着实践的发展将会有很大的进步。而且,课程哲学、教师教育哲学的研究随着我国基础教育的课程改革和教师教育的发展将有新建树;从教育的空间上,随着终身教育体系的形成、学习化社会的确立,社会教育哲学、家庭教育哲学会有很大的发展。

2. 加强教育哲学研究的国际化

一方面，以宏观的视野研究西方 20 世纪中叶以后出现的时代性问题，如人类自身存在和发展中的问题、知识经济的问题、科学技术发展提出的问题、经济全球化的问题等，都为教育哲学的研究提出了许多新的时代课题。另一方面，教育哲学研究者需要进一步加强与国际学术界的交流和对话，展开合作研究。我们不仅要了解和学习他国的成果，还要把中国教育哲学的研究成果推向世界，共同促进教育哲学的繁荣与发展。

在建设社会主义市场经济的过程中，在中国教育改革中，教育哲学将进一步发挥其批判功能和理想引导的功能。

3. 发挥教育哲学的批判功能

哲学是对"思想的思想"。教育哲学的反思与批判功能就是对教育问题所蕴涵的前提予以反思，也就是对教育问题的"前提"进行否定性的思考，或者是把"前提"作为"问题"予以追究和审讯。发挥教育哲学的批判功能不是对教育现实的彻底否定，而是在观念、精神活动层面形成一种制约或导向，在这个意义上批判也就是一种建议和建设，引导教育实践健康发展。

教育哲学的这种批判性源于哲学的批判性。由于教育哲学研究教育价值，而价值选择本身就有很强的主观性，这就更需要充分、自由的批评与对话。在我国现代化建设中，在当前教育改革的过程中，我们不仅需要关心如何求得真理，更需要关心如何避免错误，这就不能缺少教育哲学的反思意识与批判精神。

4. 发挥教育哲学的理想引导功能

教育哲学作为人存在意义的自我认识，对当代中国青年予以价值和理想的引导，是其历史的责任。理想是对客观现实可能性的一种反映，是以形象化方式存在的人的目的，具有超前性。人的学习不仅是为了掌握普遍一般的知识体系，同时还应形成一定的信念、价值和理想，这也是人之为人的内在根据。

在市场经济的条件下，高扬教育哲学的理想引导功能有着重要的意义。人要满足基本的生存需要，但市场经济是一把双刃剑，对物欲的极度追求会代替人的高层次需要，窒息人的存在价值和意义。这是当代中国面临的一个严峻问题。而教育哲学在教育科学中不可替代的价值或教育哲学之不可"消解"，就在于人类不能"消解"关于人存在意义的自我意识，教育哲学还要引导和塑造人存在的精神追求。教育哲学发挥理想引导功能，就是要给年轻一代以超现实的理想和信念，使他们爱智、求真、向善、趋美，具有蓬勃向上的精神和高尚的追求，从而有助于形成具有独立人格又承担社会责任的时代精神。

（本文与迟艳杰合作完成，发表于《教育研究》2003 年第 7 期）

改革开放以来中国教育哲学与时代的互动

中国改革开放已走过了三十余年的历程。教育在这一进步历史过程中发挥了重要作用。在这样一个经济飞速发展、政治文化变革、生活方式改变、教育普及与教育改革的时代,中国教育哲学是怎样与这个时代互动的呢?笔者尝试对中国教育哲学走过的思想道路进行回望,并对其未来发展进行展望。

一、重大问题的研讨促进了教育思想的解放和教育观念的更新

从恢复教育哲学教学开始,学者们就不是把它作为书斋里的学问来做,而是紧紧与社会发展相适应,理论思考与现实结合。教育哲学经过了历史的沉浮后再次焕发青春,通过一系列重大理论问题的研讨促进了教育思想解放。

(一)教育本质的讨论进一步加强了对教育作用和地位的认识

党的十一届三中全会后,工作重心转移到经济建设上来。恢复高考制度、恢复正常的教学秩序,教育战线的拨乱反正逐步展开,教育开始面向社会主义建设,为经济建设服务。这个时期,社会发展的需要反映在教育理论研究中,就是要对十年动乱中的教育思想,如"教育是无产阶级专政的工具"、"学校是阶级斗争的工具"等思想基础——教育本质问题予以深刻反思。而"实践是检验真理标准"的讨论,为教育本质的讨论提供了自由讨论的思想氛围。

20世纪80年代展开的关于教育本质的讨论,是教育理论界思想自由的体现。这场大讨论首先就针对"教育是上层建筑说"展开,出现了"生产力说"、"双本质说"(既属于上层建筑又属于生产力)、"多本质说"、"社会实践活动说"等不同的主张。教育本质讨论具有积极的社会历史意义,讨论使人们更进一步认识到教育具有生产性,即教育通过提高劳动者的素质可以发挥对社会生产的促进作用。这既是摆脱"教育是政治工具和为阶级斗争服务"思想禁锢的过程,同时也是重新认识教育作用的思想前提,因而也就是教育思想解放的过程。应该说,教育本质的讨论为新时期重新认识教育作用、确立"教育为本"的地位做了理论说明和思想引导。即使在今天,我国在要把"人口大国"建设成"人力资源强国"的战略规划中,仍然是以教育对生产力的促进作用为认识前提。

20世纪80年代初开始持续了十年之久的教育本质讨论,20年之后我们才看出

其不足。其一，在教育与社会主义市场经济的关系上，在教育是否具有商品性、教育能否产业化的问题上，教育哲学研究缺少了反思意识和批判精神。其二，教育本质讨论持有一种"本质主义思维方式"，人们专注于寻找外在于人的客观存在的"唯一"教育本质，使人们不能全面地认识教育的多重属性。到90年代末，人们对教育本质的研究更多地转向了教育与社会、教育与人关系的思考，在教育与社会关系上，不仅重视教育与经济和政治的关系，还重视其与科技、与文化的关系。

（二）教育价值的研究促进了教育功能认识的深入

教育本质的讨论指向教育作用的思想前提，教育价值的研究则是直接关系到教育功能的认识。我们认为，以1989年为界，教育价值研究可以分为两个阶段：一是理论建设与实践上倡导教育社会价值阶段（20世纪80年代初至1989年）；二是对中国教育社会价值进行反思和批判从而强调教育社会价值与本体价值统一的阶段（1989年至今）。

在第一阶段中，教育价值的理论建设取得了很大进展。20世纪80年代初期，教育价值的理论研究就达成一些基本认识。学者们在对价值进行内在价值与外在价值的区分的基础上，说明了教育中的价值和教育的价值，阐述了人生价值与教育目的，并深刻地指出，我们必须知道一种活动或一件事情是具有内在价值，还是具有外在价值；如果它既有外在价值，也有内在价值，那么我们就必须知道，它在什么意义上、在什么程度上是具有外在的价值，而在什么意义上、在什么程度上是具有内在价值。如果我们要对我们的所作所为以及为什么要如此作为有一个清晰的认识，我们就必须学会估计我们的各种活动、经验和成就在什么程度上和在哪些方面是具有内在价值或具有外在价值或者两者都具备。

在实践上，从20世纪80年代初期开始，我国就倡导教育社会价值。《中共中央关于教育体制改革的决定》（1985年）开宗明义地指出："党的十二届三中全会关于经济体制改革的决定，为我国社会生产力的发展，为我国社会主义物质文明和精神文明的大提高，开辟了广阔的道路。今后事情成败的一个重要关键在于人才，而要解决人才问题，就必须使教育事业在经济发展的基础上有一个大的发展。教育必须为社会主义建设服务，社会主义建设必须依靠教育。"由此我们不难看出，我国追求的教育价值是教育社会价值，这在中国改革开放、大力发展社会主义经济的历史时期是必要的。

1989年教育价值研究进入第二个阶段，学者们开始批评国家只重视教育社会价值而忽视人的价值，倡导教育的本体价值——人的价值和促进人的发展。这一讨论的外部理论环境是，20世纪80年代中期，国内哲学界掀起了"价值论"研究热潮，"高扬人的主体意识"、"重建人的自我意识"，而西方存在主义哲学关怀人的存在等思想，都影响着教育研究。而就教育理论研究的内部理论而言，这场讨论的中心是对教育社会价值的反思，尤其是对长期以来教育政治价值的反拨，是针对我们国家注重教育社会价值和工具价值、忽视人的价值而展开的。倡导其内在价值，这是教育中的人文关怀，表现出了教育哲学的反思和批判功能。这一研究是 20 世纪 90 年代中期提倡素质教育的一个理论准备，也是 21 世纪我国提出"以人为本"教育理念的一个理论基础。

党的十七大以后，学者们适应中国和谐社会建设的需要，倡导教育公平的价值理念，以促进教育均衡发展。如果说强调教育培养人这一本体价值，这个"人"还多局限于个人，教育民主、公平等价值理想的倡导，则是从个人发展到对受教育者全体之间关系及其发展的关怀，是我国教育改革和建设中新价值观的表现和表达。

教育公平在我国 20 世纪 90 年代就以教育机会均等展开过社会学的研究。进入 21 世纪，作为一种教育价值和理想，教育民主、公平研究反映在教育哲学中。作为一种社会教育价值观，教育公平是教育平等和教育效率的统一。教育平等包括社会成员具有相同的受教育权利，同时具有相同的接受教育的义务；对政府和社会来说就是将教育资源平均地分配给社会成员。而教育效率则是社会及成员能从教育资源中得到的最大利益。[①]

教育平等与教育效率之间的权衡和取舍，是一种价值选择。我国追求的是教育公平与效率的统一。但是有些教育政策，如为追求教育平等采取高考平行报考志愿，完全以学校的级别顺序优先选择学生，这就忽视了不同学校、不同专业的实际水平和特色，这样无论是对大学还是对学生，是否就意味着公平？是否是以牺牲教育效率为代价的平均主义？这些问题值得思考和研究。因而教育哲学对教育公平的研究，还需增强反思意识对有些教育政策的前提予以反思和考问，以保证教育政策的合理、公平和正义。

从学理上分析和总结教育价值研究中取得的理论进展，不仅有历史梳理，还有概念辨析，并深入到教育过程本身所构成的价值关系，这其中涉及教育的价值理想、教育的价值目标及其实现、知识价值观等问题。教育价值研究也从两极对立走向统一，即通过重视人的价值、实现人的价值而促进教育社会价值的实现；重视教育对个人和对群体的意义，关怀学生的幸福，从而把教育价值研究推向深入并引向现实。[②] 三十余年来，我们在教育价值研究中还存在不足：对社会转型期存在的多重

---

① 郝文武. 平等与效率相互促进的教育公平论 [J]. 教育研究. 2007（7）；石中英. 教育公平的主要内涵与社会意义 [J]. 中国教育学刊. 2008（3）.

② 王坤庆. 现代教育哲学 [M]. 武汉：华中师范大学出版社，1996；孙喜亭. 人的价值・教育价值・德育价值 [J]. 教育研究. 1989（5）（6）；叶澜. 试论当代中国教育价值取向之偏差 [J]. 教育研究. 1989（8）；扈中平. 人是教育的出发点 [J]. 教育研究. 1989（8）；檀传宝. 教育是人类生命价值的中介 [J]. 教育研究. 2000（3）；舒志定. 论教育价值 [J]. 教育研究. 2000（12）.

教育价值的现状和原因分析得不够;由于缺乏对教育价值主体的研究,因而对教育价值冲突的分析不是很深入。而在中国社会转型期,对中国价值观的辨析和引导恰恰是教育哲学最根本和最重要的任务之一。

(三) 对人的研究促进了教育目的和教育理想的进步

教育培养什么人的问题一直是教育哲学研究中的核心问题。三十余年来,中国教育哲学对人的研究表现为两个维度:一是对人的一般素质结构的说明,即从个人全面发展到人文精神和科学精神的倡导,使教育目的中人的素质充满了时代内涵;二是对中国人的社会性品质的分析,从劳动者到公民,体现了中国政治经济变革对人的社会性之要求。前者是对人的静态构成素质分析,后者则指向中国人的历史纵向之发展,教育哲学研究从而也促进了我国教育目的和教育理想的进步。

培养德、智、体、美全面发展的人是我国一直坚持的教育方针,其理论基础是马克思关于人的全面发展的理论。1985 年,中共中央《关于教育体制改革的决定》指出,教育改革的根本目的是提高民族素质,多出人才,出好人才。"所有这些人才都应该有理想、有道德、有文化、有纪律,热爱社会主义祖国和社会主义事业,具有为国家富强和人民富裕而艰苦奋斗的献身精神,都应该不断追求新知,具有实事求是、独立思考、勇于创造的科学精神。"但是,这样美好的教育理想在初期的社会主义商品经济大潮冲击下,在我国"千军万马争过独木桥"的教育现实影响下,学校教育为升学率而牺牲学生的身体健康、以智育取代其他几育,尤其是忽视道德教育,这种状况令富有责任感的学者担忧和关切。20 世纪 90 年代中期,国家适时提出素质教育,成为新历史时期教育的指导思想,以扭转片面追求升学率的倾向。

改革开放后中国社会进入了深刻的转型,即由社会主义计划经济向社会主义市场经济转变。在这一深刻的大变革时代,中国人的道德和精神风貌发生了深刻的变化,而知识经济又对人的素质提出了更高要求。对此,教育哲学研究高举人文精神的旗帜,大力倡导人文精神和科学精神的统一,培养具有高度科学文化素养和人文素养的人。人文精神是人之为人的精神特质,是人对人自身和人类社会的终极关怀,包括了民主、平等、自由、公平、公正等精神,既具有历史的普遍性也具有时代性。科学精神是对知识和真理的追求,是科学认识活动所体现的最根本的文化精神,表现为自由探索、实事求是、怀疑批判、超越创新的精神。我国的教育目的和理想,是培养具有高度科学素养和人文素养的人。面向 21 世纪,"学会生存仍然是教育的任务,科学的、人道主义的教育目的仍具有指导意义"[①]。

如果说"科学的、人道主义的教育目的"是对世界各国教育的要求和寄托,公

---

① 王磊.20 世纪教育透视——访陆有铨教授[J].教育研究.1997 (12).

民培养则是现阶段社会发展对中国教育的历史诉求。中国建设社会主义市场经济和民主政治，教育就要以培养公民为目标。我们在这方面的研究上，不仅有西方公民教育的历史探源，还有美国民主主义教育思想的借鉴。公民是个体人作为公民社会的一员平等而自由地参与社会公共事务，履行公民的义务和责任。公民应该具有理性自由和公民道德。前者是公民判断选择和行动的实践能力；后者包括公共道德和个人美德，是公民参与公共生活和在日常生活的私人领域中的德行追求和表现，如正义、勇敢、自尊、仁慈、信赖、诚实、合作、宽容等品质。教育培养公民，教育才能为中国民主社会的形成，包括社会公共领域的发展提供建设性价值，为此要展开公民教育。①

三十余年来，教育哲学研究对教育目的的关怀，紧紧把握了科技发展和中国社会政治经济发展的历史趋势，体现了学者高度的社会责任感。研究存在的薄弱环节是，对教育目的理论基础的研究还仅仅在马克思主义人的全面发展学说上面，还没有充分认识到人生哲学、政治哲学等的基础作用；对公民的倡导还处于理论研究层面，对教育政策予以反思和批评乃至影响的力量还不够。在人们具体的日常生活，如社区生活及其他公共领域，以及农民转变为市民过程中，公民意识与公民行为习惯的研究亟待加强，学校教育过程中如何培养公民的社会性品质还有待于进一步实践。

（四）推进知识论研究，为教育改革以及培养具有创新精神和实践能力的人才提供了理论依据和前提

教育理想、教育目的最终是通过教学来实现。三十余年来，教育哲学对知识的研究构成了一个丰富领域，涉及知识的价值、知识转型（知识类型）、知识性质和知识观，以及后现代知识与权力关系等研究。这些研究为教育改革提供了理论依据，为新型人才的培养提供了知识论前提。②

知识价值的研究，对"文革"之后恢复教育、重视系统知识的我国教学，具有十分重要的意义。但是，就如杜威所说，如果仅仅重视科目的外在工具价值，而没有体验到其内在价值，即"一个科目从来没有因其自身而被学生欣赏过，那么它就无法达到别的目的"③。因而，教学中，需要教师激发学生对知识本身的兴趣和努

---

① 金生鈜. 教育的多元价值取向与公民的培养 [J]. 教育理论与实践. 2000（8）；金生鈜. 成人教育与公民素质的培养 [J]. 教育研究. 2002（11）.

② 石中英. 教育改革与知识转型 [M]. 北京：教育科学出版社，2001；于伟，李欧. 利奥塔的知识合法性理论及其对当代教育观的影响与启示 [J]. 外国教育研究. 2004（11）；陈建华. 论知识/权力关系及其对教育知识价值之影响 [J]. 比较教育研究. 2006（3）；舒志定. 人本知识与人本教育观透视 [J]. 比较教育研究. 2006（7）.

③ 杜威. 民主主义与教育 [M]. 北京：人民教育出版社，1990：254.

力，教学要追求知识内在价值和外在价值的统一。

在知识的性质上，现代知识呈现出从客观性、普遍性和价值中立性向文化性、境域性和价值倾向性转变；个体获得知识的过程，也从原来的知识符合论向建构主义知识观转变。这些转变已经或即将引起教学过程的深刻变化。因为在我国，长期以来主导教师的是知识符合论。它是一种绝对主义知识论，认为知识是客观存在的真理，正确而且不变化；学生学习就是获得书本里或教师那里已有的知识，也就是掌握客观真理，其认识就是与客观事物相符合。在这种知识观支配下，教师重传授甚至是灌输，教学就是让学生掌握真理、再现真理，导致出现学生死记硬背、唯书、唯上现象，更遑谈学生创新精神的培养。以建构主义知识观为指导的教师教学，其讲授不是传授准备好的结论，而是唤起学生对知识的渴望，学生的学习是在教师引导下富有活力的思考和探索，产生新意义的过程。建构主义知识观是教师促进学生思考，尊重学生对问题的个人理解，保护学生好奇心、探索行动的认识前提和知识论基础。

从不同的标准和维度，知识可以分为不同类型。学者们关于自然知识、社会知识与人文知识的差异及其相互关系的研讨，深化了人文精神和人文教育的理解。在经济全球化、突破西方文化中心论的时代，本土知识使人们更多地去思考知识的多样性，以及重视传统文化的作用和地位，同时也引导人们努力将本土知识介绍给世界，贡献出中华民族的教育智慧。而学习和借鉴波兰尼的思想，以知识能否言说为尺度划分出的显性知识与缄默知识，更促进了人们认识到并关注教育过程中缄默知识一维。缄默知识拓宽了教学目标的内容，并在教师培养上发挥出了新的作用。类型划分尽管是人为的，但却表明人们对知识问题思考的深入。

知识论研究对学校教育过程中的知识分析还不够。而且，在知识获得中，人的主观作用的增强是否会导致否定知识的客观性，还需要教育哲学予以辨析和辩护。维特根斯坦认为不可能存在私人语言，语言具有交流性、公共性，交流提供了知识的客观性标准。

二、在中西方教育哲学思想的研究中确立自我发展的坐标

(一) 西方教育哲学思想的研究与借鉴，拓展了教育哲学的思想平台

无论是改革开放之初，还是进入 21 世纪，对西方教育哲学的研究都构成了重要研究领域。西方教育哲学思想不仅是重要的外部理论资源，而且成为我们自我认识的一个重要参照坐标。

1. 使中国教育哲学的研究具有了世界眼光和他者的参照系

在 20 世纪上半叶，中国学者最初就是从借鉴国外成果而展开教育哲学研究的。中华人民共和国成立后虽取消教育哲学的课程，但仍有少量译著出版，如傅统先翻

译了杜威的《经验与自然》、《人的问题》等,改革开放之后,汉译教育名著系统出版。而伴随着学者出国访问和学习,对西方现代教育哲学的研究更加广泛和深入。这些研究成果不仅作为研究生教材发挥了培养学生的作用,而且也使中国教育哲学的研究具有了世界眼光和他者的参照系。①

通过现代西方教育哲学的介绍和研究,我们了解了20世纪西方教育哲学发展的历史,知道了在20世纪上半叶美国进步主义教育思想,以及围绕着进步主义教育而展开流派之间的思想争论,领略了美国教育哲学家思想的博大精深和强烈的社会责任感。存在主义教育哲学家对人存在状态的关怀、对自由与责任的深刻认识、对人生的理解,都开阔了我们的视野,丰富了我们人本教育的思想;而分析教育哲学对"教育"、"教学"、"受过教育的人"等概念、命题的精确而到位的分析,又让我们感受到思维和语言的魅力;英美教育哲学20世纪及当代发展历史的回顾及研究现状的说明,让我们了解了发达国家教育哲学走过的道路,包括现在的研究队伍和关注的问题,启发了我们的思考和工作。②

改革开放是中国现代化的一次强行军,在教育领域中也有思想的追赶过程。这也是百年以来中西思想相遇时,中国人图强心理的延续。如果说19世纪末20世纪初是无奈选择,那么到今天已是一种积极的借鉴。中国要建设社会主义市场经济和民主政治,需要借鉴和学习西方文明成果,发达国家教育哲学思想的历程给我们提供了发展的参照系。杜威关于民主主义理想与教育的主张,对我国的公民培养,就具有深刻的启示意义。③ 发达国家教育思想走过的道路,有助于我们认识中国的教育问题。

2. 提供了新的教育语言和新的思维方式

我们所使用的概念、研究的问题,如儿童教育哲学、生命教育哲学、哲学解释学、公民、教育中的民主、自由教育等等,都是借鉴学习西方教育哲学的成果。分析教育哲学中"任务词"、"成就词"等的概念分析方法、反本质主义思维方式、现象学中的本质直观、意义理论中的语义和语用分析等思维方法和研究方法,都为我国教育哲学研究提供了丰富的可资借鉴的研究方法和思维方式。

3. 中国教育哲学在与西方对话、交流中发展

在对西方教育哲学研究中,进入21世纪,我们不仅系统翻译西方教育哲学著

---

① 这方面的研究著作主要有陈友松主编的《当代西方教育哲学》,教育科学出版社1982年版;陆有铨的专著《现代西方教育哲学》,河南教育出版社1993年版;陆有铨的专著《躁动的百年——20世纪教育的历程》,山东教育出版社1997年版。

② 石中英. 教育哲学导论 [M]. 北京:北京师范大学,2002;邵燕楠. 美国教育哲学研究的多元化特征及其启示 [J]. 教育科学论坛. 2009 (6).

③ 迟艳杰. 在社会历史进程中理解杜威的教学价值思想 [J]. 华东师范大学学报(教育科学版). 2010 (2).

作,研究了西方高等教育哲学①,而且在教育活动中展开了中西方教育哲学的对话和交流。这主要体现在中国学者参加国际教育哲学学术活动,国内召开现象学教育学等国际性的研讨会,也邀请西方学者来华访问、讲学,中国学者的研究成果也被介绍到西方。可以说,中国教育哲学在与西方对话、互动中发展了自身。

对西方教育哲学思想研究我们还存在一些不足,对教育家原著研读得还不够,在一定程度上影响了对其思想的理解。借鉴和使用现代西方哲学的语言,还要追求语言的通俗易懂。在对西方教育哲学思想进行研究的过程中,如何看待中西方教育哲学思想之间的关系尚需进一步思考。同时,我们也要看到发达国家具有的自身的文化和历史,在学习和借鉴的同时,要结合中国的实际有一个改造或是中国化的过程。我们更要看到,也正是因为有了西方"他者"的存在,才有了"我们"教育思想的自觉及建设的任务。

(二)展开中国教育哲学思想史的研究,以继承和弘扬中国文化教育的优良传统

20世纪90年代之后,我国学者从哲学的高度对中国教育思想的发展演变进行了理论总结,在中国教育哲学史的研究方面取得了丰富的研究成果,论及了中国古代教育思想基础、天人关系、教育目的、人生意义、教学、道德教育和美育等丰富内容。这些是我们今天教育发展的内在养分。②

学者们指出,中国古代教育思想的基础是人性论。"天人合一"是中国传统文化的基本精神,也是理想人格的一种精神状态。中国古代教育的理想人格是"圣人"、"君子"和"成人"。中国传统教育以道德教育为重点,在理想人格的养成上,很重视"修身",强调"修己治人",具有强烈的现实践履精神。

中国教育哲学思想在经历了春秋战国时期的"百家争鸣"、汉代的"罢黜百家、独尊儒术"之后,在此后两千多年的封建社会中,基本上是以儒家思想为主体,其中又以思孟学派的思想占主导地位。在儒家思想的发展历程中,曾与道家思想结合出现了魏晋玄学,与佛家思想结合出现了宋明理学,同近现代西方哲学和科学思想结合而出现了所谓的新儒学。

中国近代教育思想在西方文化的猛烈冲击下出现了一次根本方向的转折,即从传统教育向现代教育的转折。这个转折不是对传统教育的简单否定,而是以"中西

---

① 陆有铨、石中英主编的《京师教育哲学译丛》(北京师范大学出版社2006年版),系统全面地呈现了西方教育哲学的研究面貌。此方面的研究还有张斌贤等主编的《西方高等教育哲学》,北京师范大学出版社2007年版。

② 这方面的著作主要有:黄济先生主编的《中国传统教育哲学思想概论》,河南教育出版社1994年版;崔宜明等的专著《中国传统哲学与教育》,上海教育出版社1995年版;于述胜、于建福的专著《中国传统教育哲学》,江苏教育出版社1996年版;涂又光的专著《中国高等教育史论》,湖北教育出版社1997年版;张瑞璠主编的《中国教育哲学史》,山东教育出版社2000年版;刘复兴、刘长城的专著《传统教育哲学新释》,湖北教育出版社2000年版。

融通、古今汇合"为基本指向。

学者们揭示了近代以来中西教育哲学调和、汇合到融合的艰难探索过程，呈现出了动态的历史发展过程。正如有学者认识到的，中国教育哲学史的研究和写作"切忌用西方教育哲学的概念范畴进行生搬硬套。这是因为中国文化和教育发展有其自身的独特性"[①]。中国教育哲学思想史的研究体现出了中国特色和中国气派。

三、中国教育哲学的未来展望

（一）培养什么样的人——教育目的的引导

如果说20世纪10—20年代在世界教育哲学学科形成时期，人们就认识到理想价值问题不是科学问题，需要教育哲学并肩而行，那么西方分析教育哲学后来也关怀形而上问题，更说明教育理想和价值引导是最为基本的。培养什么样的人，这是决定中国教育方向和民族未来的重大问题。

对此，需要我们立足于时代科学发展、中国社会政治和经济建设的趋势下来思考。中国已经完成了反封建反殖民地的新民主主义革命，也走出了计划经济和以阶级斗争为纲的政治运动时期，进入了现代化建设的历史新阶段，正在建设社会主义市场经济和民主政治国家，构建为人民生活幸福的现代社会。如此，我们需要培养德、智、体、美全面发展的社会主义建设者和接班人，未来的社会主义建设者还应是具有科学和人文素养的社会主义公民。

市场经济体制是建立在每一个体的活力和创造力基础上的，而知识经济的到来，尤其是当前金融危机更加凸显一个国家的创新能力之重要。这一切都要求我们的教育要培养具有创新意识、创新精神和创新能力的人才。

（二）研究走向何处——提高思想的广度与深度

中国的改革是叠加的、复杂的，中国的教育肩负着多重使命的同时也面临诸多困难：在教育普及的同时要兼顾英才教育；在教育均衡发展的同时还要体现区域特色；有转型期原有历史思想的惯性，也有新思想的启蒙和培育；在教育多元利益主体形成的同时，产生了对多元价值的追求；有计划经济时代的理想道德之失落，还有市场经济下新秩序的建设……因此，在我们看来，我国教育哲学的研究需要立足以下三个方面才能站得高、看得远，具有其思想的广度与深度。

1. 在中华民族伟大复兴的历史时期，切实继承与弘扬中国文化教育传统

百年来，中国走向现代化的道路是一个艰难的旅程。只有在改革开放这三十余年间是持续不间断地发展着，而且取得了举世瞩目的成绩，中华民族进入了伟大复兴的历史时期。现代化不能完全丢开自己的传统，中华民族的伟大复兴更不能离开

---
① 张瑞璠. 中国教育哲学史 [C]. 济南：山东教育出版社，2000：1.

自己的出发点，找不到回家的路。而且，现代化尽管直接表现在经济和政治方面，但归根到底在于文化和人的现代化，这就离不开教育。因而切实继承与弘扬中国文化教育传统，是教育哲学研究的一个根本任务。

对中国文化教育传统继承与弘扬，首先是对文本经典的阅读和研究，以恢复对教育文化传统的认同和深入地理解；在研究方面，未来可能要集中于中国教育哲学范畴体系、中国教育哲学学术思想史、现代新儒学对知识分子的研究等。其次是要展开教育文化经典的教学，还要对中国传统文化进行创造性的转化，使之融入当代中国教育体系，成为有机组成部分，把其中的精神通过多种教育形式传播，培育出具有中华民族文化底蕴的现代中国人。

2. 在经济全球化时代，继续加强西方教育哲学思想的研究

20世纪初现代学制建立后，西方教育思想和理论就一直影响着中国，有些已经逐渐融入到中国的教育思想中，成为我们已有的教育传统了。因为传统不仅仅指源，也包括流，还指流淌。而且，"现代性一些最基本的指标无论是东方还是西方，都应该是共指的，不同的是现代性的文化形式，否则人类便无法互相了解，实现跨文化沟通"[①]。

在西方教育哲学研究中，我们一方面需要继续研究世界进入信息化和知识经济时代，以及西方后现代社会中的教育问题和教育思想，从而让我们更具有前瞻性和反省意识。现代西方儿童哲学研究、意识形态与教育、教育研究方法中的价值冲突等研究，都将会成为新的问题域。另一方面我们还需要加强纵向研究，即对西方教育哲学思想史的考察，尤其是对教育哲学家思想还需要新的解读。

3. 在大国崛起的背景下，拓展教育哲学研究视野，提高中国教育思想的影响力

大国崛起是全方位的崛起，从民心到社会，从经济到政治，从幼儿园环境到大学理念，不仅包括GDP等硬指标，还包括软实力，而且后者是一个大国崛起的文化和社会心理基础。而民心与民风也是一个国家和民族的精神状态，都需要一个全面的提升，教育也就不仅仅局限于学校教育。党的十七大提出政治、经济、文化和社会四个方面的建设，涵盖了整个国家和民族的建设。因而，作为时代教育精神的教育哲学，其思想的广度和深度就是社会的宽度和民族的高度。要在加强包括高等教育哲学在内的学校教育哲学研究的同时，拓展到公共教育哲学的研究或社会教育哲学中去。

公共空间的使用和公共领域的建设，都是由人——公民承担，其理智自由、道德修养、审美情趣，以及人与人之间的友爱、诚信、互助、宽容等价值观的确立和

---

① 刘梦溪. 当代中国与传统文化［N］. 光明日报. 2010-3-25.

形成，都有待于深入研究和切实引导。大国理应是一个教育思想丰富和深刻并对世界具有思想贡献的国家。如果从人的思想划分，我们还有待于研究教师个人的教育哲学思想，包括研究当代中国教育家的教育思想，弘扬古代教育家的思想。这既为教师服务，以增强其教育智慧，又是我们发掘本土教育智慧的途径，是我们为世界教育思想作出贡献的重要体现。

（三）如何研究——研究姿态和方法下移

我国教育哲学的研究姿态和方法要下移，要关注中国社会现实，借鉴社会学、人类学的研究方法，与社会学、人类学、政治学等研究力量合作。这也就要求研究者不断学习、更新知识结构，从而把握中国社会大变革时代中的教育及其发展，用思想传递时代的声音。

在继承教育哲学已有的研究方法中，如历史的、比较的、逻辑思辨方法的运用，需要回归严格的理论论证。现代世界，包括我国，更多地把"教育哲学"作为动词来理解，强调其运思的过程。教育哲学的研究是一种反思，是一种论证。论证是哲学活动的本性，研究者不仅陈述自己的观点还要支持自己的观点。论证的过程比结论更重要。我们的研究，需要把自己的思考或置于思想的逻辑联系中，或是从某一思想演绎出进一步的结论，只有要让这个过程绵密、恒久甚至缓慢，才会把思想引向深刻、细致、全面和正确，从而才能增强其可理解性，才能贡献出一份真知灼见。

（四）研究者何为——社会责任的担当

卡尔·波普尔说："不对假定的前提进行检验，将它们束之高阁，社会就会陷入僵化，信仰就会变成教条，想象就会变得呆滞，智慧就会陷入贫乏。社会如果躺在无人质疑的教条的温床上睡大觉，就有可能渐渐烂掉。要激励想象，运用智慧，防止精神生活陷入贫瘠，要使对真理的追求（或者对正义的追求，对自我实现的追求）持之以恒，就必须对假设质疑，向前提挑战，至少应做到足以推动社会前进的水平。"[1] 教育哲学的思维方式是怀疑和批判。因而研究者需要发挥批判精神，勇于社会责任的担当，具体表现为以下两个方面。

1. 淡化学科体系情结，突出问题意识

改革开放之初，在停止了三十余年之后又重新在高校开设教育哲学课，历史地就把教材和学科建设作为首要任务；一路走来，教育哲学的研究不知不觉中就重视其学科知识性，而淡化了教育哲学"思"之任务。这是我们今天需要自省的。教育哲学有知识层面的内容，如教育家生平、思想观点、流派、思潮的形成与兴衰；但是，教育哲学更应表现在理性的探索和智慧的沉思，两者应该互渗互融。

---

① 麦基. 思想家 [C]. 北京：生活·读书·新知三联书店，1987：4.

教育哲学的运思不仅有"历史之思",更应有"现实之沉思"。转型期就是过渡期,一切都处于建构过程中。从社会角度看,中国教育改革是新旧矛盾的冲突,是权力与利益的调整和再分配过程。进入21世纪,中国课程与教学改革全面推进,并深入到了社会文化、民族心理的深层结构。其中诸多问题,如什么是教育进步(包括课程改革)的历史尺度?如何理解教育历史发展的合规律性与合目的性的关系?怎样从世界历史的坐标系和我国社会主义初级阶段出发准确地把握我们的国情,从而确定我们课程与教学的价值方向?中国社会阶层在形成,不同阶层民众的教育价值取向如何,将对教育产生怎样的影响和提出怎样的要求?这些现实问题都是值得研究和再研究的问题。

2. 增强批判精神,营造良好的学术生态,提供前导性思想

学者自己的思想发展需要自我批判。哲学思维需要刨根究底的思考,对前提的追问、对逻辑融贯性的思考、对自己思考有限性的怀疑等,都会促进自我提高和超越。国家和社会教育的进步更需要研究者的批判,这种反思和批判就是社会责任的担当。如对教育制度和教育研究环境的批判包括基础教育的评价制度,由此而带来的教师爱的丧失;高等教育科研评价制度导致的学术浮躁;市场经济条件下出现的学术腐败、大学的政治化倾向、学者"自由精神"与"独立人格"的缺失,以及对教育政策的分析和批判;等等。三十余年来,我们最缺少的就是这种批判精神。研究者只有具有批判精神才会有良性的学术对话和交流,才能营造出良好的学术生态,培育出承前启后的反映时代精神的成就,用思想筑起学术的风骨。

社会学家认为,三十余年来中国处于社会转型期,未来中国将进入一个新的社会秩序建设时期。教育哲学研究需要立足于社会转型和社会秩序的重建,以理性的高度判断中国教育发展的方位,澄明教育发展的价值前提,思考未来发展的可能道路,这也是研究者的社会责任和历史使命。

(本文与迟艳杰合作完成,发表于《教育研究》2011年第5期)

中国教育哲学 30 年的探索历程

一、概况

1. 教育哲学学科的恢复与建设

"教育哲学"作为一门学科，在中国可谓源远流长。民国初年，高等师范院校出现以后，"教育哲学"就作为独立的学科而开设。1928—1937 年，在教育领域发生了一场涉及面非常广的"教育哲学大讨论"，这是中国教育哲学发展史上难得的"黄金十年"，那时的专著、译著以及发表的论文，均已达到相当的水准。

1949 年以后，在中国大陆地区"全面学习苏联"的潮流下，"教育哲学"作为一门学科被取消了。"文化大革命"结束以后，人们开始全面反思和清理极"左"思潮。1979 年召开的全国教育科学工作会议，比较全面地审议了高等师范院校的教学计划。在这次会议上，高等师范院校教育系设科太窄的现象受到了关注，认为应该恢复和重建一些教育系传统的学科，其中包括"教育哲学"。1980 年，北京师范大学教育系黄济教授率先恢复开讲"教育哲学"。与此同时，着手"教育哲学"教材的编著。1982 年，北京师范大学出版了黄济教授的《教育哲学初稿》（1984 年经作者修订后改名《教育哲学》），以应"教育哲学"教材缺乏的燃眉之急。1986 年，山东教育出版社出版了傅统先、张文郁教授的《教育哲学》。此后，全国各地的各种"教育哲学"的教材便大量涌现，"教育哲学"作为一门学科也在各地师范院校陆续恢复。到目前为止，中国绝大部分的高等师范院校或者作为本科的必修课，或者作为选修课都已开设。与此同时，教育哲学的研究工作，也陆续展开。

2. 取得的成果

中国教育哲学作为一门学科在高等师范院校以后，随着研究生教育的回复，中国建立了学位制度。国务院学位委员会授权在部分师范院校招收博士生和（或）硕士生，有些学校还设置博士后流动站。目前，已经研究培养了近百名教育哲学专业的博士和数百名硕士，其中，许多人已经成为中国教育哲学教学和研究的骨干。

在此期间，据不完全统计，已经出版教材专著近 100 本，已发表论文 500 多篇。此外，教育哲学作为一种研究的方法论，对于诸如高等教育、基础教育、课程论、道德教育理论等其他教育领域或学科也产生了很大的影响。

3. 专业组织的成立与活动

为了适应"教育哲学"学科的建设和发展的需要，1986年，作为上级学会的代表，黄济先生在济南主持并成立了全国教育哲学专业委员会。从1986年至今，中国教育学会教育哲学专业委员会一共召开了14次学术年会和2次专业委员会理事会议。这些会议遴选的主题，要么是对教育哲学学科建设来说非常迫切的一些问题，要么是教育改革中的热点问题。年会的议题一年比一年深刻，讨论一年比一年深入，会议质量也是一年比一年高。

1987—1989年间总共召开了三次专业委员会学术年会。这三次年会的主题，与教育哲学课程建设有关，与会代表主要是全国各所师范院校的教育哲学任课教师，大家集中在一起，探讨教育哲学课程建设以及与教学实施过程中面临的一些课题，整合及促进国内教育哲学界跨校性的学术对话与交流。

1990年7月，在江苏无锡召开第四届教育哲学年会，会议主题是教育哲学的学科建设问题，教育哲学的方法论问题。教育价值问题成为这次会议的中心议题。

1991年11月，在湖北武汉的华中师范大学召开第五届教育哲学年会。会议主题是"素质与素质教育"，代表们从教育哲学角度对推行素质教育问题进行了较为深入的探讨，这次年会对深化国内的素质教育研究起到了良好的促进作用。

1992年12月，在湖南长沙召开第六届教育哲学年会。会议主题是当代中国教育哲学所存在的问题以及应该采取的对策措施。与会代表倡导，应当建立一种主体性的教育哲学，引起较大反响。

1994年7月，在广州召开第七届教育哲学年会。会议主题是"时代精神与教育哲学"，与会代表们认为，当代中国教育哲学应该准确反映时代精神，在时代精神的感召下去重建新的教育哲学。

1996年11月，在山东济南的山东师范大学召开第八届教育哲学年会。会议围绕教育现代化、人的主体性与主体教育、现代教育与人文精神等问题展开了热烈的讨论。其中现代教育与人文精神问题引起了代表们的高度关注，代表们就教育人文精神的内涵、教育研究中的唯科学主义倾向、人文教育与科学教育的关系问题，展开了比较深刻的探讨。

1999年1月，第九届年会在冰城哈尔滨的哈尔滨师范大学召开。来自全国各地的50多位教育哲学专业工作者出席了这次年会。会议围绕着关于素质教育的哲学思考、知识经济与创新教育、世纪之交教育哲学的回顾和前瞻、后现代主义思潮与教育哲学研究等四个主题，展开了讨论、交流。

2000年11月，第十届年会在广西桂林召开，会议主题是：（1）21世纪中国教育改革的哲学思考，（2）知识创新与教育改革。代表们从哲学的视角出发对我国教育及教育哲学的建设和发展等问题提出热烈的讨论，会议围绕着教育应走向何处、未来教育哲学怎样建构、教学改革需要怎样的哲学视野以及教育理论与教育实践的关系等四个主题，展开了交流和讨论。

2002年7月，第十一届年会在内蒙古呼和浩特市的内蒙古师范大学隆重召开，来自全国各地、各单位的67位教育专家、学者参加了此次会议，与会者围绕会议的两大主题——"知识经济与教育"，"知识经济与教育哲学"展开了激烈的讨论。

2004年8月23日，中国教育学会教育哲学专业委员会第十二届学术年会暨教育哲学国际研讨会在东北师范大学召开。来自海内外50所大专院校、研究机构的百余名从事教育哲学研究的专家、学者汇集一堂，围绕会议主题——"变革时代教育哲学研究的新视域"展开了积极深入的探讨。

2006年9月8—9日，全国教育哲学专业委员会第十三届学术年会暨教育哲学国际研讨会在北京师范大学举行。会议期间，与会者围绕"教育公平与社会变革"的主题，从不同视角就教育公平在当前中国教育发展过程中的影响因素、教育公平的实现机制、教育公平与教育政策、教育公平的价值基础等问题展开了深入而热烈的研讨。

2007年9月19日，"多元文化视野中的教育哲学学科发展"学术研讨会暨第一次教育哲学专业委员会理事会在浙江师范大学召开，来自全国各高校15位教育哲学专家参加了该会议，会议主要围绕"多元文化视野中如何发展教育哲学学科的问题"展开讨论、交流。

2008年10月28—29日，教育哲学专业委员会第14届年会在上海师范大学举行，来自海峡两岸五十多所高校的近300名学者参加了研讨会。会议期间，与会代表围绕"民主"和"教育民主"的内涵、学校中的教育民主、民主政治视野中的教育民主、社会文化视野中的教育民主，以及不同哲学思潮中的教育民主等问题，展开了深度探讨。

2009年6月26日，教育哲学专业委员会第二次理事会在陕西师范大学隆重举行，会议主题是当代中国教育价值哲学的变革。来自全国各地的与会代表五十余人参加了会议，与会代表围绕当代中国教育价值哲学的变革进行了主题报告和交流发言。6月27—28日与会代表赴革命圣地延安，接受革命传统教育。代表们先后参观了宝塔山、杨家岭、枣园和延安大学校史展览管等革命旧址，亲眼目睹了新中国的缔造者们当时所处的工作、生活环境。

4. 注重参与境外和国际交流

中国台湾和香港的学者参加了1994年7月在广州举行的第7届教育哲学的年会，这是他们第一次出席教育哲学的年会。此后，每届年会都有中国台湾、香港地区和

（或）国外的学者参加，国外的学者分别来自日本、英国、加拿大、澳大利亚等地。

除了邀请国外及中国港澳台地区的学者参加年会外，中国学者还到英国、加拿大、美国等国参加合作研究或访学。首都师范大学与加拿大阿尔伯特大学范梅南教授建立了长期的学术联系，并从2006年至今每年在北京举办"现象学与教育学"国际学术研讨会。

二、进展

1. 从学科自身体系建设到注重不断加深对问题的研究

1979年全国教育科学工作会议以后，在中国内地恢复和重建中断达30年之久的"教育哲学"学科的开设和建设工作，可谓"白手起家"，面临着诸多困难。除了缺乏适合中国国情的适当的教材之外，一个最棘手的问题是，缺乏合适的教师。1949年以前曾经从事过"教育哲学"学科教学和研究工作的，不是已经谢世，就是年事已高，难以重返教学第一线。因此，当时有志于投入"教育哲学"教学和研究工作的，几乎都是从其他专业转行过来的，多数来自于教育基本理论专业、马克思主义教育理论专业或哲学专业。尽管他们在各自原先的专业领域造诣很深，但面对新的学科，难免感到无所适从。在专业委员会成立之前，各个学校"教育哲学"的任课教师，基本上都是按照各自的理解进行教学。在专业委员会成立以后的一段相当长的时间内，为满足实际教学的需求，其工作着重于教育哲学学科性质和体系的讨论，并处理教材编写中出现的实际问题。这在当时是完全必要的。事实上，关于教育哲学学科性质的讨论，直到现在也还在进行着。

教育哲学的教学和研究人员都明白，无论"教育哲学"作为一门学科地位的确立，或是教材的不断完善，都离不开对于教育实际问题的研究和回答。当然，教育哲学问题的讨论，同国内学术界的动向和改革开放的实践是密切相关、相互影响的。30年来教育哲学探讨的问题难以一一列举，其中主要问题如下。

（1）教育价值问题

价值问题一度被认为属于西方哲学的范畴。20世纪80年代，这一学术禁区被逐渐冲破。傅统先、张文郁教授的《教育哲学》（1986年出版）列两章专门讨论"价值论与教育"。此后，研究教育价值问题的专著和论文不断出现。研究者们对价值的概念、分类，以及教育的价值等问题进行了讨论。从教育价值问题讨论的情况来看，大体上经历了从关注政治价值到经济价值，再到人的发展价值的转变。此外，对于知识的教育价值、审美的教育价值等问题，也进行了探讨。

（2）知识论问题

中国学校教育长期存在着"知识本位"的情况，随着课程改革的推行，至少在理论上越来越多的人的知识观有了改变。知识属于人的认识范畴，知识更像动词

("探究活动"),而不是名词(不变的结论)。知识离不开认识主体的活动。知识的掌握实质上是一种探究的过程、选择的过程、创造的过程,也是学生科学精神、创新精神、乃至正确世界观形成的过程。知识论问题的讨论,对于中、小学教育实践的改变,有着潜在的影响。

(3) 人的问题

伴随着国内学术界关于人性、异化以及人道主义等问题的讨论,人在马克思主义体系中的地位得以恢复和确立。人们对1949年以后曾一度讳莫如深的"人的问题"展开了热烈的讨论,并普遍接受"以人为本"的思想。在教育界,"人的发展"在教育中也逐渐居于核心地位。与此同时,诸如人的发展与社会发展的关系、人的主体性、人文精神、人生与教育等问题也受到普遍的关注。

(4) 实践中出现的问题

在刚刚过去的30年间,中国的政治、经济、文化、社会等几乎所有的领域都发生了巨大的变化,这些变化不可避免地要在教育方面得到反映,事实上,它们也是教育发展过程中需要认真对待的一些问题。在这期间,教育公正与效率、教育民主、和谐社会与教育等问题受到了关注,事实上,它们也分别是几届教育哲学年会讨论的主题。这些问题的讨论,对于丰富和发展中国教育哲学的思想具有非常重要的积极意义。

2. 研究方法从马克思主义一元到一元指导下的百花齐放

作为一门具有方法论性质的学科,教育哲学自身也存在着一个研究的方法论问题。20世纪二三十年代,马克思主义教育思想就随着西方教育哲学思想进入中国。1949年以后,马克思主义以其在中国的独特地位,成为一切研究唯一的方法论基础。"文化大革命"结束以后,人们越来越认识到,马克思主义是一个开放的、不断发展的体系,它并不拒绝人类在科学和理论领域优秀的研究成果。对于马克思主义作任何僵化的理解都是错误的。在"改革开放"、解放思想的大潮下,教育哲学研究的方法呈现出马克思主义一元指导下的百花齐放的局面。其中"现象学方法"和"解释学方法"尤其引人注目。近年来,中国学者对诸如"生活世界"、"主体间性"等概念,不仅耳熟能详,进行比较深入的探讨和研究,而且在一些地方也进入了中、小学教育改革的实践,成为实践者所关注的话语。

研究方法的创新带来教育哲学体系和观点的创新。研究者对科学技术统治下的教育进行了反思,指出传统教育培养的是工业社会所需要的标准化人才,而忽视了人的心灵的育化和人格的培养,忽视了人的精神和价值的实现;主张教育就是要从"生活世界"所要求的独特方式——理解出发,去理解和教育人,使教育真正地指导人生,真正地培育人的精神。

有的学者借鉴西方哲学的意义理论，运用现象学和解释学等综合方法，阐明在不同意义的教育语境中，教育话语的规则和问题逻辑，以及研究者的心向和所反映出的教育思维。

教育哲学的研究由于方法的突破，引发了思想和观点的创新，给人以深刻的启发。事实表明，在中国本土化的教育哲学学科建设的过程中，方法的借鉴和创新，是一个重要的环节。

3. 研究范围从西方到中国

中国本来就有着丰富多彩的教育哲学思想，然而，作为一门现代的学科，中国教育哲学却是 20 世纪初从移植西方教育哲学思想起步的。1949 年以前，中国除了移植以德国古典哲学为代表的欧洲教育哲学思想之外，还引进了美国以实用主义哲学为基础的教育哲学，以及西方其他国家的教育哲学思想。可以说，在一个相当长的时期内，西方教育哲学成为中国教育哲学教学和研究的主要内容。

近 30 年来，介绍、研究西方教育哲学的传统并未中断。除了比较系统地研究 19 世纪末、20 世纪初以来西方主要的教育哲学流派和思潮之外，对于西方教育哲学的最新进展，如后现代主义、批判理论、新实用主义、女性主义等，也及时地作了介绍和研究。

同既往相比较，近 30 年来，中国教育哲学的教学和研究的一个突出的进展是，在中国教育哲学领域，长期受到忽视和冷落的中国传统教育哲学思想得到了重视，而且，对中国传统教育哲学思想的研究也取得了丰硕的成果。可以说，系统地整理和研究中国教育哲学的传统，是近 30 年中国教育哲学发展的一件具有历史意义的大事。它克服了中国教育哲学对于西方教育哲学的依附，对于中国教育哲学学科本土化建设具有深远的影响。以黄济教授为代表的一批学者，在这方面进行了努力的工作，作出了自己杰出的贡献。

中国是一个有着悠久历史文化传统的国家，中国教育哲学的思想具有自己的特色。中国古代的教育家都把理想人格作为教育的最高目标和终极归宿。作为中国古代文化的主流，儒家的"圣人"人格论统摄了教育的目的和方向。"内圣外王"理想人格特征，含有强烈的治国平天下的色彩。此外，儒学主张"人皆可以至圣"和"学为圣人"，并倡导"尊德性而道问学"。在这里，"学"被看成是实现理想人格的根本手段，肯定了成就圣人人格的现实可能性和实现的途径，使儒家的圣人人格论不仅深深地浸染了文人士大夫的意识，而且，通过教化也使民众感悟了其价值，并为人们所普遍接受。

在理想人格的养成上，儒学作为中国古代文化的主流，先秦时代就确立了重义轻利的价值取向和以伦理道德为特征的教育哲学思想。由于中国传统教育哲学以道德教育为重点，很重视"修身"，而且，把"修身"与"仁政"结合起来，故表现出强烈的现实践履精神。

儒学关于天人关系、人我关系、知行关系、义利关系、生死关系、荣辱关系等问题的论述，是中国教育哲学极其宝贵的思想资源。然而，作为历史遗产，中国传统教育哲学思想乃是特定时代的产物，不可避免带有时代的局限性。对传统教育哲学思想加以系统地整理、分析、吸收、改造、创新，仍然是中国教育哲学工作者面临的一项艰巨的任务。

近 30 年来，我国学者对中国传统教育哲学思想的发展演变进行了系统地整理，此外，还对中国传统教育哲学分别进行了人物或专题的研究，取得了丰富的研究成果，如先后出版了黄济主编的《中国传统教育哲学概论》等许多著作。

三、前瞻

1. 深化对"教育哲学"性质及其在教育学科群中地位的认识

关于"教育哲学"学科的性质，欧、美国家的学者存在着许多不同的见解，在中国也有类似的情况。30 年来，在中国已经出版的冠以《教育哲学》为书名的教材或著作，每本书的体系和内容都各不相同，这就清楚地说明了这一点。在中国，相对而言，比较普遍的意见是，教育哲学对教育问题的研究，要有"哲学的高度"，能够为教育的其他学科理论的研究提供指导原则或方法论基础，等等。对这些认识，很难简单地作是非、对错的判断，关键是对"哲学的高度"的理解。

"教育哲学"是教育学科群中的一个分支；"教育哲学"作为一门学科，其性质和地位，要在与其他学科的比较、联系中，才能够得到比较准确的认识。其中，最重要的是，要辨别"教育哲学"与"教育理论"和"教育科学"的联系与区别，明确教育哲学的不可替代性，以及与其他学科的互补关系。其实质乃是哲学同一般理论，以及哲学同科学的关系。

(1) "教育哲学"与"教育理论"的关系

关于"教育哲学"与"教育理论"的关系，黑格尔（Friedrich Hegel）在《法哲学原理》中曾经说过，密涅瓦的猫头鹰总是在黄昏时才起飞。在这里，黑格尔把总是到黄昏时候才起飞的猫头鹰比喻为哲学。不言而喻，清晨即开始飞舞的其他鸟儿被比喻为一般的思想、理论。黑格尔的比喻形象地说明，哲学的思想要滞后于一般的思想、理论，因为哲学乃是对思想的思想，对认识的认识，即"反思"。这是人类意识能动性的表现，也是人类智慧的体现。尽管黑格尔没有具体论述教育哲学，但他的见解值得中国教育哲学的教学和研究人员的重视。

(2) "教育哲学"与"教育科学"的关系

关于"教育哲学"同教育实验、教育心理、教育统计、教育测量等"教育科学"

的关系，相对于教育理论，它们的差别比较容易区分。教育科学往往注重的是教育过程本身，旨在准确地发现事实；并对事实之间的联系，努力脱离经验的局限，作出合理的解释，从而达到一个更合理的教育基础。"效率"是教育科学的宗旨。与教育科学不同，教育哲学则应该关注对于教育过程具有潜在制约性的真、善、美原则的探究。如果说，教育科学专注于"能不能"问题，那么，教育哲学则更关心"该不该"的价值问题。

教育哲学的地位和价值内在于它自身的特性之中，它无须包括教育哲学教学和研究人员在内的其他力量的封许，然而，如果人们抛弃这一特性，它也就无立足之地。

2. 关注教育实践，增强研究意识

中国教育哲学本土化的建设和发展，除了充分地从中国文化、中国的教育传统中吸取营养之外，中国不断发展的教育实践、不断深化的教育改革乃是最重要的资源和保证条件。研究中国的教育实践，创建并发展中国特色的教育哲学，永远是中国教育哲学教学和研究人员的任务。教育哲学作为哲学和教育学的交叉学科，它的研究必然要体现哲学的一些特性。

（1）原创性

无论在物质领域或精神领域，任何存在物都是具体的，教育哲学的理论也是如此。所以，教育哲学的原创性绝不是虚无缥缈的空中楼阁，它产生于对现实的、具体的问题的研究，也是对它们的可能的解答。波普尔（Karl Raimund Popper）认为，科学的发展就是从提出问题到解决问题，再进一步提出问题、解决问题的过程。科学研究是这样，教育哲学研究也应该是。30 年来，中国的教育哲学教学和研究人员已经注意到这个问题，这种研究问题的意识应该继续坚持下去。离开了对于现实问题的关注和研究，就不可能有教育哲学的发展。

（2）批判性

所谓批判，就是评价和判断，也就是用理性的态度对事物加以审视。哲学作为思想的思想，即反思，本身就是批判性思维。教育者和受教育者都是具有主体性的人，因此，教育的结果不完全取决于举办者的主观愿望，其过程和结果往往不可预测。在充满或然性的教育改革或学校教育活动过程中，用理性的态度加以审视是完全必要的。批判不仅对于求得真理不可或缺，而且，对于避免错误也必不可少。在批判的活动中，无论对于中国传统教育哲学思想，或是当下流行或推广的理论，其评判的标准，只能是实践。

（3）时代性

从一定的意义来说，哲学就是哲学史，因为每个时代都有自己的哲学。哲学是不断发展的历史过程。然而，真正能称作为某个时代的哲学，必定要代表该时代精神的精华。需要强调指出，所谓时代精神，不仅仅是对既有事实的肯定，而且还应该是对现实存在的超越。它不仅要对现状"是"什么作理性的概括，而且还要对未来的"应该"怎么样发出意志的诉求。也就是说，在教育的学科群中，发挥价值的引导作用，舍教育哲学其谁？目前，我国向市场经济的转变所引起的价值观的变化，知识经济对于人的创新和实践能力需求，以及威胁人类自身生存和发展的生态问题对于人文精神的呼吁，都应该是教育哲学密切关注的一些问题。

在知识经济、国际竞争和人类生存环境恶化等问题的挑战下，中国的教育改革将不断深化，将提出一系列的新问题，这既是挑战，更是教育哲学发展的契机，我们应该主动地作出回应。

3. 研究人员的成分及素养的提高

中国教育哲学的研究人员，绝大多数分布在高等院校，所以高等院校的教育哲学教学和研究人员是中国从事教育哲学研究的一支重要力量。另外，有一些科研机构，比如从中央到地方教育科学研究所，也有一批从事教育哲学研究的人员。还有一些教育哲学研究人员，分布在政府政策研究机构和中小学校。中国本土化的教育哲学主要是由中国学者研究出来的，因此研究人员素质、学养等是决定性的因素。

从 1986 年至今，教育哲学研究人员的学养发生了很大的变化。初期的教育哲学研究人员，基本上是半路出家，转行从事教育哲学的教学和研究，许多从业人员的哲学素养和学历水平，相对而言不太理想，大部分从事教育哲学研究的人，都是国内大学本科毕业，缺乏国际视野。但是在若干 1949 年之前接受中西方文化滋润、有深厚学养的前辈学者如傅统先教授、黄济教授的带领下，这些教育哲学研究人员作出了自己的最大的努力。现在，教育哲学研究人员的面貌发生了巨大变化。大部分研究人员都具有博士学位，越来越多的研究人员有到英、美等教育发达国家留学的背景，他们与西方教育哲学领域产生了越来越多的学术联系。教育哲学研究人员的教育素养和哲学素养都得到了很大的提高。

由于教育哲学研究人员的努力，以及这一学科在教育学科中的重要性，从事教育哲学研究的人，担任教授职务的比例越来越高，一些教育哲学研究人员在其他专业组织发挥了重要影响。教育哲学研究人员中，担任教育机构领导人的人数也越来越多。

教育哲学研究人员的多元化构成，以及素养的提高，对教育哲学学科建设来讲，具有非常重要的意义。今后在这方面我们要继续努力，以进一步提高教育哲学的学术地位，扩大教育哲学对教育改革的影响。

4. 教育哲学专业委员会的工作

教育哲学专业委员会的工作，主要可以从加强学科建设、规范专业组织、创设专业刊物等三方面分析。

(1) 加强学科建设

从1986年成立教育哲学专业委员会至今，我们一直在不遗余力地从事这方面的工作。初期主要讨论教材编写，这在当时是非常重要的一项工作。因为在大学，尤其是在一些师范大学开设教育哲学课程，对于教育哲学学科影响力的扩大，具有十分重要的价值。教育哲学同人在这方面尽了自己最大的努力。到1995年前后，几乎全国所有的师范大学都开设了教育哲学课程。之后，我们又进一步讨论如何引介西方先进的教育哲学体系，并在教育哲学本土化上做了大量的工作。从1986年到现在，教育哲学研究者积累了丰富的研究成果，主要体现在：教材日渐丰富、翻译了西方具有代表性的教育哲学著作，撰写了许多教育哲学方面的专著和论文。

(2) 规范专业组织

主要体现在以下几个方面：吸收更多的研究者加入教育哲学专业委员会；考虑区域的特点，在每个区域选择、邀请高层次的研究者加入专业委员会理事会，扩大专业委员会的学术影响；接受上级专业组织的领导与管理，与上级专业组织即中国教育学会教育学分会建立良好的关系，每年向上级专业组织汇报工作；在国内有影响的学术杂志上，如《教育研究》、《教育学报》、《中国教育学刊》上发表专业委员会的学术信息。

(3) 创设专业刊物

一门学科的成熟与否，与有没有专业刊物，有着很大的关系。教育哲学专业委员会自从1986年成立以来，开展了许多工作，推动了教育哲学学科建设和教育科研活动。但从进一步发展的角度来看，有些工作迫在眉睫。创建自己的专业刊物就是其中非常重要的一项工作。专业刊物能够加强教育哲学学科的学术影响，为教育哲学研究人员发表成果提供学术舞台。我们希望中国也像英国、美国和澳大利亚一样，有教育哲学的专业刊物，能够凭借专业刊物这个平台，更多地发表国内同行的真知灼见，也能够凭借这个平台，与国际同行有更好的合作与交流。

傅统先教授的学术人生

于述胜（以下简称"于"）：傅先生在《我的思想发展过程》一文的最后说："我已年逾古稀，除带领一位研究生外，甚愿为教育科学的理论建设竭尽绵薄。"文中甚至把为中国的教育科学尽力，放在"带领一位研究生"之后。这个研究生当然是您。傅先生为什么对您寄予厚望？

陆有铨（以下简称"陆"）：有人告诉我，傅先生晚年住院期间，对去看望他的山东师大领导说："我一生教过很多学生，最有希望、最有哲学头脑的就是陆有铨了……"这话傅先生没有在我面前讲过，我也无法判断其真假。不过，傅先生确实对我比较好。他跟我谈话，总带有一种商量、讨论的口吻，从不疾言厉色，这跟他温和谦逊的性情也有关系。我是他第一个、也是唯一一个从头带到底的研究生，他对我寄予较大希望，也是可以理解的。因为师生关系融洽，他对我很信任，跟我讲过很多自己过去的事情。傅先生逝世后，他的家人把他的所有藏书、手稿及书信等都交给我处理，使我对他的学术和人生有了更加全面深入的了解。

于：傅先生晚年，有两篇自传体的长文，一篇是《我的思想发展过程》[1]（以下简称《过程》），一篇是《傅统先自述》[2]（以下简称《自述》）。两篇文章大同小异。下面，我们就围绕着这两篇长文，对傅先生的有关问题作一番探究。首先，您是否知道其成文的经过？

陆：两文的成文过程我都不清楚。傅先生有个特点，从来不让别人替他写稿子，更不用说在别人（学生）写的文章上挂名了。他写文章都事必躬亲，从查资料到撰稿，像写自传一类的东西就更是如此。他写东西出手很快，往往是一气呵成。他晚年还有一个习惯，手稿都用圆珠笔外加两页复写纸，一式三份，交到出版社后，自己还有备份。记得在学三年，我只给他抄过一篇稿子。他的做法也深深影响了我，我也从不让学生替我做事，更不会主动要求或暗示在学生写的文章上挂名。

于：在叙述自己早年历程的时候，《过程》与《自述》均言自己读上海民立中学

---

[1] 北京图书馆《文献》丛刊编辑部，吉林省图书馆学会会刊编辑部. 中国当代社会科学家 [M]. 北京：书目文献出版社，1982：343-356.

[2] 高增德，丁东. 世纪学人自述（第三卷）[M]. 北京：北京十月文艺出版社，2000：424-435.

期间,"种下了泛神论的种子"。但《自述》中多了一句话,说自己是回民,自己的家庭"世代信奉伊斯兰教"。傅先生是否说过,自己是自幼信奉伊斯兰教还是中学期间才信奉的?不管怎么说,傅先生是很早就有了伊斯兰教信仰的人。在您与他的接触中,这种信仰是否有、又是如何体现的?

陆:这个问题他本人跟我讲过,他原来是信教的,但自从学了哲学,特别是学了杜威哲学以后,他的宗教信仰已经很淡化了。我从来没见他在家里做过什么祷告、举行伊斯兰教仪式等。新中国成立前上海常有回汉冲突。一有冲突,傅先生作为大学教授总是出来调解,替回民说话。他抗战后曾担任国民党的"立法委员",就是回教界推举出来的。

傅先生不是国民党员,也不参与政治活动。他跟我说,他当"立法委员"完全是政治斗争的结果。当时孙科和李宗仁竞选副总统,都想让自己的人当"立法委员"。孙科一派力推东吴大学法学院的一位教授,李宗仁一派则通过白崇禧做傅先生的工作、力推傅先生。白也是回民,他出面找傅先生,傅先生不能拒绝,只好当了一回被动的"立法委员"。做"立法委员",是可以给自己捞钱的。比方说,一个"立法委员"若与米商做好了扣儿,在立法院会议上声言大米紧缺呀、要涨价了,报纸马上就会报道出去,导致恐慌、哄抢、涨价。米商赚了钱,自然也会"报答"那位"立法委员"。可傅先生不干为自己捞钱的事儿,也不谈政治。他在立法院大声呼吁的,都是中小学教育问题,发表的都是教育方面的见解。所以,新中国成立后审查他那个时候的发言,找不到他任何"反共"言论。傅先生还笑着对我说:"我新中国成立后倒真是成了国民党员(民革代表),但那是党要我做的。"

傅先生一生简单得很,就是读书和教书;即使被推进党派的漩涡,他也不过问政治,更不会热衷于政治。如果要说信仰,那么,他真正信仰的就是杜威的实用主义思想。自从接受了杜威的思想,他对宗教的态度也改变了。至于后来他跟伊斯兰教的密切关系,主要因为他是回民,而他的地位使他在维护回民利益方面可以发挥一些作用。直到现在,上海伊斯兰教界的一些人还记得傅先生。几年前,我跟学生到小桃园清真寺去游览。寺里面有一个藏经、藏书的地方,外人是不让进去看的。我一提傅先生、说我是傅先生的学生,人家就十分高兴地把我们领进去了,里面还藏着傅先生年轻的时候写的那本《中国回教史》。这也可看出,傅先生在伊斯兰教中的威望和影响。

于:傅先生在《历程》和《自述》中,基本上没有谈家庭和婚姻对他的影响。

陆:婚姻啊,这个他不便说。他跟我讲过很多关于他婚姻的事,你想听吗?

于:请讲给我们听听。

陆:先讲讲傅师母家。大概是傅师母的祖父或曾祖父吧,叫"蒋驴子",是外号。用我们后来的话,是赶着驴车跑运输的"个体户"。他家在南京。据说他有一次赶着驴车在河边休息的时候,无意中向河中扔石子,发现河中可能有东西。蒋驴子很有心计,不跟别人说,晚上偷偷跑回来,一捞竟是金银财宝。傅先生猜想,可能是太平军撤退的时候,金银财宝来不及运输就扔到了河里。蒋驴子发现了,用驴车拉回去,从此就发了家。后来,蒋驴子又得了一个外号,叫"蒋半城"。他在南京的财产很多,南京有些个很重要的地方如新街口等都有他的房产。另外,在上海、武汉、杭州等地方,蒋家都有大量的不动产。据说杭州有个蒋庄,就是因蒋驴子而得名。蒋介石曾去住过,别人就误以为蒋庄是因蒋介石而得名的。1949 年以后,"国学大师"马一浮就住在这个地方。我还特意到蒋庄去看过。到傅师母这一代,就可以尽享荣华富贵了。再加上傅师母兄弟多,女孩就她一个,愈发金贵了。

　　再说傅先生与傅师母的结合。师母名叫蒋富庄,出身富门,却很有自己的见解。她坚持认为,两种人她是不嫁的:一种是做官的人,别看今天风光,明天可能就是阶下囚;另一种是商人。当时回民做珠宝生意的人很多,一个玉石、珠宝之类的东西,为了卖个好价钱,就编造很多谎言。傅师母知道这些,认为商人品行不好,坚决不能嫁给商人。想来想去,她觉得自己要嫁就嫁给读书人。加上蒋家也是回民,自然要在回民中物色中意的读书人。蒋家有一位亲戚或熟人,跟傅先生有亲戚关系。当时傅先生在中学读书,为了省钱,就住在清真寺里。那个清真寺在上海南区,很有名,叫"小桃园清真寺",现在还有,我跟我的学生也去过几次。那位亲戚就把傅先生介绍给了蒋家。傅先生个头不高(也就 1.7 米左右吧),但人很聪明,长得也很英俊,直到老年也英俊不减当年。两个人一见钟情。蒋夫人(也就是傅先生后来的岳母)也支持这门婚事,但向傅先生提了两个条件。第一,要求傅先生继续读书,读大学。这个条件,傅先生听了当然高兴,说自己到上海来就是为了读书,只是没有钱。岳母说钱的事不用担心。第二个条件,是要求傅先生大学毕业后必须留在上海。这个条件,让傅先生有些为难,他认为父母在湖南,需要人照顾。但他的岳母说:"那不要紧,你可以自己造房子,把父母接过来嘛。"这两条,后来都兑现了。所以,从那时起,傅先生就从民立中学转到了圣约翰大学附中。

　　圣约翰大学附中是上海最好的中学之一,教育条件好,图书资料丰富。傅先生在那里如饥似渴地学习。但圣约翰毕竟是一所教会学校,要求学生要么礼拜,要么选修神学课程。傅先生坚持自己的伊斯兰教信仰,遂选修宗教课,研习世界上各种宗教的起源与发展。中学毕业后,他直接升入圣约翰大学,主修哲学,辅修教育。傅先生是个读书坯子,他利用圣约翰大学丰富的中外文藏书,广泛研习以黑格尔为主的西方近代哲学。他学习刻苦,人又聪明,大学期间就开始在圣约翰大学学报《约翰声》上发表哲学论文,如《驳无神论》、《柏拉图的哲学》、《关于易经的考据》

等，很受圣约翰大学校长卜舫济的青睐。大学毕业时，他还根据自己学习所得，撰写了《知识论纲要》一书。这本书的手稿如今还完整地收藏在我家里，是傅先生手书的。大学毕业后，因为生病，他没有立即参加工作，大约有两三年的时间，跟着蒋维乔学佛学《成唯识论》、读《庄子》，还跟着上海玉佛寺的谛闲法师学习《楞严经》。这既是为了养生，也是为了解决自己哲学上特别是认识论上的问题。

于：根据《过程》、《自述》，再结合我查找的有关历史文献，大概也是在这个时候，在蒋维乔等的引介下，傅先生参加了中国哲学会（1934 年），出席了其第三届年会并在会上发表了《知识之组织》的论文。他与中国哲学界一些著名学者如张东荪等相知，可能就在此时。这期间，他还对当时的自然科学理论发生了兴趣，努力探求自然科学与哲学的关联，发表了诸如《新物理学中之宇宙观》、《生机哲学在生物学上的基础》、《格式塔心理学原理》等文章，并于 1936 年出版了《现代哲学之科学基础》[①] 一书。张东荪在为该书写的序言中说："我很愿意在此序上广向中国读书人推荐，以为留心现代思想者能人手一编最好。"也有学者评价说："《现代哲学之科学基础》大略展示了西方现代科学理论的最新发展，是旧中国哲学界最早探讨科学哲学的著作。"[②] 可见，围绕着认识论探究，傅先生获得了十分广博的知识，并形成了自己的见解。这也为他 1930 年代参与到全国性的哲学论辩中去奠定了坚实基础。

陆：傅先生在三四十年代的哲学界确实相当活跃，他和张东荪两人都是唯心论的主张者，立场接近，所以能谈到一起。我至今仍然保存着张写给傅先生的十多封信。那场关于辩证唯物论的论争，从大的历史背景来看可能会夹杂着某些党派和政治因素，但傅先生参加论争，完全是出于学术上的目的，跟党派呀、政治斗争呀没有关系。即便如此，傅先生新中国成立后不愿、也不敢提那档子事。

于：您曾说过，傅先生与刘佛年先生曾结下深厚友谊，终生不渝；两位先生的交情，可能与张东荪有些关系。能具体谈谈这方面的情况吗？

陆：刘佛年与张东荪有师生之谊。刘先生 1935 年 9 月至 1936 年 7 月，曾就读于广州的学海书院。张东荪当时在学海书院任院长。后来刘先生出国留学，1940 年回国后先后在西北联合大学和蓝田国立师范学院任教，抗战胜利后来到上海。他到上海时是人地两生，而傅先生这个时候已是中国哲学会上海分会的负责人，又是圣约翰大学的教育系主任。为了让刘佛年在上海立住脚，张东荪就给傅先生写了一封信，说是我的一个学生到了上海，请您帮忙关照一下。刘先生受聘在暨南大学教授哲学概论和教育哲学，就曾得到傅先生的引荐。这是两人定交的开始。

新中国成立后，刘佛年先生曾先后担任"文革"期间由五个学校合并组成的上

[①] 该书由商务印书馆于 1936 年出版。
[②] 刘凌，吴士余．中国学术名著大词典 [M]．上海：汉语大词典出版社，2001：41.

海师范大学和华东师范大学校长。记得我读研究生的时候,有一次在傅先生家里吃饭,用的是一个红木饭桌。傅先生告诉我:"前天,刘校长来看我。他指着这张饭桌说:'我当年曾在这个饭桌旁吃过你家好多饭呢!'你看,他都已经是多年的大学校长了,还记得这些事情,还来看我。刘校长这个人好着呐!"刘校长对傅先生确实没的说。傅先生晚年,能把户口从山东迁回上海,就是刘校长给办的;傅先生的女儿从浙江调到上海,也是刘校长出的力。那个时候,能弄到上海户口比出国还难;不是刘校长出面办不到的。他们俩的关系一直很好,直到傅先生去世。

  傅先生去世那一天,正好是山东师大任命我当教育系副主任。我清楚地记得,那是1985年的3月2号。我刚得到任命,就接到傅先生去世的消息。我连夜乘火车,第二天一早赶到上海的时候,傅先生已被送进了太平间,我没能见他最后一面。我受山东师大领导委托全权办理傅先生的后事。那个时候办事不像现在,有钱就行,很多事儿比方说用车,有钱也办不了。我就去找刘校长,他这时已是名誉校长,校长是袁运开。刘校长说:"你不要紧张,我来帮助你。"他就从华东师大校办、教科院抽出来几个人,由我调配。结果,傅先生的后事办得很体面。讣告和发讣告用的信封(上面落款"傅统先教授治丧委员会")都是由华东师大印刷厂专门精心制作的。出殡那天,灵堂里摆满了大大小小的花圈,上海教育界(主要是华东师大的人,包括刘校长和袁运开校长)和宗教界有很多人参加追悼会。华东师大的一个车队,几乎全用上了。山东师大的副校长张建义代表学校参会并致悼词,山东师大来的人也有一部专车接送,为了维护山东师大的尊严嘛!当时一个司机很纳闷,就问我:"你们跟华东师大什么关系呀?我们一个车队全用上了。"其实,傅先生的丧事能办到这个份上,与刘校长有莫大的关系。

  于:傅先生去世的时候,傅师母还在吗?为什么傅先生晚年,在《过程》和《自述》中只字不提傅师母呢?

  陆:傅先生晚年跟我一提到傅师母的事,就很难受,伤心落泪。傅师母是"文革"后不久就去世的。"文革"一开始,傅先生就被打成了牛鬼蛇神。那次她得了急病(可能是心脏病之类的),被送到医院。医院说她是牛鬼蛇神的家属,急诊部不接。因没有得到及时治疗,她就死在医院走廊里了。这件事让傅先生很伤心。师母去世后,他心情不好,孤苦伶仃的,又有病在身,所以,"文革"后期他就回上海养病了。

  于:咱们再回过头来,回顾一下傅先生新中国成立前的其他经历。抗战爆发的时候,很多大学教授都辗转撤退到了后方,傅先生为什么没有离开上海?

  陆:这个事情,傅先生没有跟我说过。我猜想,可能有这么几个原因:一、傅师母是富家小姐,过不了颠沛流离的生活;二、傅先生是一个典型的学者,希望有一个安定的研究环境；三、圣约翰大学是教会大学，从学校到校长都很器重傅先生，而在抗战之初，美、日关系并未破裂，圣约翰仍然可以按照自己的既定方针继续办理下去。但不离开上海不等于不爱国。1938至1941年，他为生计所迫，除任职于圣约翰大学外，在多所私立和教会大学中做兼职教授，却不忘记向青年学生宣传爱国主义，因受日伪特务机关恐吓、收到一封装着子弹的威吓信，并目睹一爱国学生被杀于大夏大学门口，他辞去了其各校兼职，搬到圣约翰大学校内居住……

于：是的。傅先生的专著《哲学与人生》由世界书局初版于1945年。这本书就是他那些年在各大学教授哲学概论时，在课堂上与学生讨论哲学和人生问题基础上写成的。在序言中，他以此明志，也以此说明他所研究的哲学与人生和社会的关联："复兴中国的工作不能等到将来的太平时代。我们要从现在做起。而且我认为一切复兴的工作都必须以精神的复兴做基础。假使这种放荡的生活和颓唐的精神不根本加以药治，其他的工作都谈不到。……"直到今天，我们读这本书仍能感到振奋、受到启迪，可见他以自己的哲学来复兴民族的努力，是深沉而有力的。1970年代以后，台湾地区多个出版社曾先后再版此书，但《序言》后面省略了写作的日期和地点。倒是他的手稿保存得很完整，标明"中华民国三十三年正月十二日，统先志于上海圣约翰大学"。

陆：作为哲学家，傅先生在大是大非面前是非常清楚的。只是他胆子不大，又不擅长社会和政治活动，就只好做一名书斋中的学者了。

于：在《自述》中，傅先生说自己在抗战中期至留学美国（1948年）期间，思想发生了很大变化。其中，他在哲学上的一个重要观点是："哲学是教育的一般原理，而教育是哲学的实践。"这也是他1980年代初写《教育哲学》时的一个重要观点。那么，这句话的内涵到底是什么？您如何评价它？

陆：所谓发生了很大变化，就是接受了杜威的实用主义，那句话就是杜威思想的翻版。杜威认为"哲学就是教育的最一般方面的理论"，"教育乃是使哲学上的分歧具体化并受到检验的实验室"。两者的精髓是一样的。现在很多人把哲学和科学对立起来，其实哲学与科学是相通的。记得我昨天跟你讲过，双方都是为了追求真理、找出事物的真相。有人又说哲学与科学的方法不同。有什么不同的？两者都运用理性，主要是逻辑。哲学的方法就是逻辑的方法，逻辑的方法也是科学的方法，难道科学不讲逻辑？

关于哲学与科学的关系，我赞同张东荪在三十年代就提出的观点：二者的分别不在目的上，也不在方法上，而在态度上。科学认识世界，是采取分解的态度。现在，我们同一个人到医院去看病，眼睛不好去看眼科，牙齿不好去看口腔科……眼科中又分看眼底的、看视网膜的……越是现代化程度高的大医院，分工就越细。哲学不同，它把世界作为整体来把握。两种态度的优点很明显，缺点也很明显。其缺点是它们为了完成自己的任务不得不付出的代价。

关于哲学与教育的关系，我跟傅先生都同意杜威的观点。他的观点我是这么理解的：科学有它自己的实验室，一切要经过实验，用事实说话；哲学作为一门学问，也应该有自己的实验室，这个实验室就是教育，就在学校。学校就是哲学的实验室。傅先生很重视平民教育。20世纪三四十年代的时候，他在上海的几所中学搞实验，就是要实验他的哲学思想。但他的平民教育不是为了发动工人农民起来革命，而是出于对平等、对工人命运的关注，希望通过教育提高他们的文化素质、改变他们的命运。尽管在《过程》中傅先生一再强调这些学校的进步学生和地下党组织如何关心政治、发动群众，但他的教育理念与共产党明显不同。

于：到1948年，他都快40岁了，已做了多年的大学教授，又是国内著名学者。他为何还要到美国留学？

陆：还是与他作为学者的禀性有关。这个时候时局纷乱，太乱了，法币不断贬值，国民党败相毕露，政治上也看不到希望。他无力也不愿参与其中，就只好远走他乡了。这实际上有避乱的色彩。当然，我猜想，那顶博士帽也有某种诱惑力。以圣约翰大学和他在学校的特殊地位，他到美国留学很容易。他是自费去的，还带着师母。为了换取外汇，他到南京去找当时的教育部长朱家骅，朱给他批了一笔配额外汇，就是用官价换美金，比黑市上要便宜很多。留学为时2年，1948年夏天赴美，1950年秋回国。

他在美国可能有亲友。为什么这样说呢？一直到80年代，傅先生在学术上都没有很落伍，把握着学术前沿，就是因为有这些亲友不断给他寄来美国最新出版的、有代表性的书。当然，寄来的书也不是很多，因为美国出版的书很贵。

他留学的学校是哥伦比亚大学。一年后即获文学硕士学位，再过了一年又得了哲学博士学位。这个时候，中国的局势已初步安定。傅先生对国民党没什么好感，而他自己一直远离政治，并不担心共产党会对他怎么样，此时又打心眼里拥护共产党。所以，一通过答辩，他就买好了船票，准备马上回国。因为不能跟同一批通过答辩的同学一起参加毕业典礼、领取学位证书，校长秘书就把傅先生的学位证书提前单独拿给校长签字。当时的哥大校长是后来当了美国总统的艾森豪威尔。校长一看一位中国留学生能研究西方哲学，学完了还要立即回国，非常感兴趣，想见见这位中国学生。秘书就通过校长室的广播找傅先生。不巧的是，傅先生夫妇二人正在外面购物、准备回国物品。傅先生回校后去取证书，秘书把事情原原本本地告诉了他。他当时很懊悔自己错失良机，后来又为艾森豪威尔没有接见成自己而庆幸。他对我说："多亏没见成，要不然，'文化大革命'的时候要因此说我是艾森豪威尔派回来的特务，我怎能说得清楚！""文革"前他一直不敢提此事，连那个校长签名的博士学位证书都烧了。

于：傅先生从美国回来的时候带了好多书吧？

陆：是带了好些书，大都是英文版的马列主义著作。他当时很天真，准备回来翻译、介绍马克思主义。事实上他已经开始了翻译工作，翻译了《德意志意识形态》的一部分，我现在保存着他的手稿。后来我跟他开玩笑说："这可是共产党的经典，不是您想翻译就能翻译的。即使翻译出来了，谁给您出版？"他说："我当时哪里知道这些事儿嘛！只知道共产党是信仰马克思主义的，我回国后应该好好研究一下马克思主义，要一边研究一边翻译，做点儿马克思主义的宣传。"

于：在《自述》和《发展》中，傅先生都说自己是在1950年秋至1952年2月在华东革大政治研究院学习的，时间为一年半。跟他同期学习的章益先生则明确说自己是1951年秋至1952年2月学习于同一地方，时间仅为半年。是傅先生记忆有误，还是他确实学习了一年半？

陆：这肯定是傅先生弄错了。他回国后本想再回圣约翰工作，但圣约翰大学当时掌权的是左派，有些人曾是傅老师在该校的同事，自觉自己很革命，上海解放之后就成了该校军管会的成员，拥有了支配他人地位的话语权。有人坚决不让留美回来的傅先生回圣约翰。傅先生没有办法，就进了名不见经传的一所私立学院——新中国学院。大概待了一年，就被政府送去"革大"学习。半年后（1952年初）分配到山东工作。当时跟他讲，是支援山东、支援老区教育，两三年后可以再回上海之类。可是他一去就是二十几年。他是跟傅师母一起去的，他的孩子留在上海，由傅师母的一个陪嫁丫头照顾。

于：傅先生经过新中国成立后的"学习"和思想改造，不管信仰是否真的变了，学术话语确实发生了巨大变化。1955年，为配合全国性的杜威批判运动，傅先生除了在7月11日的《光明日报》发表《认清杜威教育学说的反动本质，肃清它的残余影响》之外，还写了专著《反动的实用主义教育思想批判》[①]。他此时的文风与民国时期判然有别，对于"反动"的批判贯穿始终。全书共分三章，分别是"实用主义教育思想为美帝国主义服务的反动本质"、"反动的实用主义教学论"和"实用主义道德教育学说的反动本质"。虽说给杜威和实用主义扣了不少当时通行的政治帽子，但从总体上看，傅先生的批判确实抓在了点子上，批判得有根有据，引用了大量原文，且主要是杜威的英文版著作，如《人的问题》、《民本主义与教育》、《自由与文化》、《自由主义与社会行动》、《现代之智慧》、《学校与社会》、《教育科学的源泉》、

[①] 由湖北人民出版社于1957年2月出版。

《逻辑》、《思维与教学》等。看来傅先生对杜威和实用主义确实有深入理解和研究。

陆：据说，在他那一代老学者中，全国学术界有 10 个真正懂杜威的专家，傅先生是其中之一，吴俊升先生也是，其他还有谁我就弄不清了。早在 20 世纪 40 年代他就接受了杜威思想，杜威的主要著作他那个时候就已经读过、研究过了。五六十年代，他受国家有关部门委托翻译杜威著作，如《人的问题》①、《经验与自然》②、《自由与文化》③、《确定性的寻求——关于知行关系的研究》④ 等，就因为他是公认的杜威问题专家。当时翻译这些书是为了提供批判杜威的材料，却歪打正着，为国人了解杜威思想提供了极大便利，直到现在这些书还不断被大家引用。最近，复旦大学在组织翻译《杜威全集》，有人知道傅先生在这方面做了大量工作，有关编辑就来找我。我为他们提供了傅先生的有关译作，供他们参考。翻译其实是再创造的过程，要求翻译者在中、外文方面都要有相当的修养。要翻译杜威这样的大哲学家的作品，光懂语言是不够的，还要有西方哲学史的造诣，翻译者本人最好就是一个哲学家、思想家。这些条件，傅先生都是具备的。这也是他的译作很少有人能够超越的原因。

于："文革"后，山东师大有人说：章益先生当年被打成右派是傅统先与潘伯庚合伙搞的。有这回事吗？

陆：确实有人这样说，而且是在公开场合说的。我怎么知道呢？那年（大概是 1985 年）潘先生申报教授职称，我是学校的评委。在学校的评审会上，有人为了阻止潘先生当教授，就说了那样一番话。我当即站起来反驳，说那纯属子虚乌有。我这么说，是有根据的。

首先，章益先生曾亲口告诉我他被打成右派的经过。我读研究生的头一年多在山东师大学习。当时，由于章先生英语和学问都很好，去请教他的人很多，学习热嘛，那个时候人们的学习热情很高！章先生是来者不拒，但鉴于他年事已高，为了保护章先生的健康，学校规定：全校只有几个人能直接登章先生之门求教、谈事情。我是其中之一，所以能够经常请教章先生。傅先生听说我在跟章益先生学习，十分高兴。他说："章益老师的英语比我好，你要跟他好好学。"跟章先生接触了几次之后，我们就谈得很投机了，后来谈话就不局限在学问和英语上了，人生、生活几乎无所不谈。其间，他跟我讲了很多他过去的事儿，包括当右派的事。他说："我是替你老师（指傅先生）当右派的。"原来，1957 年山东省举行了一次党外高级知识分

---

① 与邱椿合译，上海人民出版社 1965 年版。
② 商务印书馆，1960 年出版。
③ 商务印书馆，1964 年出版。
④ 上海人民出版社，1966 年出版。

子座谈会。这个会本来是要傅先生参加的,他是教育系主任嘛。可是,因傅先生外出,就让章先生参加。章先生以为真让自己畅所欲言,就从自己那些年的感受出发,说了几句略带调侃的话:"有些领导干部对于知识分子,平时敬而远之,有事恭而敬之,运动一来就整而肃之。"这三个"而"加三个"之",就成了后来把章先生打成右派的把柄。此外,还有一个更为重要的情况,在"鸣放"时,据说有人贴出大字报,要章益出来当院长。这两件事儿凑到一块,章先生想不当右派都不成。而且,他的右派帽子是由省里指定、给戴上去的。

其次,1950年代初从南方分配到山东师大教育系工作的,有三大教授:章益、傅统先、郎奎第。他们三个人来自不同学校,相互之间的关系说不上多好,但都保持着君子风度,彼此以礼相待,从不相互攻击。尤其是傅先生,胆子很小,不被人整已感万幸,怎么会去整人呢?

于:改革开放后,傅先生重操旧业,除发表不少研究西方教育流派的论文外,还与张文郁先生合作完成了《教育哲学》① 一书。能谈谈这本书的成书背景和过程吗?

陆:这件事情,说来话长了,还得从教育哲学这门学科的恢复与重建谈起。1979年,国家召开了一个全国教育科学规划会议。参会人员主要是一些大学的教育系主任,傅先生和黄济先生都参加了。会议的一个重要议题,就是恢复教育系及其课程设置。新中国成立后,一边倒地学习苏联,结果把教育系科的课程面搞得很窄。我"文革"前读华东师大教育系的时候,"教育哲学"、"教育经济学"、"教育社会学"、"比较教育学"之类的名称,听都没听说过。教育学类的课程学的主要就是一本《教育学》,我们现在分别开设的《教育概论》、《教学论》、《课程论》、《德育原理》、《学校管理学》等,当时都被涵盖在一本书中,外加一点"教师"、"班主任"之类的内容。1979年的会议决定:除了恢复"文革"前的课程之外,还要恢复新中国成立前的一些课程,《教育哲学》就是其中之一。要恢复《教育哲学》,就得有教材。由于傅先生新中国成立前教过也写过《教育哲学》,会议遂委托傅先生来做这件事,傅先生顺便拉上张文郁先生一起做。既然要改变从苏联学来的教育学课程模式,那么,"一纲一本"的做法也要改变,故会议同时决定北师大由王焕勋、黄济两先生也编一本《教育哲学》教材。由于王焕勋先生年岁大了、身体也不好,就由黄先生一人承担下来。

这样,傅先生和黄济先生就分头着手去做了。我不是说过嘛,傅先生在这些事儿上从来不劳动学生,所以,其成书过程我也不太清楚。但成稿以后发生的一些事,

---

① 山东教育出版社,1986年出版。

我有所了解。该书初稿成于1982年11月。书稿交到教育出版社以后,出版社又找陈××审稿,稿子在陈××手上压了很长时间。后来出版社反复催他,他就说:张文郁撰稿的部分撇开教育的社会本质不谈,一上来就讲"人的本质与教育的本质";傅统先所写的部分,基本上是沿用西方的价值理论,没有很好地体现马克思主义方法论,不宜出版。出版社一听,就不敢出版了。后来,教育部为这本书稿还专门召开了一次座谈会,有一二十几个代表参加,我作为秘书专做会议记录。我记得黄济先生参加了,还有王道俊先生等。我印象最深的就是王道俊先生,他说话的时候精神非常专注,每句话都很到位。代表们的发言,整个基调是肯定这本书。肯定是肯定,实际上不了了之,始终不出。那次会议的记录,我当时曾保留着,现在能找到找不到就不好说了。这大概是1983年发生的事。

1985年,傅先生去世。办完丧事后,学校领导问他的家属还有什么要求。家属就建议把那本书稿出版。因为我是系主任,学校就让我去办。我找到了山东教育出版社。此事已闹得沸沸扬扬,山东教育出版社也听说了,其有关负责人就对我说:"书可以出,但有一条:必须经过你的手,你要加以修改。"那一年,我正好受学校委派到美国做访问学者,就赶在出国前的一两天,把书稿统完交给出版社,第二年就出版了。

于:《中外教育名著评介》第3卷在评介这本书的时候说:"该书的主要优点在于:始终以马克思列宁主义、毛泽东思想为指导思想⋯⋯对杜威的分析批判是该书的重要贡献,对于我们今后研究杜威的教育思想有长期的指导意义;对于研究其他资产阶级教育学者也有很好的借鉴作用。此外,美育一章写得精彩、有独到见解,有现实感,这是读过该书的人的共识⋯⋯本书的不足之处在于:第一,在内容上与教育学重复较多,其根本的问题在于对于教育哲学的研究对象尚未有精确地予以划分和把握;第二,没有解决好哲学与教育的融合⋯⋯第三,对教育改革中的重大问题涉及甚少从而表现出一定程度上落后于时代以及空洞。"[①] 您是否赞同这些评论?您又如何评价该书在新时期教育哲学研究发展中的作用?

陆:每个学者都会从自己的学科背景出发进行理解、作出自己的评价,这里没有绝对的对或错,只有是否更准确、更深刻一些的差别。尽管傅先生书中也涉及马克思主义哲学,但该书是以价值论为中心、为指导的。说他对杜威有深入的评价、对美育的论述精彩独到,就很准确,因为傅先生是杜威问题专家,新中国成立前就有美学专著——《美学纲要》[②] 出版。有人这样评价《美学纲要》:"本书对于一系列美学基本问题的论述较为全面,逻辑结构严密,理论性较强,对于我国现代美学

---

① 郭齐家,毕诚,程方平. 中外教育名著评介 [M]. 济南:山东教育出版社,1992:2175-2177.
② 由中华书局于1948年出版。

的发展有一定影响。"①

至于说没有准确地把握教育哲学的研究对象、没有解决好哲学与教育的融合，则让我困惑。关于哲学与教育的关系，傅先生的主张很明确："哲学是教育的一般原理，教育则是哲学的实践。"我们前面已经讨论过，这里就不必重复了。记得一个日本学者曾经说过：对于一个哲学家来说，最刻毒的问题就是你问他"什么是哲学"。这个问题谁说得清楚？我们经常听人说，"我是学哲学的"、"某某人是哲学家"。其实，这都是说给外行听的，压根就没有一个抽象的哲学，有的都是具体的哲学，如马克思主义哲学、存在主义哲学。即便是马克思主义哲学，还要看是谁说的、谁写的。到目前为止，教育哲学的框架结构基本上有两个：一个是以哲学为基本框架来分析教育问题，一个是以教育问题为框架、探讨其中的哲学思想。各有各的融合法。傅先生的研究路数基本上属于前者。至于说傅先生的那本书甚少涉及教育改革中的重大问题，倒也中肯。只是要知道，20世纪80年代的思想界还有很多无形禁区，当时的报纸杂志不是常说"心有余悸"吗？一谈论问题，人们就担心说过了头，怕讲马克思主义讲得不到位。

说到在学科建设中的作用，就要涉及学科发展史。教育问题说到根源处就是哲学问题，所以，当人们开始思考教育问题的时候，就有了教育哲学思想。当然，作为一门学科出现，那是很晚的事情。现在，有的教育哲学研究者把1916年问世的杜威的《民主主义与教育》（也有翻译成《民本主义与教育》的）看做教育哲学成为独立学科的标志。在国内，最早开设教育哲学课的是南京高师，在1918年。在二三十年代，中国和西方的教育哲学研究基本上是同步的，能够顺畅地进行对话。因为对大家来说，教育哲学都是新东西，你玩我也玩，能玩到一起。后来的日本侵华战争和国共内战，严重冲击了中国的学术研究，但教育哲学研究还没有完全中断。傅先生的第一本《教育哲学》就完成于1944年。1949年以后，一边倒地学苏联的结果，教育哲学也被取消了。几十年下来，我们与西方学术界产生了很深的隔阂。改革开放后，傅先生与黄先生编写的两本教育哲学，其作用概括为一句话，就是"承上启下"，即通过总结和继承民国时期的教育哲学研究，使这个学科得以恢复和重建。现在国内从事教育哲学研究的中青年学者，基本上是沿着他们奠定的基础往前走的。

在推动国内教育哲学研究上，全国教育哲学专业委员会发挥了重要作用。这个专业委员会能够成立，黄济先生功不可没。当时，有的领导同志认为教育哲学附属在教育基本理论专业委员会下面就行了，不必单独成立专业委员会。黄济先生据理力争。他说："专业委员会已经是'孙子'辈了（按照'教育学会—教育学研究会—

---

① 李超杰，边立新.20世纪中国哲学著作大辞典［M］.北京：警官教育出版社，1994：1063.

教育基本理论专业委员会'的三级架构），再这么一弄，教育哲学连'孙子'都不是了，成了'龟孙子'了。无论如何，教育哲学应与教育基本理论并列。"因有此争执，教育哲学专业委员会的成立就比较晚。1986年11月成立了筹备委员会，第二年召开成立大会。筹备会是在山东师大召开的，我被推为专业委员会主任。当时黄济先生在教育学研究会中分管教育哲学专业委员会，他这样筹划，可能也是考虑到了傅先生在山东师大开创的教育哲学研究传统。

于：改革开放后，傅先生在学术上的最重要贡献是研究、译介瑞士哲学家、心理学家让·皮亚杰的理论成果。您能谈谈他从事这项工作的缘起吗？

陆：尽管新中国成立前中国就有人（如高觉敷先生）介绍过皮亚杰的学说，新中国成立后，华东师大的左任侠老师也做了这方面的工作，但都没有受到中国学术界的重视。有关资料显示，皮亚杰学说受到中国学术界的广泛重视，在1970年代末和1980年代。

皮亚杰是一位哲学家、一位发生认识论专家。他是为了解决哲学上的难题——认识论问题——而走进心理学研究的。因为皮亚杰原来是学生物学的。他认为，连贯哲学和科学需要一个桥梁，这就是心理学。他不赞成传统认识论就知识论知识的做法，他要把逻辑学家、数学家、物理学家等通过形式运算所发现的人类认识的一些基本结构，置于人类心理发展过程中进行考察，揭示其认知机制的发生、发展过程。在他看来，认识论和心理学虽然是两门学科，但二者又是密切相连的：必须从心理学特别是儿童心理学的角度，去解释认识的根据，进而把握认知的本质和它的有效性。局限于传统认识论的一些前苏联哲学家未能理会皮亚杰的思路，就与他辩论，说："这个问题我们伟大的马列主义已经谈得很清楚了，就是从感性认识发展到理性认识嘛！"皮亚杰就问了："那么，从感性认识到理性认识，其具体过程究竟是怎样的？"苏联哲学家回答道："我们伟大的列宁早已说过，这是一个飞跃，一个生动的、活泼的飞跃。"皮亚杰进而反问道："究竟怎么个生动、活泼法儿呀？"那些苏联哲学家学者无言以对。皮亚杰就根据他的研究作了很实证的说明……我当年读到这些材料时，很受震撼，印象非常深刻。

傅先生也是一个喜欢哲学思考的人，对认识论问题有着浓厚的兴趣和自己的研究。前面说过，他早在上大学的时候，就有哲学论文发表；大学毕业的时候，他完成了自己的第一本哲学专著《知识论纲要》。其后几年，为了扩展和加深认识论研究，他翻译了《逻辑实证主义》，由此"被视为中国哲学界的新锐人物，是较早将现代西方逻辑实证主义介绍到国内的学者之一"[①]。与此同时，他还在探讨哲学与自然

---

① 张玉春. 百年暨南人物志[M]. 广州：暨南大学出版社，2006：81

科学之关系的基础上，完成了另一本专著《现代哲学之科学基础》。其中，他也很关注认识论与心理学的关系，并为此翻译了考夫卡的《格式塔心理学原理》[①]。在重视认知的结构、图式方面，皮亚杰的发生认识论与格式塔心理学有某种承继关系，尽管二者对图式来源问题的看法存在根本分歧。因为研究思路十分接近，傅先生很容易与皮亚杰学说发生共鸣，积极关注国内外相关研究成果。但他了解皮亚杰不愿拾人牙慧，而是从研读其英文原著开始。结果他发现，国内外很多评介误解了皮亚杰。于是，他先后翻译了皮亚杰的《发生认识论》[②]、《教育科学与儿童心理学》[③]、《儿童的心理发展》[④]、《明日教育的结构基础》[⑤] 和《儿童的道德判断》[⑥]，分别撰写了《试论皮亚杰的发生认识论》[⑦] 和《试论皮亚杰的结构主义》[⑧] 等。其论文在系统介绍皮亚杰学说的同时，对美国学者西格尔以及部分中国学者的不准确评价进行了商榷。尤其不能令他满意的是，一些学者在没有深入解读皮亚杰理论的情况下，就机械套用唯物辩证法公式，指责皮亚杰学说"基本上是唯心主义"的。

（附记：这个访谈稿完成后，又请黄济先生审阅。黄济先生就几个地方的史实和表述做了进一步订正完善，在此谨表谢意。）

（本文陆有铨为口述者，于述胜为访谈者，全文由于述胜、包丹丹、李涛整理完成，发表于《教育学报》2010年第5期）

---

① 由商务印书馆于1937年出版。
② 最初发表在《教育研究》1979年第2、3、5和1980年第1期上。
③ 由文化教育出版社于1980年出版。
④ 由山东教育出版社于1982年出版。
⑤ 载《教育研究》，1982年第10期。
⑥ 与陆有铨合译，山东教育出版社1984年出版。
⑦ 载《教育研究》，1980年第4期。
⑧ 载《华东师范大学学报（哲学社会科学版）》，1982年第6期。

未来主义教育哲学

"未来主义"是 20 世纪 60 年代在西方出现的以"未来"为研究定向的一门学问，主旨在于劝诫人们为更好地适应未来的冲击而提早作好生理或心理方面的准备。因而，"未来主义"不仅涉及政治、经济、文化等方面，而且在很大程度上与教育问题密切关联。这就导致了人们就目前教育如何适应未来作出某种哲学的思考，从而发展成为未来主义教育哲学。

在对许多问题的认识上，未来主义教育家们尚未取得一致意见，甚至对于"未来"的表述，也是众说纷纭。归纳起来，大致有下列几种，即："未来主义"、"未来研究"、"预言"、"预测"或"设计"等。尽管如此，未来主义在确定预期的具体目标，以及如何为这一目标作相应准备方面却是共同的。一般说来，未来主义者要求人们去凭借既有的经验与知识，结合新的科学来想象、预测未来的社会远景，并据此来控制和规划目前活动的变迁，从而达到更有效地配合现在，适应未来的目的。

在教育方面，"未来主义"研究的问题广泛而具体，主要有：预测未来的教育、教育家未来可能承当的角色以及教育手段的改变等。对于一些具体问题，如教育目标、以"未来"为定向的课程及教学、价值教育等，未来主义教育家们也作了较为详细、深刻的阐发。未来主义的主要代表人物有托夫勒、H·凯恩（Herman Kahn）、A·魏纳（Anthony Wiener）、H·W·埃德吉（H·Wentworth Eldredge）、H·斯特勒（Herold Strudler）等。

一、未来主义教育的起源

现代科学技术的飞速发展，引起了政治、经济等领域的急迅变化，加速了社会的变迁以及人们若干不适应现象的产生。未来主义教育家对此产生了顾虑与思考，并提出人们如何去适应变迁、主宰未来的看法。他们认为，要使人们在社会生活的各个方面快速变迁的洪流中不随波逐流，迷失方向，就必须运用人类特有的智慧来想象、推测和规划这种变迁，使之向着人类所憧憬的目标运行。他们认为，只有对传统及目前教育加以批判与改造，才能够富有成效地克服人们的不适应现象；为了使人们能够适应未来，我们必须在目前的教育中渗透一些未来的思想，增加有关未来的课程，以全面而深刻地介绍未来。

托夫勒在他自己编的《为明日而学——未来在教育中的作用》一书的导言中曾对未来主义教育思想兴起的原因作过如下归纳[①]。

（1）目前的大、中、小学所讲授的内容过于着重过去和现在，而"未来"的思想在教育中没有得到体现，这样便无法适应急剧的社会变化的需要。

（2）科技和社会的急迅变化对于教育制度的影响，而且社会变化的速度又远远超过了教育变化的速度。这种情况就需要我们预定出一种策略来弥补"现在"和"未来"两者之间的间隙，这种策略的基础就是对未来的认识，而且它要能够成为引起教育变化的核心。这里所说的变化不仅表现在课程方面，而且还涉及教育机构的结构以及教育与社区的内在联系。造成这种变化较好的方法便是介绍未来。

（3）未来的概念与学习者的动机有着密切的联系。青少年如何看待未来，不仅与他们的学业成绩有联系，更重要的是与他们的"经验表现"，即在急剧变化社会中的生活能力以及适应和成长的能力有着密切的联系。因此，"未来意识的教育"乃是适应性的指南。

（4）"未来"不仅仅是一门"学科"，而且也是一种前瞻。要在学习中引进未来的概念，就必须对现有的知识重新加以组织。

（5）对"未来"的注重与所有学生的学习都是密切相关的，不应考虑学生的年龄状况。

事实上，"未来"为不同层次的学生提供了一个在所有水平上均能发生变化的起点。

二、未来主义的教育目标

托夫勒曾经说过："就像所有的教育都来源于某种未来的形象一样，所有的教育也都要产生某种未来的形象。"[②] 这种"未来的形象"就是教育目标的代名词。因为教育所要产生的某种未来的形象必然是教育在一定范围内所致力于追求的某一具体实在，所以，教育的最终目的就是这种预定目标的现实化。因此，教育目标，即业已确定的某种未来的形象，必须明确。未来主义者指出："如果某个社会所提出的未来形象不甚明确，那么，教育就会无所适从。"[③] 在他们看来，教育的某种未来形象还必须具有最大的实现可能性，唯有这样，它对教育的推动力才是持久的、有效的，尽管它不一定是"正确的"或是"终极的"。

---

① Alvin Toffler. Learning for Tomorrow：The Role of the Future in Education [M]．New York：Random House，Inc，1974：Pxxiv-xxv．

② Alvin Toffler. Learning for Tomorrow：The Role of the Future in Education [M]．New York：Random House，Inc，1974：19．

③ Alvin Toffler. Learning for Tomorrow：The Role of the Future in Education [M]．New York：Random House，Inc，1974：3．

所谓"未来的形象"可能"不是单一的,而是多重的,它取决于我们在无数既定的选择机会中所作出的某种选择"①。实际上,就是要各级教育以未来为定向并为"探索未来"而作准备。然而,目前的学校却没有自觉地承担起这一职责,它们所教的范围仅仅局限于由过去至现在的透视。而目前正发生着的种种变化却要求学生对未来世界各种形态的生活方式、价值和社会制度作好准备,为此,教育就必须扩大其范围,训练学生接受即将来临的变化,适应这种变化,以及发展他们应付这些变化的办法。

未来主义教育的终极目标不在于创造未来的形象,而是帮助学习者处理实际的生活危机。因此,未来主义者强调,学习者必须有充分的机会去做些什么(如游戏、模仿、设计等),而不只是一味地接存有关的资料。如果学习者缺乏较多的自行作出选择的机会,那么他可能就无法适应未来的变化并导致在未来的新情势面前无所适从。

三、未来主义的课程与教学

通达未来并很好地适应未来的途径到底在哪里?这是未来主义教育家们首先关心的问题。在综合考察了教育的诸多规律,以及过去与目前教育不景气的状况及其原因之后,未来主义者一致认为,目前最重要的是尽快地进行课程与教学的改革。未来主义者一方面激烈抨击传统的以及目前的课程与教学的呆板、乏味与静态性,一方面阐述自己关于未来课程的见解,《二十世纪的意义》、《二〇〇〇年》、《未来的冲击》等书均对未来的课程问题作了比较详细的探讨。1971年5月,美国的"适应学习中心"曾邀集一批教育专家和研究人员,共同研究未来课程的理论结构并编写了教材。问题在于,编写教材的基准或组织课程的依据是什么,尽管未来主义者对于设置课程的种类有着不尽一致的意见,但对所有课程的设计必须达到下列目标方面却是共同的:(1)帮助学生预测变化,即作出较好的职业选择、发展以未来为定向的态度,这样有助于个人的成长;(2)全面预测的方法;(3)发展将学科之间的观念和信息联系起来的能力;(4)促进学生与学生、学生与教师之间的相互作用;(5)认识工业技术(工艺)对社会的持续的冲击;(6)发展对评价、预测和在此过程中利用反馈的能力;(7)研究那些规范来来的主要趋势;(8)探索"未来"的观念、形象以及模型;(9)检查特殊问题域中案例研究的预测;(10)提出其他的未来的方案。②

---

① Alvin Toffler. Learning for Tomorrow: The Role of the Future in Education [M]. New York: Random House, Inc, 1974: 5.
② Alvin Toffler. Learning for Tomorrow: The Role of the Future in Education [M]. New York: Random House, Inc, 1974: 351-352.

此外，未来主义者还认为，课程设计必须突出对与课程密切相关的教师和学生的关心。因为只有他们才是课程的具体实施者，所以在课程设计的过程中必须尊重他们的意见。当在向他们提出"你认为使学生最能适应2001年的生活的学习材料该是什么样的"问题时，未来主义者发现，他们所作出的反应与自己对于课程的总体考虑及安排是一致的。这样，关于教材的特征，他们所得出的共同的、一致的意见是帮助正在成长中的人，以便使他们能够：（1）应付他们的社会；（2）了解他们自己；（3）了解他们对未来的投资；（4）认识到自己的能力或重要性；（5）认同（identify）他们将要继承的社会；（6）理解变化的性质；（7）认清影响变化方向的手段；（8）了解重要的社会科学概念以及它们与变化的关系；（9）认同他们在变化的过程中能够承当的作用；（10）避免种族中心主义；（11）将在课堂上所学到的东西同他们的直接的环境结合起来；（12）将在课堂上所学到的东西转化为未来的责任。

除了帮助正在成长中的人以外，还要帮助已成熟的人，使他们能够：（1）协助成长中的人创造适当的学习情景；（2）理解成长中的人在变化中的作用；（3）接触成长中的人，并同他们打成一片；（4）和成长中的人一起改变不成熟的制度。①

显然，未来主义者的教材认识到了过去在创造未来中的作用，因而强调已成熟的人与正在成熟中的人的合作努力。

未来主义教育的教材结构可以适合多种需要和目的。归结起来，其课程可以分为两组：一组是背景主题，另一组是供选择的未来。最普通的背景主题包括："人口、生态和环境、教育、国际关系、历史上关于未来的概念、城市化、隐居、自动化、计算机和控制论、系统思维、科学幻想和乌托邦、创造力、时间概念。"②

上述所有原则最终将具体化为课程单元。一个单元的教学时间往往为一至二周，它们通常包括下列一些学科："预测的方法、生物学和医学的发展、全球的变北、新的价值、工业技术对社会的影响、变化的速率、经济的变化、未来的性和婚姻、工业技术的变化，计划、社会控制、后工业社会、未来的交通和通讯、未来学的理论、个别的未来主义者的生活和影响、对于战争与和平的展望。"此外，还有少数课程要讨论"妇女在社会中的作用、种族和民族团体、宗教、艺术、太空旅行等发展趋势，以及气候的控制、对公共政策的影响、未来的犯罪、自然资源消耗的速率"等。③

---

① Alvin Toffler. Learning for Tomorrow：The Role of the Future in Education ［M］. New York：Random House，Inc，1974：104-105.

② Alvin Toffler. Learning for Tomorrow：The Role of the Future in Education ［M］. New York：Random House，Inc，1974：352.

③ Alvin Toffler. Learning for Tomorrow：The Role of the Future in Education ［M］. New York：Random House，Inc，1974：353.

托夫勒提出的课程共包括 15 个单元:"(1)'未来'的导论;(2) 对未来的预见;(3) 战争和暴乱;(4) 种族关系;(5) 工作和休闲;(6) 人和机器;(7) 智慧;(8) 交流;(9) 心灵(mind)的控制;(10) 明天的政治;(11) 人口;(12) 城市化;(3) 遗传学;(14) 寿命;(15) 什么是人。"① 在每一个单元后面,还推荐了一些阅读材料。他认为,这是使学生达到高于一般水平的能力及兴趣的依托。

由于未来主义教育家们所提出的课程范围相当广泛,人们难以确定什么东西可教,什么东西不可教,什么东西可教可不教,从而导致只顾教授不问其结果的现象。因此,有必要对这一宽泛的课程作某种缩减,其依据便是以适合青少年未来的生活为定向。这自然要引出另一个相关的问题,即什么样的概念、价值、观念能有助于我们适应未来?要回答这个问题,就需要对历史事实作一简要回顾,以便发现到底哪些概念、价值、观念曾帮助过去的人们适应了他们的未来。这样,未来主义者就必须注意选择那些高度概括了的以及具有广泛适应性的概念。要做到这一点,就要处理好下述问题,即什么是"变化"?在适应变化的过程中,什么样的观念对学生最有用?什么在变化?如何变化?等等。

在教学方面,未来主义者认为,传统的教学把教材看做是一种固定的知识体,是需要人人皆知的东西,而且,全部教育过程的终端就是对这些知识的消化。学生本来应该是教育的主体,然而在这种教学情境下,却变成了知识的受纳器。与之相应的学习方法也就是死记硬背。以未来为定向的教育与前者则有着本质上的不同。未来主义者强调,掌握既有的知识是必要的,但绝不是最终的。根本的问题是如何在已有知识的基础上发展学生的能力、技能和态度等等。因为在知识量以几何级数增长的时代,没有一个人能与知识的增长保持同步,这就需要转移我们学习的重点,即从学什么转到如何学,从学习内容转到学习过程上去。因为只有解决了学习的方法、技能与态度等方面的问题,才能更有效地应付未来形势变化对知识更新的需求。所以,新型的教学应该强调训练过程。事实上,学会如何学习总比仅仅学会一些事实及概念更为重要。

为了使目前的教育发生真正的变化,未来主义者认为教与学应作如下的改变:(1) 从集体教学到个别化教学;(2) 从单一的学习到多重学习;(3) 从被动地吸收答案到积极地寻求答案;(4) 从每日刻板的课程到具有灵活性的课程安排;(5) 从形式的技能和知识训练到树立积极的探求知识的态度和能力;(6) 从教师的启发和指导到儿童的自发和集体设计;(7) 从孤立的内容到相互联系的内容;(8) 从背诵答案到了解问题;(9) 从强调教科书到使用教科书以外的多种媒介;(10) 从被动地

---

① Alvin Toffler. Learning for Tomorrow: The Role of the Future in Education [M]. New York: Random House, Inc, 1974: 201.

掌握知识到主动地激发智力；等等。①

可见，为使目前的教育更好地适应未来社会的需要，未来主义教育家们就教学的诸多问题作了全新的表述，它更加突出了学生的主动精神以及使这一精神发生效用的种种外部条件，这与传统的教学形成了鲜明的对照。

四、未来主义的价值教育

未来主义者认为，学校应该处于社会改革的前列，养成学生良好的道德品质及社会责任感是非常必要的。所以，他们非常重视价值教育的问题。

未来主义者指出，虽然过去的教育也教授价值，但那是很不够的，因为当今的青年在政治、宗教、爱情、性、家庭、朋友、毒品、种族、寿命和死亡、工作与休闲、学校和健康等众多的领域中比过去的青年需要作出更多的决定。尽管现代社会使得青年很少偏狭，比较世故，但是，时代的复杂还是使他们难以作出更多的准确选择。因此，有些未来主义者，曾就说教、放任、榜样、评价等价值教育的方法作过分析，并提出各自的见解。

1. 说教

说教是将一系列价值从一个人或一个团体向另一个人或另一个团体的直接或间接的转移。任何一种具体的说教（循循善诱、灌输、强迫执行）可以是有益的，也可以是有害的；可以是道德的，也可以是不道德的。对于这一点，人们很难作出最终的鉴别。

未来主义者并不一般地反对学校教授价值，但问题在于，在充满混沌与冲突的价值世界里，仅仅教授价值是不够的。因为在这种情况下，不管你去帮助青年人的愿望如何真诚，你所给予青年人的只可能是灌输，充其量能使青年人知道一些他们自己都难以辨清的名词和教条。在生活各领域变化如此迅速的时代里，任何一套价值体系都不能回答将来所要面临的所有问题和价值选择。没有一个明确的信念或行动能够有助于我们解决未来的所有选择情景。因此，既然说教不能帮助青年人去澄清目前的价值混乱，那么它肯定不能帮助青年人去学会正确地处理未来。②

2. 放任

说教的缺点是明显的，所以许多教育者采取了放任的方法。他们认为，既然我们所教授的任何价值体系都无法解决未来的问题，而且人的价值观念又是由他自己发展起来的，那么，不如让年轻人完全自由地去探索，去发展自己的价值。与其传

---

① Alvin Toffler. Learning for Tomorrow：The Role of the Future in Education [M]. New York：Random House，Inc，1974：185.

② Alvin Toffler. Learning for Tomorrow：The Role of the Future in Education [M]. New York：Random House，Inc，1974：259-261.

授错误的价值，不如什么也不教。但未来主义认为这种方法也是无济于事的，因为在一个变化的社会中，年轻人始终要遇到各种刺激和问题，而这样一些刺激和问题又会迫使他们相信这个或那个，去这么做或那么做。因此，我们应该帮助青年人去分析、整理这些刺激和问题。如果完全忽视这些，让青年人自由放任，对他们是没有任何好处的。①

3. 榜样

未来主义者认为这种方法有其优点，即向青年人提供了一个认识自己的生活价值的机会，并为他们提供了某种具体的选择去思考。尽管如此，这一方法仍然有着与说教相似的许多缺点，那就是所树的榜样太多。如家长、教师、宗教领袖、伙伴、运动员、影视明星等皆可以以榜样的面目出现，为此，年轻人面对这样一种困难的选择情境，有时他们会表现得无所适从，以至于最终也难以确定到底何者为自己的效仿榜样。②

4. 评价

有些未来主义者认为，为了要使儿童作好未来的挑战准备，我们要有意识地向儿童教导七个评价过程③。（1）估价和珍惜：我们必须通过一些途径或方法来帮助年青一代发现那种对于他们来说是重要的东西，确定什么是重点，赞成什么，反对什么。未来主义者强调，这种评价不仅仅是一种认识的过程，同时它还要涉及情感的方面。（2）公开的肯定：表明我们价值观的一个办法是辩护我们的信仰，说出我们的见解，公开肯定我们的立场。对于这些，我们应该加以鼓励。如果儿童能够加强坚定的信念并增加自我表现的机会，那么，他们就会逐渐达到自我了解，发展他们的创造性和才能。对于民主来说，公开的肯定是至关重要的，因为集体成员公开地表明各自的见解会有助于该集体作出决定。所以，为了更好地处理未来的个人和社会决定，我们就要使儿童从现在起就学会公开地肯定他们的价值观念。（3）在各种可能性中加以选择：在实际生活中，我们始终在作着各种各样的选择，这些选择表现了我们的价值。无论对于个人或是对于社会来说，未来都将提供更多新的选择，而未来所要求的选择并不是随便的、怪诞的或一致的，它必须以可能性作为选择的前提条件。（4）在考虑了各种后果后的选择：强调教育青年人去检验他们所作考虑的各种可能的后果，从而明了他之所以作出某种选择的理由。因此对于选择必须持

---

① Alvin Toffler. Learning for Tomorrow：The Role of the Future in Education [M]. New York：Random House, Inc, 1974：261-262.

② Alvin Toffler. Learning for Tomorrow：The Role of the Future in Education [M]. New York：Random House, Inc, 1974：262-263.

③ Alvin Toffler. Learning for Tomorrow：The Role of the Future in Education [M]. New York：Random House, Inc, 1974：264-266.

慎重的态度，从多维度去作权衡、比较，唯有这样才有可能有较好的结果。（5）自由选择：欲使儿童在未来过着一种成熟的、富于责任感的公民生活，就必须要创设一种环境，让他们在其中自由地选择他们的信仰、行为和学习的课程。只有这样，他们才能够有机会注意到不同的可能性，进而权衡结果，作出选择。如果儿童没有机会作出他自己真正的选择，他们就无法为他们自己的选择负责。因此，成人绝不能将他们的价值观强加给年轻人，也不能代替他们来处理问题。（6）行动：行动也是一个价值的过程。通常，学生会持续地表述其目标、信仰与理想，他们理所当然地应该受到鼓励去按照其信仰、目标与理想行动。而唯有这样，才能有助于逐渐缩小"言"和"行"、"欲望"和"成功"之间的差距。（7）有模式的、重复的和前后一致的行动：它是上一种评价过程的伸延。如果我们能清楚地明了我们的价值观，那么就能够形成和发展一种有模式的行动，并重复最有价值的行动，消除那些与我们最珍惜的价值相矛盾的行为。

总之，历来传统教育都强调学习过去，这是自然的，可以理解的。在社会处于缓慢运动的历史阶段时，也是可行的。因为在这个时候，对于未来的适应，仅仅限于对过去知识的拥有与掌握也就足够了。但是，社会运行的步伐一旦加快，"未来的潜在的事物"也就会"更快地变为今天的现实"，在这种情况下，人们，特别是青少年学生，如果再无视社会情势的变化而一味地固守成法，无疑会对进入未来缺少足够的心理准备，以至于面对现实化了的"未来"的冲击而无所适从。所以，为了避免这一现象，未来主义教育家们业已提出的补救办法，即把学习、思考的重心转向未来也就显得尤为重要。特别在教育领域中注意渗透未来意识并见之于实施，必然会有积极的意义。

（本文与赵洪海合作完成，发表于《山东师大学报（社会科学版）》1988年第6期）

分析教育哲学述评

一

分析教育哲学乃是一种"元教育哲学",它运用分析哲学的方法对教育的概念、命题以及问题加以澄清,以便使我们的教育活动更有意义,更富成效。因此,与永恒主义、要素主义等表述教育思想体系的"主义"不同,它本身并不是某种"主义",而是一种研究教育的方法。

分析教育哲学与分析哲学有"血缘"的关系。分析哲学以"清思"为宗旨,"在反对形而上学的口号下,否定研究思维和存在关系等问题的传统哲学,认为哲学的唯一任务就是对科学的语言进行逻辑分析,阐明它们的意义。"[①] 分析哲学的源流可追溯到苏格拉底,苏格拉底的"谈话法"就体现了哲学活动的"清思"特征。他注意对概念进行检查和澄清,从而获得适当的界说。然而,西方哲学在此后的一段很长的时期内却抛弃了分析的方法而专注于哲学的内容。直到 20 世纪初期,分析哲学才作为一种"哲学的革命"来力图扭转这种趋势。

20 世纪初,自然科学运用经验的方法所取得的成功,启发人们对哲学问题进行思考。首先,许多西方哲学家开始感到,哲学主要通过纯粹的思辨、推理所获得的那些结论,同自然科学通过经验的方法所得到的结论相比,显得没有根据,因此,哲学过去研究的那些内容应该由自然科学来研究,也就是说,哲学失去了其本身研究的内容。其次,许多哲学家认为,只有科学才是真正的学问,只有科学的方法才是真正的哲学方法。一个陈述,除非能够根据数学或逻辑的原则加以证实,或得到经验的材料证实,否则就毫无意义。因此,传统哲学关于本体论、价值论、道德论的那些陈述都没有客观的意义,仅仅表达了人们的感情,人们把这些观点称为逻辑实证主义。到了 20 世纪中期,西方又出现一种反对逻辑实证主义的倾向。这种倾向认为,逻辑实证主义排除哲学对于道德、宗教等问题的考虑是错误的,但它又反对回复到传统的思辨方法上去。它主张哲学的重点应该转移到人们所使用的语言和概念的分析上去。它认为,哲学长期以来想要解决的许多问题是由于人们对一些重要

---

① 刘放桐,等. 现代西方哲学 [M]. 北京:人民出版社,1981:422.

的概念加以混淆并作了错误的解释所造成的。如果人们能够澄清这些概念并确定其一般意义，那么我们至少就能够理解这些问题究竟是什么，以及如何来解决它们。任何概念的意义都是同人们所使用的日常语言有关的，虽然哲学不能创造出它自己的特殊的语言，但它却能够根据使用各种词汇的背景来澄清它的意义，以便使人们达到一致的理解。这就是语言分析哲学。

从 20 世纪 50 年代起，哲学的分析方法开始运用于教育问题。分析教育哲学主要关心下列两个问题。

第一，讨论教育领域内普遍使用的一些概念，如"教育"、"教"、"学"等，其目的在于使所有的人都能够知道这些概念的充分的意义。分析概念的方法主要是列举人们通常使用一个概念的典型的例证，并发现该概念在每一种用法中的独特的意义，以及该概念各种用法可能的和一般的标准。通过这种方法，人们就可能找出该概念可能具有的各种意义，这些意义之间的互相联系，该概念与其他概念的关系，以及在我们使用这个概念时该概念的最恰当的意义。分析教育哲学家认为，直接举例乃是最好的方法，因为这种方法所需要的高度的想象力和推理能力，是大多数其他学科所无法比拟的。

第二，讨论教育过程中出现的一些问题，通过对这些问题的分析达到区分真、假问题的目的，以便使人们对那些真问题有一个清晰的认识。分析问题的方法同分析概念的方法没有多大的差别。由于问题的陈述必须使用一些概念，而且，人们对一个问题的分歧意见往往同人们对于陈述问题时所使用的那些概念有关，因此，概念的分析是极其重要的。此外，对于问题的分析还要求人们仔细地分析可能有的内在的矛盾以及该问题可能有的不完全的含义。

分析教育哲学家认为，分析是一种活动，虽然丰富的哲学史知识有助于这种分析活动，但它并不是必须的。从事哲学分析活动的人只需要有清晰的头脑和敏锐的目光。任何教师，只要他掌握了基本的正确推理的标准，并善于利用事实和证据，都可以进行这种活动。

二

分析的目的不在于建立一个新的教育哲学体系或某种新的教育哲学的"主义"，它旨在帮助人们更好地理解各种思想的意义。尽管教育领域的一些概念和问题都是哲学分析的对象，但对于概念的分析却更为重要些。下面列举的是有些分析教育哲学家对几个重要的教育概念的分析。在此需要特别指出，这种分析可以持续不断地进行下去，它几乎是没有终结的，因此，这里所列举的对这些概念的分析，不同于我们通常理解的"结论"。

1. "教育"

这个概念使用的范围极广,除了正规教育之外,还有非正规教育。为了不使"教育"这个词的各种用法互相混淆和矛盾,人们便需要确定这个词的标准的或规范的用法。

包括彼得斯和谢佛勒在内的当代许多分析教育哲学家都对这个概念作过专门的分析。他们的分析是通过两种密切相关的方法来进行的。第一种方法是,分析什么样的人才称得上是"受过教育的人",即通过分析受教育者的技能、态度、性向来确定教育的标准。另一种方法是分析教育过程本身,即通过检查真正的教育活动的特征来分析"教育"这一概念。

彼得斯认为,"受过教育的人"应具有下列特征:他不仅仅只具有一些专门的知识技能,还具有推理和证明他的信念、行为正确的能力;他的理解不仅是广泛的,而且能够将解释他的经验的许多不同的方法联系起来;他不把专业知识和他的工作看做是谋生的手段,从一定的意义上讲,他是为了工作而工作,为了求知而求知的。① 彼得斯的分析所强调的是个人、知识以及求知的内在价值。当然,不同的人对于这个概念分析的结果也不同,但分析教育哲学家认为,不管作出怎样的分析,通过对于作为教育活动之结果的"受过教育的人"这一概念的理解,人们就能部分地知道教育究竟是什么。为了达到对于教育的完全的理解,人们还有必要分析教育的过程。

许多分析教育哲学家认为,堪称教育的那些活动应该符合下列标准:有意识地使受教者的思想状况向着他所希望的方向发生变化;受教者的变化不仅是有意识地造成的,而且要朝向一定的目标,教育是有目的的活动,它有别于成熟或自发生长的过程;受教者必须要获得某种知识并能理解它们,传授知识或技能的方式必须合乎道德,也就是说,受教育者参与教育活动必须是自觉自愿的,而不是被迫的。弗兰克纳曾将上述标准概括为这么一句话:教育就是 X 通过 M 方法力图或努力培养 Y 某种素质 D②。其中 X 表示社会、教师或包括受教者在内的任何教育者,Y 表示学习者(儿童、青年、成人)或教育者自己,D 表示学习者和社会所需要的性情、信仰、行为、知识、技能和态度等。

分析教育哲学家认为,只有通过这些分析,人们才能对教育的标准以及那些称得上是教育的活动获得越来越清楚的认识,从而明白应该在教育活动中做些什么。

---

① R. S. Peters. The philosophy of education [M]. London:Oxford University Press,1973:240-241.
② James F. Doyle. Educational judgments:papers in the philosophy of education [M]. London:Routledge & Kegan Paul:1973:21.

2."教育目的"

彼得斯认为，教育具有手段和目的两个特征，要明智地、合理地确定教育目的，首先就要明确教育的意义。由于不同历史时期教育的意义也不同，所以，没有普遍一致同意的教育目的。

既然没有普遍的目的，所以在人们谈到教育目的时，实际上是在澄清并说明当前的具体目的，这同回答"什么是教育目的"这一问题是不同的。"什么是教育目的"是一个不适当的问题，因为对这个问题的回答要么没有意义，要么具有劝诱性。谢佛勒指出，我们不必探求什么是教育目的，而是要明白究竟有哪些值得达到的目的、实现这些目的的可能性以及追求这些目的的结果。然而，这些考虑与其说是教育哲学的范围，还不如说属于社会学家、心理学家、科学家、政治家和普通公民考虑的事。分析教育哲学家的任务仅在于澄清并鉴别有关的意义。

3."教"

"教"是一个非常复杂的概念，它有多种用法，分析教育哲学家主要是分析教的举动。教的举动很难下一个完整的定义，一般认为它应该符合下列五个标准。

（1）必须有一个在有意识地进行教的人。教的活动涉及两个人之间的关系，其作用是造成这两个人的行为或观点的变化。

对于这个标准，人们可能会举出两个反例。一个反例是自学，即施教者和受教者是同一个人。事实上绝对的自学是不可能有的，它总是要涉及一些外来的因素，如阅读别人写的书或利用得之于其他人的经验、知识等，所以自学还是要涉及两个人的关系。另一个反例是，如果一个年幼儿童的手被火烫伤，人们便说该儿童从这件事中学到了些什么。这种说法并不错，但学习之发生未必完全是教的结果，所以这个例子也不能否定这一项"教"的标准。

（2）必须要有一个接受教的人。至于受教者是否从教中学到了些什么，则是另一回事。

（3）必须要有某种教的内容。教的内容可以是知识，技能，也可以是某种信息等。但教的内容必须是有价值的，教别人偷盗或抢劫等不能包含在其中。

（4）施教者必须至少想要造成受教者的学。学是受教者的活动，从根本上讲，这种活动是任何人不能代替的。施教者所能做的只是激发或促进受教者的学。他必须想要造成受教者的学。

（5）教的方法必须是从道德和教育学的角度来讲可以接受的。首先，施教者要认识到，学是受教者自愿的活动，施教者不能强迫受教者学，也不能利用欺骗的手段引诱他学。教的内容不能超出学习者能够掌握的水平。其次，教应该是在施教者和受教者之间发生相互作用、相互交流的活动。施教者必须要合理地解释他的举动，谢佛勒称之为"提供证据"。他必须要承认受教者有提问的权力和要求施教者对问题作出判断并说明理由的权力。教包括有合理的解释和批判性的对话。第三，施教者不仅要熟悉他教的内容，而且要了解学生的智力、才能、局限性以及学生理解知识的水平和技能，只有这样，施教者才谈得上是在"教"，而不是在"讲"或"告诉"。

三

以"清思"为宗旨的分析哲学和分析教育哲学之所以在 20 世纪逐渐成为西方的一种颇有影响的思潮，是有其一定的原因的。

分析的方法本身从来就是哲学研究的一个重要方面。在哲学史上，由于没有正确地使用语言和概念而混淆了问题之实质的现象时有发生。分析哲学看到了语言、概念对于思维以及人们日常生活、政治生活的重要性，并且正确地指出，在思维的过程中，如果不澄清自己使用的概念，滥用语言，就要造成思维的混乱。此外，分析哲学家认为，要确定语言的意义，首先要研究语言的形式，然后才涉及语言的内容；而内容之真伪，除了要看是否符合经验之外，还要决定于是否符合逻辑的思维形式。分析哲学家对于文法、逻辑作了深入的研究，这不能不说是对哲学的贡献。

分析教育哲学对教育理论的发展也有一定的促进作用。自柏拉图开始，西方的教育理论往往以一些不加分析的假设作为先决条件，如人性是善的或恶的；教育将帮助人们达到美好的境界等。分析教育哲学提出要对这些人为的规定加以怀疑，它"着重于逻辑的或语言的分析工作，特别集中分析那些模糊不清的教育概念，明确各种所谓定义、口号、比喻以及一些形式的或非形式的推理谬误等等。"[①] 语言分析旨在清思，而最终是为了使教育实际工作者的实践活动有所遵循，它便于教育理论和实践的结合。此外，在语言分析的形式下，实际上也包含有对于语言、思维、行动诸关系的思考，在分析的过程中，他们实际上也在形成自己的教育理论。

但是，分析哲学没有正视思维与存在之关系这一哲学的根本问题，它将知识的真假对错简单地归结为知识的对象现实与否，表现了实证主义的立场；分析哲学认为真正的哲学只能是分析的，哲学的任务只在于分析概念、文法、其内容不能超出经验的范围等，都是错误的。除此之外，就教育的领域来讲，分析教育哲学也有下列几点错误之处。

（1）分析教育哲学没有考虑价值和道德的问题。它的理想是要建立一种独特的"哲学的哲学"，不仅不从事建立一个本体论、认识论的体系，而且也不回答人生观、伦理规范的问题。它的唯一任务就是分析作为意义之体现者的语言，揭露"假问题"，然而，判断问题之真假的原则属于实验科学，只有能够验证的语句、命题才具

---

① 傅统先，张文郁. 教育哲学 [M]. 济南：山东教育出版社，1986：353.

有意义。这样，感官经验之外的伦理道德问题、价值问题等就都被排斥了。卡尔纳普曾经说过："由于形而上学、价值哲学、伦理学迄今为止都被看做是规范性的学科，而不被看做是对事实的社会心理的研究，因此有关这三方面的一些假想的命题都是虚假的命题。"① 虽然后来对此有所改变，但分析教育哲学对伦理道德规范的研究仅限于道德行为，而不涉及伦理道德本身。其原因在于，它认为伦理、道德规范的原则太形式、太先验，无法在日常生活中加以验证，因而也不感兴趣。

事实上，不管哪种教育哲学，只要它想发挥对于教育实践的指导作用，都不能回避这些问题。教育是培养人的事业。应该将受教育者塑造成什么样的人，受教育者应该具有哪些道德规范、情操等问题，离开了对于价值、道德本身的研究，都是无法回答的。甚至美国的分析教育哲学家索尔梯斯也提出，分析的方法还不足以形成一个完整的教育哲学，因为分析法排除了价值论和社会哲学中所讨论的一些哲学问题。②

（2）分析教育哲学夸大了语言分析对于教育的作用。诚然，语言和教育的关系是密切的。没有语言这个物质外壳，思维就难以进行，教师的实践，主要是通过语言这个工具来表达他的思想、传递信息；而且，教师可以通过自己运用语言的技巧来影响学生。通过分析语言以澄清教育的概念和语言中的模糊之处，无论对教育哲学的理论研究或对教育的实践，肯定都具有积极的意义。但是，分析教育哲学以分析语言为己任，反对规范性的论述，把自己局限于语言的澄清、语言的结构，这就使它忘记了自己的根本任务。

西方许多批评家指出，尽管分析教育哲学家宣布他们唯一的愿望在于分析并澄清语言，但人们很难看到他们的工作在实际上已经达到了这个目的。即使退一步说，假定分析达到了清思的目的，那么，澄清了概念、语言之后又将何为？教育哲学本来应该系统地提出自己的理论，解决教育实践中提出的一些根本的问题，但由于分析哲学家极力排斥规范性的教育哲学，并攻击其他教育哲学流派的规范性的陈述，就不能为解决教育问题指出方向。维特根斯坦曾经说过，他想让苍蝇从瓶子里飞出来。然而，如果苍蝇从瓶子里飞出来之后不知去处，这又有什么意义？

分析教育哲学家还认为，澄清语言本身将揭示教育实践中"不人道"的和错误的做法。事实上，判断教育实践正确与否的一个重要方面，就是它的后果，仅仅语言分析是不能担此重任的。

（3）语言的分析是烦琐哲学的一种新的形式。分析教育哲学家满足于对一些概念、短语陈述以及怎样用词等作不厌其烦的辨析、争论。例如，对于"教"这个概

---

① 陈友松. 当代西方教育哲学 [M]. 北京：教育科学出版社，1982：126.
② 傅统先，张文郁. 教育哲学 [M]. 济南：山东教育出版社，1986：355.

念的分析，有些人提出，在教师的课堂活动中，哪些可以称之为"教"。人们发现，教师在上课期间，他要花费一定的时间用于点名，打开窗户通风，维持课堂秩序、记分等，这些活动是否称得上是"教"；如果说是"教"的活动，那么它们对于促进学生的发展有什么作用……这种可以持续进行下去的辨析，往往使人想起中世纪的经院哲学。尽管分析教育哲学辨析的问题不至于像经院哲学那么荒谬，但两者都有一个共同点，即对周围世界给予很少的关心，而往往陷入无谓的咬文嚼字、钻牛角尖中去，事实上这是有违他们的初衷的。语言的问题固然是哲学的一个方面，但它不是哲学的全部问题。语言的分析只有在一定的限度内才是合理的。如果将概念、语言作为哲学研究的对象，把分析作为哲学研究的目的，就会舍本求末。正像有人形象地指出的那样，如果某人用他的手指指向一个有待解决的问题，分析哲学家研究的不是这个问题本身，而是手指。

（4）分析教育哲学本身存在着难以克服的矛盾。分析教育哲学反对规定性的和"先验"的假设，但是它本身却又以一些未经验证的假设作为基础。英国著名的分析教育哲学家赫斯特曾经指出，我们需要知道不同的教法的效果，但是，如果我们不能极其清晰地了解什么是教，那就不能发现借以评估教师在课堂中行为的适当的标准。姑且不论赫斯特的话正确与否，单就他的这个观点来讲，他至少肯定了两点：人们可以发现一个"教"的概念；"教"是可以根据一些"适当的"行为标准来加以评估的。这两点乃是要求"清晰地了解什么是教"的基础。然而，这两点本身却是未经证实的"先验"的假设。

这种内在的矛盾性几乎是不能克服的，它类似于逻辑实证主义的"证实的原则"。我们知道"证实的原则"是逻辑实证主义的一个显著特征，那么，"证实的原则"本身是否需要加以证实？怎样加以验证？事实上，证实的原则乃是一个思想的法则，而不是存在的法则，而这个法则之形成，是独立于感官经验的。如果证实的法则本身不能验证，那就可以说，这个法则本身是一个类似于形而上学的命题。换言之，排斥形而上学的"假问题"的基础却是形而上学的命题。

（本文发表于《山东师大学报（社会科学版）》1987年第5期）

一个批判型的思想者

（代后记）

牟宗三曾经说过，世界是混沌的，哲学家是通过某个孔道注入一缕光线、照亮整个世界的人。我们的导师陆有铨先生，就是这样的一个人，一个批判型的思想者。他的思想睿智而深刻，充满锋芒，入木三分。

先生1943年4月6日出生于上海，先后就读于薛家浜路小学、斯盛初级中学和大同高级中学，华东师范大学教育系1967届本科毕业，到军队农场劳动一年后赴山东省临邑师范学校和临邑三中任教。1982年获山东师范大学教育学硕士学位，毕业后任教于山东师范大学教育系，1988年晋升为教授，1990年被评为博士生导师。期间曾任山东师范大学教育系副主任、主任。1991年任教于上海教育学院，曾任教育科学研究所所长，《基础教育》杂志主编。1997年起任教于华东师范大学教育学系。现为华东师范大学终身教授、博士生导师，中国教育学会教育学研究会副会长、教育哲学专业委员会主任，先后被聘任为东北师范大学、西南师范大学、山东师范大学等十余所大学的兼职教授。1980年代后期在山东师范大学带第一届研究生，至今已为教育学领域培养了70多位专门人才，包括博士45人，硕士8人，博士后6人，访问学者11人。

先生主要致力于教育哲学、道德教育和现代教育改革等领域的研究，为我国教育科学的繁荣发展作出了杰出贡献。他主持"学校教育与儿童发展"等国家重大项目、省部级重点项目多项，著有《躁动的百年——20世纪的教育历程》、《现代西方教育哲学》、《皮亚杰理论与道德教育》，出版译著《西方当代教育理论》、《学习的条件》、《儿童的道德判断》、《儿童的早期逻辑发展》、《意识的把握》、《成功与理解》、《民主社会中教育上的冲突》、《道德教育的理论与实践》等，主编有《西方文化辞典》、《20世纪教育回顾与前瞻》丛书（共9本）、《教育大辞典·教育哲学》（副主编）、《走向研究教师之路——教育研究方法与应用》、《转型期西方教育理论与实践》丛书（共8本）等，在《教育研究》等刊物上发表论文多篇。其中《皮亚杰理论与道德教育》获全国首届教育科学研究优秀成果著作一等奖、山东省哲学社会科学优秀成果著作一等奖，《现代西方教育哲学》获上海市哲学社会科学优秀成果著作一等奖,《躁动的百年——20世纪的教育历程》获全国第二届教育科学研究优秀成果著作一等奖、上海市哲学社会科学优秀成果著作一等奖、第十一届中国图书奖,《20世纪教育回顾与前瞻》丛书(共9本)获第十届中国图书奖。1988年他被评为山东省首批专业技术拔尖人才,1991年获国务院特殊津贴,1993年获"曾宪梓优秀教学奖",2000年获"宝钢优秀教师奖"。特别值得提出的是,先生20多年来一直致力于西方教育哲学思潮、中国教育哲学学科体系建设的研究,不仅学术成果丰硕,而且有力地推动了我国教育哲学学科的建设与发展。他在国内较早翻译介绍了皮亚杰、加涅、赫钦斯等人的教育著作和教育思想,对现代西方教育哲学的研究有较深的造诣。他始终以睿智的目光,关注教育实践,研究教育问题,批判教育现实,追问教育真谛。他独特的批判视角、睿智的思想光芒,已照射在中国教育理论的发展途程当中,无疑已成为其中的一个发展标识。

先生是我们的恩师,在他七十岁生日之际,我们根据先生多年来的言行和思想,试图从研究视角、研究方法以及研究结果等方面,对先生的教育思想作一个浮光掠影的总结,并以此作为对先生七十岁生日的纪念。

一、关于教育哲学学科发展的探索

哲学是智慧之学,体现一个民族的悟性。黑格尔说,"一个有文化的民族",如果没有哲学,"就像一座庙,其他各方面都装饰得富丽堂皇,却没有至圣的神那样"。一个没有哲学思维的民族,是没有文化创造力的民族。教育哲学是与人类的教育活动同步产生的,任何教育活动的发生都离不开教育哲学思想。中国的教育哲学学科形成于20世纪30年代[①]。1949年以后,教育哲学作为一门学科在高校停开。直到20世纪80年代,中国教育学者又重新开始研究和讲授教育哲学[②]。1979年,先生作为山东师范大学和华东师范大学联合招收的研究生,跟随我国著名教育哲学家傅统先、张文郁先生学习教育哲学,并把西方教育哲学思想作为自己的研究方向。自1982年在山东师范大学开设教育哲学课以来、特别是担任教育哲学专业委员会主任以后,先生一直致力于教育哲学研究工作,为该学科的发展贡献了自己的智慧。

先生认为,教育哲学的核心是教育的价值问题,它不是既定的知识、不是现成的结论、不是实例的解说、不是枯燥的条文,而是追问教育观念的前提、探寻教育常识的根据、反思历史进步的尺度、推敲评价真善美的标准。在教学过程中,相对于知识的教学,先生把对问题的发现、思考放在第一位。先生认为,相对于理论创新、现实问题的解决,知识是最好学的,但对人的发展,知识的作用不能看得太高。

---

① 陆有铨,迟艳杰.中国教育哲学的世纪回顾与展望[J].教育研究.2003(7).
② 陆有铨,迟艳杰.中国教育哲学的世纪回顾与展望[J].教育研究.2003(7).

教育哲学学科的最大价值，就是引发问题。它更多的不是回答问题，而是提出问题，让人不断地思考。学教育哲学不是学知识，而是遵循历史与逻辑的统一，对教育思想的产生和历史的演变作出自己的判断。教授教育哲学不是教学生接受某一派教育思想，而是要培养几个"不受惑的人"。"达摩自东方来，他要找到一个不受惑的人。"

在教育哲学学科建设方面，先生进行了重要的划界工作。哲学最根本的特征是追根性，强调对人生深层意义的挖掘，有着可以穿透我们日常生活层面的无限的深度。它关注的是我们在世上生存和发展的终极意义，它将我们日常生活的枝节、常识和现象加以剖析，使我们懂得激发人性深处的精神潜力。而教育哲学之区别于教育科学，先生认为，根本的是教育哲学的任务不在于发现教育事实，而在于对事实进行解析，对教育过程有潜在制约作用的真善美规则进行探究。教育科学侧重于发现事实，通过科学的研究，使教育过程脱离经验的局限。教育哲学也区别于教育理论。教育理论是人们在教育实践中借助概念、判断、推理表达出来的知识体系，是对教育实践的概括总结。理论的形成需要理论思维。理论思维需要哲学，哲学起着统率的作用。任何理论的发展都受时代的哲学发展的影响。先生认为，真正良好的社会应该是以哲学为定向的社会。中国教育的落后首先是教育哲学的落后。教育哲学对教育理论的提高具有很大的作用。

先生还站在新世纪的起点上，明确教育哲学的功能，展望教育哲学的发展趋势。先生认为，教育哲学具有两大功能，即批判功能和理想引导功能。教育哲学的反思与批判功能就是对教育问题所蕴涵的前提予以反思，也就是对教育问题的"前提"进行诘问性的思考，或者是把"前提"作为"问题"予以追究和审讯。发挥教育哲学的批判功能不是对教育现实的彻底否定，而是在观念、精神活动层面形成一种制约或导向，在这个意义上的批判也就是一种建议和建设，引导教育健康发展[1]。先生自己就经常对一些教育口号进行前提性追问，如"科教兴国"、"一切为了学生，为了一切学生，为了学生一切"、"没有教不好的学生，只有不会教的老师"等。教育哲学的理想引导功能，就是要给年轻一代以超现实的理想和信念，使他们爱智、求真、向善、趋美，具有蓬勃向上的精神和高尚的追求。先生认为，未来教育哲学的发展有两大趋势。第一个趋势是向具体研究领域深入。教育哲学自身分化出教育美学和教育伦理学等；在纵向教育系统上，出现高等教育哲学和基础教育哲学的研究；在横向的教育学各领域中，出现文化教育哲学、教学哲学、道德教育哲学等；其他还有课程哲学、教师教育哲学、社会教育哲学、家庭教育哲学等。第二个趋势

---

[1] 陆有铨，迟艳杰. 中国教育哲学的世纪回顾与展望[J]. 教育研究. 2003（7）.

是教育哲学研究的国际视野。一方面是以宏观的视野研究西方 20 世纪中叶以后出现的时代性问题，如人类自身存在和发展中的问题、知识经济的问题、科学技术发展提出的问题、经济全球化的问题等；另一方面是加强国际的交流与合作，把中国教育哲学的研究成果推向世界。

先生主张，教育哲学研究的最重要的目的不是为了获得知识，而是为了提高教育反思能力。在研究现代西方教育哲学的过程中，先生一直把研究的着力点放在对历史的政治、经济、文化背景的把握上，主张对其进行宏观的概括和审思。在内容的涉及上，先生的研究工作可以归纳为四种具体的研究视角。从这些独特的视角出发，先生提出了自己对现代西方教育哲学思潮的独特见解。

第一种视角是总揽 100 年西方教育哲学思潮，展示西方教育家是如何思考的。如对杜威的"教育无目的"这一学说的理解，先生阐述道，因为人的活动总是具体的，具有时空的特定性，人的活动又总是与具体问题有关，只要人有活动，就会有问题。人的活动归根结底是解决问题的活动，而且是解决切近的问题。因此，教育没有终极的目的。

第二种视角是对不同的教育思潮进行共同点与分歧点的辨析，揭示教育内涵的丰富性，展示对教育问题思考的多方位视角。如杜威用经验的方法研究伦理问题，试图把事实判断与价值判断联系起来，就是解决道德教育这一世界性难题的途径。由此联系我们目前的道德教育，先生认为，我们的误区在于由事实判断直接代替了价值判断。我们学校用我们国家物产丰富、地大物博对学生进行爱国主义教育，这是需要进一步讨论的。这样做的最大危害，是使道德教育成了不道德的教育。

第三种视角是通过对西方不同时期社会条件与教育内部条件的分析，把握西方教育家 100 年关注的教育焦点，以此反观今天我国的教育问题。教育上没有新问题，西方教育家对教育问题的研究，可以给我们很多的启发。还以先生对杜威的研究为例。先生认为，杜威对自由、民主与教育之间关系的理解，非常值得我们借鉴。杜威认为，自由不是一种状态，而是一个过程，所谓自由就是"争自由"，所谓民主就是"争民主"。我们往往把主体性的发挥看成是无条件的，把自由看成是绝对的，并与纪律对立起来，把民主理解为少数服从多数。这都隐藏着很大的危险，极容易形成多数人的暴政，"文革"就是一个典型的例证。

第四种视角是对不同流派的基本主张进行评析，深刻理解每一种教育哲学思潮、学派、学说在特定国家、特定历史时期的"绝对"（被决定性、必然性、合理性）及其在历史发展进程中的"相对"（历史局限性、偏颇），明确研究问题应有的态度、方法，提高反思能力。如通过对进步主义和永恒主义的对比，先生认为，教育主张没有绝对的好与坏之分，只有合适与不合适之别，适合当下的社会需要、适合学生作为人的内在的自然的教育就是好的教育。

这些研究方法和研究视角贯穿着反思、批判，从不同角度引出问题，常常有拨云见日、使人顿开茅塞之效。

二、关于20世纪教育发展历程的探索

先生致力于现代西方教育哲学思潮的研究，先后出版了《现代西方教育哲学》、《躁动的百年——20世纪的教育历程》等专著，主编了《20世纪教育回顾与前瞻丛书》共计九种，内容涉及20世纪东西方教育改革、教育目的观、道德教育理论、教育科学研究方法论、新教学论、教育法、教育经济学、教育心理学、教育技术等诸方面，对整个20世纪教育发展作了一种全方位、多视角、深入细致的"世纪末的思考"。

《现代西方教育哲学》1993年由河南教育出版社出版。它是国内研究西方现代教育哲学的扛鼎之作。先生自1982年取得硕士学位留山东师范大学工作以后，遵从师命开设教育哲学课，主要讲授现代西方教育哲学。该书就是在上课讲稿的基础上，根据"教育哲学系列研究"课题的需要，加以补充、修改而成的。该书共分七章，大体按照时间的线索，介绍、评述了20世纪以来西方教育哲学的下列几个重要流派：进步主义、要素主义、永恒主义、改造主义、新行为主义、存在主义、分析教育哲学、西方"新马克思主义"。对每一个流派的思想渊源、产生的时代背景、理论基础，以及诸如教育目的、课程、教学方法、教学过程中的师生关系等主要的教育主张，都进行了系统的阐述，并对每一个流派进行了中肯的、有见地的分析和评论。先生开设现代西方教育哲学课已经二十余年，每次讲课均受到博士生、硕士生的欢迎，每每成为选修人数最多的课之一。《现代西方教育哲学》一书也被国内诸多的师范院校作为硕士、博士研究生的学习、研究范本。先生并不满足于现成的研究成果，每次讲课均作认真准备，不断补充新材料、发展提炼新观点；讲课以后均作深入的反思，不断提炼、不断补充，为以后的授课做准备。

先生把20世纪西方教育哲学的发展高度概括为"一条主线三个转向"。"一条主线"是指科学主义与人文主义的争斗。杜威提出，学校日常工作有科学的和人文的两种办法，"一个办法是企图诱使教育者回到科学方法还没有建立以前的几个世纪就已出现的种种理智的方法和观念"，"另一种可供选择的办法是系统地利用科学的方法"。他认为，"要使教育工作不至于漫无目标地随波逐流，只有在两种办法中选择出一种办法来。"[①] 整个20世纪的教育表现为这两种主张的争斗，论战不断、各执一端。先生把20世纪科学主义与人文主义之争比喻为一条直线，认为它们之间没有

---

① 杜威. 我们怎样思维·经验与教育[M]. 姜文闵, 译. 北京：人民教育出版社，2005：294.

绝对的中点，也没有绝对的两端。而且二者之争呈现为越来越分离的趋势，一方面，人文主义教育的观念，从永恒主义到存在主义，越来越远离中点；另一方面，科学主义教育的观念，从进步主义、改造主义到新行为主义，也是越来越远离中点。联合国教科文组织国际教育发展委员会在其编写的《学会生存——教育世界的今天和明天》中表现出来的基本立场是力图将两者综合起来①。对此，先生评论说："这是偷懒的方法。我反对'有机的结合'、'辩证的统一'这样的提法，这涉及范式的可不可通约的问题。把几个方面的优点综合在一起，看起来很完美，但有时是无法通约的。"先生用禅师的"棒喝法"幽默地说："有没有胆固醇的肥肉吗？可以同时具有姚明的个子加刘翔的速度吗？可以同时拥有大象的力气加猴子的灵活吗？"先生说："试图把科学主义和人文主义综合在一起，是极端困难的。两者能各占五成吗？如果不能，应该是什么比例？为什么是这个比例？"直到今天，我们看到的事实不是科学与人文的融合，仍然是二者的逐渐分离。

先生把西方教育哲学的发展变化概括为"三个转向"。第一个转向是由对普遍性、共性的追求，转向尊重个性、多样性，尊重多元。既往的教育是追求普遍性、追求统一，以培养人的共性为己任。20世纪以后，人们发现对统一性的追求是不可能的。在教育上由过去对共性的追求转变为追求个性，培养学生个性。

第二个转向是由注重理性转向注重非理性。既往的教育是理性主义处于统治地位，认为人的理性是万能的，其根本观点是二元论的，强调主客分离；认为人的理性最大的作用是认识宇宙中的逻辑。在教育中注重学生理性的发展。历史到杜威这里，二元论被彻底颠覆了。杜威把认识者与认识对象统一为经验。强调知者与被知者二者的不可分，认为世界上本不存在逻辑，逻辑、规律是人强加的。先生将其归结为"教育无规律说"，即教育是有规则的，但是没有规律。规律是不以人的意志为转移的、客观的必然，规律具有可重复性。教育上的规则都是人定的，而且没有可重复性。

第三个转向是对人主体性发挥的认识由无限转向有限。人们认识到，教师主体性的发挥是有限的，教师的作用是有限的，学校的作用也是有限的，教师的劳动要有价值，也要与学生的自然相配合。离开学生的自然，教育必然失败。

《躁动的百年——20世纪的教育历程》洋洋七十余万言，是"20世纪教育回顾与前瞻"这一研究课题的总报告。本书的特点不仅在于材料的翔实与全面、发人之未发，更为重要的是总揽了东西方教育发展过程中的各家学说，理出了一条20世纪教育理论演变的脉络以及教育理论的发展趋势与可能。更见功力的是，本书不局限

---

① 陆有铨. 躁动的百年——20世纪的教育历程[M]. 济南：山东教育出版社，1997：482.

于一般的介绍,而是着眼于作出中肯的评价,这些评价颇多独到、发人深思之处。

马克思在《政治经济学批判》中对于经济基础和上层建筑变更的关系指出:"我们判断一个人不能以他对自己的看法为根据,同样,我们判断这样一个变革时代也不能以它的意识为根据;相反,这个意识必须从物质生活的矛盾中,从社会生产力和生产关系之间的现存冲突中去解释。"① 先生以此经典性说明为指导思想,在一个比较广阔的世界政治、经济、科学技术和文化发展的背景下,对20世纪的教育改革从纵横两个方向进行了深入研究。在横的方向上,以世界性的教育改革为线索,将总体发展进程划分为三个阶段;在纵的方向上,就教育发展纵向的特征概括为几个"化"。

先生把20世纪教育的发展分为了三个阶段。第一阶段从19世纪末、20世纪初开始至1945年第二次世界大战结束。这一阶段的主要特征是资产阶级民主主义的教育改革以及资本主义制度发生裂变以后的其他形态的教育改革。在俄国十月革命以前,以欧洲的新教育和美国的进步主义教育为代表的民主主义教育的改革形成了一股浪潮,包括中国在内的大多数国家,都受到这股思潮的影响。俄国十月社会主义革命是资本主义的一次裂变,建立了无产阶级性质的教育制度,实行了共产主义的教育改革。资本主义的裂变还表现在德国、日本、意大利等法西斯主义国家的兴起,在教育方面,进行了为法西斯主义政治服务的国家主义的教育改革。第二阶段从第二次世界大战结束到20世纪70年代末。第二次世界大战摧毁了法西斯主义的武装和社会制度,出现了以苏联为首的社会主义和以美国为首的资本主义两大阵营,且两大阵营处于严重的对峙状态。这种"双峰对峙"状态深刻地影响了战后的教育。这一阶段,教育改革的主要趋势是教育事业的大发展以及追求科学知识教育的高质量,改革主要集中在课程和教学方法方面。以美国和苏联为例,改革的动力除了政治、军事、经济的因素以外,主要是新科技革命和苏联人造卫星上天的影响。第三阶段从20世纪80年代以后。这一阶段的特征寓于80年代后期重点各异的教育改革之中,主要是在世界多极政治格局以及新技术革命背景下美国、苏联、日本等国进行的教育改革。从70年代开始,有的国家即开始酝酿教育改革,但由于70年代工业化国家发生了经济危机,因而第三次教育改革的高潮推迟到80年代才出现。这次改革有三个特点:第一,反映了和平与发展的主题;第二,改革具有整体性;第三,各国改革的重点不同,这同多极世界的政治格局有关。在纵的方向上,先生也按照自己的标准进行了梳理,抽取了几个重要的方面进行了详述,如教育思想、终身教育的理论和实践、中国的教育等。对20世纪的教育思想,《躁动的百年——20世纪

---

① 陆有铨. 躁动的百年——20世纪的教育历程[M]. 济南:山东教育出版社,1997:3.

的教育历程》一书主要按照人文主义教育思想和科学主义教育思想的争斗这个线索来展开。先生将其概括为几个"化",即教育的政治化、民主化、终身化和国际化。

三、关于教育研究方法的探索

先生认为,教育理论探讨的分歧是在哲学观上。研究教育,首先要研究人。我们的教育研究似乎存在着一个隐性的关于人性的前提,即往往把学生看成天使,把教师看成圣贤。这种人性论的假设是值得讨论的。我们要追问,人到底是什么,社会到底是什么,教育到底是什么。抛开对人的关注,抛开一般的人性的假设,把教育看做孤立于社会的活动,就学校教育研究学校教育,而不与人的其他活动作联系、作比较,这种研究方法是值得反思的。

研究教育要先研究事实,再作价值判断。先生说,上来就作价值判断,不是研究的态度;先有价值判断,再根据判断剪裁事实,更是危险的做法。现成的价值判断,很可能被当做躲避批评的"防空洞"。又如,对"进步"我们习惯作正向的价值判断,但是没有看到,"骗子"的技术越是进步,对社会的危害就越大。又如,对"强制"我们是否定的,但是没有看到人不能离开外在的压力,因此在基础教育中就导致一些教师很难做。再如,我们仅仅把学校教育看成是培养人的,而没有看到义务教育阶段之后学校教育的甄别、选择作用,因此我们才会不遗余力地批评高考。学术上有很多这样的"防空洞"。教育学上的"防空洞"更多。过去被教育家定论过的东西,最有可能成为"防空洞",如个别差异、环境等。真正的学者是试图解决这些"防空洞"。我们作研究,不要受历史上的大思想家的影响,上来就想当然地作价值判断。客体本身是无所谓好坏的。只有与人的需要发生关系时,价值才出现。以人性的善恶为例,要先研究它是什么,再判断好坏。而现在的人性论研究,往往是先作价值判断。比如人的好吃懒做,是好是坏?它可能是坏的,但也有好的一面,它促进社会的发展。人类社会的发展,从根本上是源于人的好吃懒做。促进人类社会进步的不是善良的人性,而是巧妙利用人性中恶的部分。挖掘人性中善的东西是肤浅的,我们整天喊的"促进"、"弘扬"能起多大作用呢?我们到处张贴的标语、口号,有多少转化为人的行动力量了呢?学校里表扬、奖励等教育手段,当然具有一定的教育作用,但这些手段是否真正重要到要以它为主呢?表扬潜藏着道德危机,它可能培养出"伪君子",因为表扬下产生的行为不一定是出于道德的目的。在教育中,使人进步大、印象深刻的是表扬还是非表扬呢?恶也是重要的教育力量,教育要探讨如何利用人性中的恶。发展市场经济就是利用了人性中的恶。人没有"私"比没有"公"更可怕。关键是怎么利用恶。

研究从问题开始。任何科学发明都是解决问题的。人类的希望掌握在思考问题的知识分子手中。先生常说,可以三天不看书,但是不能一天不思考。先生引用胡适说过的"做学问要在不疑处有疑,做人要在有疑处不疑"这句话,来鼓励学生质疑。鼓励学生对确信无疑的问题产生怀疑,对人们熟知的、习以为常的教育生活作追根式的反思、批判。问题不是人造的,是生活中固有的。因此先生倡导对学生每天看到的熟悉的现象、思维方式、价值取向进行追问,对日常知识的前提反复追思,追问它何以如此,以发现问题。先生常说,我没有学问。不了解的人以为是先生在谦虚,其实,这就是先生的知识观。先生推崇的不是现成的死知识,而是对知识的使用。先生认为,可以说所有的知识都是死的,也可以说根本没有死知识。知识之死,罪不在知识,而在于使用者。知识只是思维的材料,学习知识是为了利用知识进行思考。人的肉体生命是脆弱的,但是人能思考,人的全部尊严在于思考。

教育研究要有代价意识。由于采取某个方案而带来的负面影响,就是为实施该方案而付出的代价。任何问题的解决方案,都是要付出代价的,都要有某些"副作用",不能指望某个方案或者学说能解决所有的问题。作教育研究要达到十全十美是不可能的。要弄清楚"搞"有什么代价,"不搞"有什么代价,两相比较,取其代价轻者。先生鼓励学生在研究初期可以极端一些,攻其一点、不计其余。他追求思想的深刻,对问题的解剖入木三分。哪怕这种解剖是错的,但对后人也有启发,错误的价值是不能低估的。解决方案要有针对性,对症下药,越是普遍越是没用;肤浅的综合,看起来是辩证的,但实际上对解决问题没有任何价值。以高考为例,先生认为目前还没有什么选拔人才的办法比高考更公正。它有问题,但不能简单否定它。在公平的定义下,它存在着某些不公平;在不公平的定义下,它又是最公平的。需要对其作具体情况下的具体分析,不断地改进。教育上动不动用革命的、全盘否定的办法是不可取的。Revolution与evolution英文只相差一个字母,社会变革在有些情况下用revolution是可取的;而教育,先生一贯主张用evolution。因此在别人对高考进行攻击的时候,先生就为高考辩护。先生说,我真不明白有些人怎么那么恨高考,"文革"期间打着公平的旗号取消高考,给中华民族带来了一场灾难,反而导致了最大的不公平。

先生一贯提倡作研究就是要增加新东西,或者观点是新的,或者方法是新的,或者视角是新的,反对说"正确的废话"。他要求学生写文章要"刺刀见红",要有自己的见解。先生从教三十余年,仅发表论文二十几篇、出版专著三部。非不能,不屑为也。没有真知灼见,没有创造出新的知识,先生从来不滥竽充数。就是已经成熟的观点、主张,先生也从来不急于拿出来发表,而是斟酌再三、反复探究,有很多东西往往是放上几年再发表。因此,我们本文涉及的思想,有很多是他在课堂上或是带学生过程中思考、阐述的意见,但是从来没有以文字形式发表过的。即使是这样,也可能正因为这样,仅仅几部著作,已奠定了先生在国内教育哲学研究领域的学术地位。

四、关于学校道德教育的探索

学校道德教育问题一直是先生关注的重点。经过多年对学校道德教育的研究，在考察古今中外道德教育思想史的基础上，先生提出了两个重要的理论，即"道德在生活之中"和"道德是自足的"。从这些理论出发考察目前的学校道德教育，先生认为学校道德教育目标的定位值得进一步研究，这也是解决目前学校道德教育缺乏有效性的根本所在。

道德在生活之中。先生认为，传统的哲学史探讨道德主要有两条途径：一个是三大宗教的传统，借助于绝对的权威和神威，把道德看做它们意志的产物；另一个是从生理学、心理学的角度，借助于人的理性，从价值的层面来进行思考。这两条途径都是从特定时代人的具体生活以外来探讨道德，这是有问题的。先生认为，人的道德就在人的生活之中，必须从人的生活本身来探讨道德。道德的发生与发展离不开人的生活，特别是在人类早期，在与环境斗争的过程中形成了种种行为规范，这是人生活的必需物。人的生活本身需要法律、纪律、道德，三者都是人的主观性的产物，这个意义上三者是一致的，差别在于三者处理的问题不同。法律代表国家意志，是统治阶级主观意志的产物；纪律是在一定范围内处理群体的关系；处理个人与个人之间以及个人与社会之间关系的范畴就是道德。法律、纪律、道德的宗旨与价值都是满足人的生存和发展。道德不同于其他二者的是，道德凭借人的良心，即黑格尔所说的"普遍的善"。真正的道德是主观的，只有符合自己意志、出于自己意愿的行为才是道德的行为。

道德是自足的。先生从对人的需要的考察提出"道德自足"的理论。先生认为，人类从事的政治、文学、艺术等活动是人类普遍性的产物。由此出发，不断追问，人为什么要从事这些活动？追问到不能再问，就要落脚于人的需要。对道德教育目标、手段的思考，同样也离不开对人类需要的考察。而人类最基本的需要主要有个体生存的需要（如衣食住行）、社会的需要（包括社会认同感、社会归属感、尊敬感以及爱人和被爱的需要）、精神的需要（包括审美的和科学的）等。人类在长期的进化中，人的需要与其他生物的需要有一个最根本的区别，就是人的客观所需与人的主观所欲高度一致，我们想要的东西往往也是客观上需要的东西。而所有想要的需要都可以归结为解决个体的生存及种的繁衍。因此，我们把道德与个人的生活归结起来，道德是人自身所需要的东西，而不是外在的东西。满足了人的基本需要，道德就是他自己的东西，就是他需要的东西，这和人的生活的发展是一致的。也就是说，只有出于人类自身需要的，才是道德的；凡是人类自身不需要的、不想要的，都是非道德的。

目前学校道德教育目标定位的问题。既然人之所欲与所需高度一致，就不会有非道德出来。但问题并不这么简单。先生认为，我们对人性的界定还要考虑人之为人的其他属性，人的身上还有兽性。人区别于其他动物的一个根本特征是，人是否定性的存在，其他动物是肯定性的存在。人之所以建有高度的物质文明，主要是由于人的自我否定性。而动物的发展完全是被动的，它受制于环境的变化。人的否定性是人的主体性的主要内涵。人作为动物进化的结果，出现了一个严重的现象，就是所需与所欲的分离。由于不能理解自己的最基本的利益、最基本的需要，于是就有了道德的需要。从这样的追问出发，先生进一步提出了学校道德教育目标的定位问题，即学校道德教育最根本的目标是解决人类行为中不道德的问题，而不是解决更道德的问题。因为有不道德的行为在先，才需要道德教育；就像先有犯罪行为，然后才有法律一样。然而在中小学教育中，道德教育的目标往往定位于更道德，所以不道德的问题就留待于大学解决了。目前的种种道德虚无主义都是目标定位带来的问题。

关于学校道德教育有效性问题。在雄辩论证的基础上，先生提出六条提高学校道德教育有效性的意见。

第一，建立正确的道德教育方法论基础。关于学校道德教育方法论的基础，先生认为，可以归结为对这个问题的追问：一个人是因为不断解决自己的不道德而成为道德的人，还是因为不断做更道德的事情才成为道德的人？先生给出的答案是前者。也就是说，作为个人发展的最根本的动力，是个人实际的道德行为状况与人的最根本的需要所产生的规则之间的矛盾运动，正是在这个矛盾中获得了发展的动力。

第二，学校道德教育要符合人性。道德教育的有效性取决于道德教育是否符合人性。目前存在着两种不符合人性的教育：极端个人主义道德，表现为自私自利、放荡不羁；国家主义或绝对整体主义道德，表现为不断牺牲、不断付出、不断奉献。这二者都是把想要的东西置于需要的东西之上，这种想要或者是以个人的名义，或者是以国家的名义、上帝的名义，是不符合人性的，是不可取的。符合人性是满足人的基本需要，对受教育者而言，就是要达到道德义务与道德权利的一致。既往的道德对受教育者是无道德权利的道德义务，对教育者而言是无道德义务的道德权利。道德成了学生生活以外附加的东西，有效性从根本上受到动摇。

第三，构建自律道德的可靠基础。正确价值观的构建，是自律道德的可靠基础。任何道德教育都不可避免地要涉及价值和价值观的问题，而我们在道德教育中往往是把价值观的教育放在次要的地位，注重的是道德规则的教育。这是可怕的。价值观的教育不能灌输，只能引导。所谓引导，是教育者告诉学生自己的道德主张、价值取向，而不是强求；在教育过程中要提供经验的事实；帮助学生厘定价值观的内涵以及对他个人的意义。

第四，重视道德感、责任感的培养。道德教育的支柱是道德感的形成，而道德感的核心是责任感。道德感是一种压力感，是一种在特定道德情境下做什么、不做什么的压力感。它区别于目前东西方道德教育中作为达到教育有效性使用的原罪感、犯罪感、羞耻感，这些都是消极的，而只有道德感是积极的。作为它的核心，责任感是基于对公共基本需要感受而产生的对个人责任、义务的认同。道德感的发展包括对自我的认识、对他人的认识、对公共利益的反省思考和认同、对个人与公众关系的认识以及自觉察觉自己行为的能力等。

第五，在道德教育中，要慎重谈功能、作用以及各种正向、负向的控制措施。由于道德是自足的，它无须任何外在的东西。真正的道德是合乎自己意愿的，符合自己所想的。现在所谓的引导、榜样、奖励、鼓励等不是道德的手段，因为在善意下的积极反馈，可能会内化为学生的需要，而成为道德行为的交换物。学生从事道德行为，目标可能就是盯着奖励。道德是主观的，凡是违背人的主观意志，不是出于人自己意愿的行为都是不道德的。做奴隶不好，做权力的奴隶不好，做荣誉的奴隶同样不好。这样最大的危害是可能造就"伪君子"，或者是培养了些"谨慎的人"而已。一旦失去外力支持，道德状况可想而知。

第六，重视学生生活自身。我们建立了丰富的道德教育资源，但却忽略了学生自身的生活，包括学习生活、日常生活，特别是学生的自发活动、课外游戏等。只有在日常生活中，学生才能感受到人与人、人与社会、人与环境的真正的道德内涵，也才能对各种规则有深切的了解。

五、关于创造力培养的探索

教育作为人类特殊的活动，是做什么的？教育的作用到底有多大？学生的学习是怎样发生的？教师在学生的学习中能发挥多大作用？先生经常对这些问题做追根性的寻问。先生在研究后得出很多发人深省的结论：所谓的教学归根结底是学生自己在学，教师只是引导、帮助，教师教的作用是有限的，学校教育能做的事情是有限的。

美国哲学家阿德勒在《为教育哲学辩护》一书中，把教育看做是"合作的艺术"[①]。他把艺术的事业分为操作的艺术和合作的艺术，为了进一步加以说明，他举例子说，生产一双鞋、一座雕像、一首诗需要操作的艺术；而农业生产，则是合作的艺术，没有人参与，土地也生长植物。他认为教育也是这样，因为人的心灵天然地存在着一种学习和获取知识的倾向，这同土壤天然地生长植物一样。先生受此启

[①] 陆有铨. 现代西方教育哲学 [M]. 郑州：河南教育出版社，1993：202.

发，把教师比作"农民"，把教育比作"农业"。他说，教师教学也像农民种庄稼一样，没有农民的劳动，大自然天然地生长农作物，农民所能做的只是浇水、捉虫，让农作物生长得更好而已。学生学习的发生，教师不是绝对的条件。有了教师，学生可以学习得更好；没有教师，学生也可以学习。第一位的是学生的学，而不是教师的教。"没有教不好的学生，只有不会教的教师"这句话是值得商榷的。正像农民浇水、施肥超过农作物的需要，可能涝死、毒死农作物一样，也有可能因为教师不正常的方法把学生好的料子弄坏了。某些情况下，教育的成功往往意味着失败，而教育的失败往往意味着成功。所谓教育，就是把人固有的本质力量引发出来。

最近十年以来，我国教育理论和实践工作者就发展学生的创造能力、培养创造型人才问题进行了热烈的讨论。不少研究者在努力揭示创造发明的规律，概括、总结创造型人才培养途径，探索创造发明的具体方法、策略。在肯定这种研究的意义的同时，先生表示了深深的质疑，认为创造性活动、创造型人才的培养是否具有普遍的规律等前提性的问题需要进一步的讨论，把对诸如"头脑风暴法"、"原型启发法"等发明创造的技法的掌握看做是培养学生的创造力，显然过于简单，学生创造力的发展显然不是掌握了方法就可以实现的。先生首先对什么是创造以及创造的本质等问题进行了哲学上的追问，认为创造是人之为人固有的本质力量，人的创造能力不是外铄的，不是别人传授、教授的结果。在这方面，学校、教育、教师的作用是有限的。因此，先生提出创造能力不能培养只能养育的观点。学校能做的不是"教"学生如何创造，而是"让"学生创造。所谓"让"，主要是指教师应该鼓励、认可学生在创造活动时的自由想象甚至想入非非，应该为学生的创造活动提供必要的条件。

创造的逻辑起点是问题。创造活动始终是以解决问题为定向的。我们学生的创造力哪里去了呢？经与美国学生作比较，先生得出结论：是被我们的家庭、学校扼杀掉了。先生指出，我们的教育中，普遍存在着教育者不欢迎学生质疑，对学生提出的问题不予理睬，乃至讽刺、挖苦、打击，想方设法把学生的想法、思路纳入自己的既定程序等现象，正是这些现象把学生许多富有创造性的、新颖的想法、思路无情地扼杀了。因此，先生提出，就学生创造精神、创造能力的发展而言，不妨碍、不压制、不打击，就是"培养"。这正如一个农民对待农作物的态度一样，也正如我们常说的"保护环境"一样。所谓的"保护环境"，就其本质不是去"做"一些保护的行为，而是"不做"破坏的行为。

但是，先生认为学校在学生创造能力的发展方面也不是无所作为的。创造活动的发生还受到个性、知识、技能的制约。个性因素在创造活动中总是处于核心地位。创造活动能否发生，创造者首先碰到的问题是"想不想"、"敢不敢"创造的问题，没有对真理的热爱，没有对人类和民族前途的深切关怀，没有百折不挠的意志和毅力，创造活动就难以发生和展开。就这个意义上说，养育学生健全的个性就是在培养创造型人才。然后，还有"能不能"创造的问题，脱离了知识和技能要想取得创造的成果也是徒劳的。创造活动是在前人已经达到的基础上的开拓，扎实的知识、技能有利于加深对现实批判的力度和深度，基础知识和基本技能还有利于在批判过程中发现问题和解决问题。因此，学校教育绝不能放弃在传递知识方面应该肩负的使命。此外，创造者的价值取向与创造活动也是须臾不可分离的，创造及其结果不是单向度的，它既可以是积极的，也可以是消极的；既可以向善，也可以为恶。因此，在发展学生创造能力方面，正确的价值观的引导以及正确的价值层级的构建，乃是学校教育始终应该关注的不可推卸的责任。

六、关于教育工具价值的探索

目前的学校教育制度形成于近代。欧洲中世纪以后，伴随着近代化、工业化、城市化的进程，学校教育也经历了一系列的变化。对教育目的的强调，也从强调知识过渡到强调人的发展。目前的主流观点是对教育工具主义的批判，强调人的发展。先生认为，对学校教育目的的反思，包括对教育的工具主义的批判，是值得进一步研究的。人的发展最终还是要落脚于国家的需要。尤其是在当前国际竞争的大环境下，教育是增强国家竞争力、实现民族富强的重要手段。教育归根结底还是具有工具价值。

目前的主流观点认为，教育的工具主义倾向否定了人的"社会历史活动的主体"的地位。长期以来，学校教育主要强调的是人的工具价值，而人的全面发展却成为现代学校教育的奢侈品。这样，学校教育所培养的只是马尔库塞所谓的"单向度的人"。受教育者作为人的发展受到了严重的忽视。

先生认识到，教育固然要为经济发展服务，但人不是单纯的经济工具，因为经济的发展并非社会发展的全部内涵，财富的积累也不是人生的最高目的。在当前经济大发展的热潮下，教育仍然不能放弃自己的根本目的，而应该把既往所遗忘了的人重新找回来，把培养人作为主要的目的。在不同的历史社会条件下，强调知识和强调人的发展都是对的。没有绝对的好与坏的教育，只有适合与不适合的教育。中国近代以来迫于西方列强的压制和欺凌，以及"保国保种"、"救亡图存"的现实需要，特别是进入20世纪以来，随着国家之间、国际利益集团之间斗争日益加剧，国家之间在意识形态、军事力量、经济实力、综合国力方面的竞争日趋激烈，学校作为实现国家目的的工具具有越来越重要的价值。国家要富强，教育的社会功能越是应该得到强化，学校越是要成为服务于政治、经济的主要工具，成为培养各种专业技术人才和提高劳动力素质的主要基地。在维持现有社会的政治体制的目的下，学校除了努力养成受教育者一定的价值观、态度和行为规范之外，还应尽可能地传授与生产、尤其是与工业有关的各种分门别类的知识和技能。

先生认为，强调人的发展是对的，但对这个问题的研究不应止步于此。对这个问题的探索还是要再往前跨出一步，这就是要追问：为什么要提出人的发展？人的发展的最终目的是什么？这是教育在当前知识经济大背景下对国家、民族富强之需要必须作出的应答。教育发展必须首先关注国家的需要。人的发展、创造性的发展最终还是以国家、社会的发展为目的。离开了社会的需要，个人的发展方向、内涵等都会失去着落。个人发展的方向、内涵都是取决于社会的。任何时代，个人兴趣的方向都要受到社会的潜在制约。离开社会的发展谈学生的个人发展，是毫无意义的。学生个性发展不是为发展而发展，最终还是要落到国家的需要上。在当前，强调学生个人发展的重要性，强调学生创造力的培养，把它放在学校工作的中心地位都是对的。这是相对于过去只注重知识的传授而提出的，是在知识经济时代对培养什么样的人提出的要求。相对于以知识为本，强调学生个性发展是有价值的，过去是强调通过知识传授达到国家富强的目的，现在是必须培养民族创新精神、提高学生创造力来达到国家富强的目的。这种教育培养目标的转向是正确的。但个人发展不是根本，国家富强才是教育的根本任务。教育的根本目的永远是社会的。我们国家要富强，要把沉重的人口负担转化为人力资源，教育是个重要的手段。教育归根结底是为了中华民族的发展。

先生研究视野的宽度和思考问题的深度，远非这样一个"管窥"所能把握。对先生的思想，我们所能展示的只是寥寥几个方面。除了上面涉及的几个问题之外，先生对人文精神的养育、对教育民主、对教育的角色化等问题都有独到的见解，这些思想有待于我们进一步加以研究。先生给我们最大的启示是：在研究的方法上，要把教育问题提高到哲学层面加以研究、思考，有宽阔的研究视野；在研究的起点上，要从对人的认识出发思考教育，而不是就教育论教育；在研究结论上，也不是就教育看教育，而是更多地关注国家、民族、人类的命运。但是，这样的一个"管窥"过程，已经让我们感受到了先生深深的教育情怀和严谨的研究态度。正像先生所说："知识分子要思考人类的命运，要承担批判的使命，要时刻为真理而战。"先生的话正可以作为先生人生的最好写照。

以上是对先生在教育领域的多方面探索进行的简要总结。实际上，先生关于教育的思想是极其丰富的，很难用文字进行概括。此外，先生对于学生的指导教育和人文关怀更是让人敬佩，堪称榜样。

在学术研究上，先生对学生要求特别严谨，无论是学术写作的技术问题，还是学术研究的思想问题，先生都循循善诱地引导我们，带领我们一步一步地走进学术殿堂。先生反对"做大事不拘小节",严格要求学生遵循学术研究的规范。先生教导我们"选题跟着问题走",无论是平时的课程论文写作,还是学位论文选题,都要树立鲜明的问题意识。先生一直跟我们学生讲,无论写哪种类型的论文,一定要用简明扼要的几句话把要表达的东西概括清楚。无论是在山东师范大学还是在华东师范大学,先生的教育方式都是一道亮丽的风景线,深深地吸引着他的弟子,也深深地吸引着一批又一批求学的其他学者。

先生对学生的生活关怀备至。先生常跟学生一起吃饭、唱歌、打牌。歌词常常成为先生在课堂上解读流行文化的文本;吃饭时会讲历史名人故事、各地风土人情等等,把饭桌变成了增广见闻的第二课堂。先生很擅长模仿各地方言,被不少地方的同学"误认为老乡"。学生毕业前,先生还有一个固定的节目——带毕业生游上海。先生带领学生一起骑着自行车穿行在上海的大街小巷,去看周公馆、多伦路、绿房子,听老上海的故事……这是每届毕业生都很期盼的事情,也是其他同学羡慕万分的活动。

无论是求学期间或是工作以后,每次与先生的见面,都让我们这帮晚辈弟子获益匪浅。先生不仅在学术研究上对我们有无微不至的关怀,更在人生道路上继续指引着我们。先生经常讲,不要总是想着追求好生活,好好生活就是好生活。"好好生活就是好生活",这句话已经成为我们这帮晚辈弟子的人生座右铭。

今年4月6日是先生的七十寿诞。作为先生的及门弟子,我们总想在先生的七十寿诞之年为先生做点事,表达弟子对先生的尊敬之情。在2010年的山东师范大学教育哲学年会上,全体参与年会的弟子开了个碰头会,大家有一个共同的心愿,重新结集出版先生的教育代表作。恰逢北京大学出版社的姚成龙主任也参加这次年会,他很支持我们的想法。姚成龙主任为书稿的整理工作做了精心的策划和指导,在此我们表示诚挚的感谢。华东师范大学教育系主任杜成宪教授一直很关心陆老师著作集的出版,并对此作了细心的指点,在此一并致谢。尤其让我们感动的是,中国教育学界泰斗——九十高龄的黄济教授欣然答应为著作集作序,在此向黄老先生致以崇高的敬意!全国各地的同门弟子通过各种方式支持陆老师教育著作集的出版工作,特别是董吉贺、尹伟、王俏华、王佳佳、魏筠、孙虎等同学,为陆老师教育言论的记录和整理付出大量心力,以实际行动表达晚辈对于师恩的感激。

在先生的教育著作集即将出版之际,我们谨代表陆门弟子作此记述,衷心祝愿我们敬爱的老师永葆青春,继续关怀我们的学术道路和人生道路。

戚万学、陈时见、马和民、陈建华、谭维智
2012年2月